贵阳市高中地理

贵阳市秦江名师工作室成果

新课改视域下高中地理教学研究与案例设计

【必修第二册】

秦　江　张玉玲　游慧明 ◎ 主　编

XINKEGAI SHIYU XIA GAOZHONG DILI JIAOXUE YANJIU YU ANLI SHEJI

贵州大學出版社

Guizhou University Press

图书在版编目（CIP）数据

新课改视域下高中地理教学研究与案例设计 ：必修 . 第二册 / 秦江，张玉玲，游慧明主编 . -- 贵阳 ：贵州大学出版社，2023.7
ISBN 978-7-5691-0769-2

Ⅰ . ①新… Ⅱ . ①秦… ②张… ③游… Ⅲ . ①中学地理课－教学研究－高中 Ⅳ . ① G633.552

中国国家版本馆 CIP 数据核字 (2023) 第 113274 号

新课改视域下高中地理教学研究与案例设计（必修第二册）

XINKEGAI SHIYU XIA GAOZHONG DILI JIAOXUE YANJIU YU ANLI SHEJI

主　　编：秦　江　张玉玲　游慧明

出 版 人：闵　军
责任编辑：赵广示
责任校对：杨鸿雁
装帧设计：陈　丽

出版发行：贵州大学出版社有限责任公司
地址：贵阳市花溪区贵州大学北校区出版大楼
邮编：550025　电话：0851－88291180
印　　刷：贵阳精彩数字印刷有限公司
开　　本：787 毫米 ×1092 毫米　1/16
印　　张：13.75
字　　数：285 千字
版　　次：2023 年 7 月第 1 版
印　　次：2023 年 7 月第 1 次印刷

书　　号：ISBN 978-7-5691-0769-2
定　　价：42.00 元

本书作者：

秦　江　贵阳市第六中学正高级教师，贵州师范大学硕士研究生导师，贵州省黔灵名师，贵阳市名师，贵阳市秦江名师工作室主持人，贵阳市高中地理学科带头人，贵阳市高中地理学科带头人工作站站长，贵阳市高中地理学科基地指导专家，贵州省地理学会常务理事。主持或参与完成多项省市级课题，主编《高中地理实践力教学案例》，有多篇论文在《地理教学》《贵州教育》等刊物发表。

张玉玲　中学高级教师，贵阳市教育科学研究所地理教研员，贵州省教育科学研究院地理兼职教研员，获贵州省“最美劳动者”称号，贵州省骨干教师，贵州省汪际地理名师工作坊成员，贵州省地理学会副秘书长，贵州省教育学会常务理事，贵阳市地理学科基地专家，贵阳市秦江名师工作室指导教师，贵阳市高中地理学科带头人工作站顾问。主编《新课标中学复习用地理知识地图册》等。

游慧明　教育硕士，中学高级教师，贵阳市第二中学地理教研组长，贵州省教学名师，贵州省骨干教师，贵阳市骨干教师，贵阳市基础教育专家库成员，贵阳市高中地理学科基地指导专家，贵阳市高中地理学科带头人工作站成员。主持或参与完成多项省、市级课题，参与贵阳市地方教材《贵阳市生态文明建设读本》小学版、初中版、高中版的编写，有多篇论文在《地理教学》《地理教育》等刊物发表。

本书获以下课题支持

贵阳市名师工作室专项课题

“基于培养高中生地理实践力的地理实验教学行动研究”

主持人：秦　江　　立项编号：GYYB21120

贵州省教育科学规划课题、贵阳市教育科学规划重点课题

“基于学科核心素养的高中地理问题式教学实践与研究”

主持人：张玉玲　结题编号：GYKTJ（2022）007 号

贵阳市教育科学规划专项课题

“2017 年版普通高中地理课程标准下的新教材与老课标教材的对比研究”

主持人：游慧明　　结题编号：GYKTJ（2022）61 号

前　言

党的十九大报告中明确指出："要全面贯彻党的教育方针，落实立德树人根本任务，发展素质教育，推进教育公平，培养德智体美全面发展的社会主义建设者和接班人。"以立德树人引领全面发展，是党的教育方针的重大发展。培养中国学生发展核心素养，基础教育课程发挥着关键作用。

建立核心素养与课程教学的内在联系，挖掘各学科课程的育人价值，是贯彻党的教育方针、落实立德树人根本任务的关键。2017 年教育部印发了《普通高中地理课程标准》（本书后文简称新课标），2020 年进行了修订。新课标凝练出的地理学科核心素养，由"人地协调观""综合思维""区域认知"和"地理实践力"组成，是学生通过学习地理知识形成的正确价值观念、必备品格和关键能力。人地协调观属于基本价值观念，综合思维和区域认知属于基本思想和方法，地理实践力属于基本活动经验，各个素养相互融合、相互促进，形成学生发展的综合品质与能力。

新课程、新课标对高中地理教育教学提出了新要求。地理学科核心素养的培养，需要教师转变教学理念，以学生为主体，让学生在实践中不断感知与内化核心素养。新课标在教学实施建议中特别提出了"重视问题式教学"和"加强地理实践"。"问题式教学"是用"问题"整合相关学习内容的教学方式，以"问题发现"和"问题解决"为要旨，是培养地理学科核心素养的重要的教学方法。"地理实践"是支持学生地理学科核心素养发展的重要手段。地理实践活动的设计和实施，要以地理学科核心素养的培养为宗旨。

为引领贵阳市高中地理教师的专业发展，有效推动贵阳市高中地理课堂教学的改革，促进学生学习方式的转变，实现高中地理学科教育教学的高质量发展，贵阳市教育科学研究所（书中简称贵阳市教科所）高中地理教研室、贵阳市秦江名师工作室未雨绸缪，于 2020 年初启动新课标、新教材研修工作，聘请省市部分地理教育教学专家培训全市高中地理教师，系统地研读《普通高中地理课程标准（2017 年版 2020 年修订）》，发挥教研室和名师工作室的引领、带动、辐射作用。2021 年，贵阳市作为教育部建设的普通高中新课程、新教材实施的国家级示范区，为这项工作的开展增添了强大动力，贵阳市高中地理学科带头人工作站的成立也为此项工作的可持续开展注入了新鲜活力。

在课标研读的基础上，广大一线教师积极参与多个课题的研究，如：贵阳市高中地理教研员张玉玲主持的省级课题“基于学科核心素养的高中地理问题式教学实践与研究”，秦江主持的名师工作室专项课题“基于培养高中生地理实践力的实验教学行动研究”，游慧明主持的市级课题“2017 年版普通高中地理课程标准下的新教材与老课标教材的对比研究”。本书以课题研究成果为主，汇集了新课标、新教材实施以来贵阳市众多高中地理一线教师在课堂教学改革方面探索的成果。

“基于学科核心素养的高中地理问题式教学实践与研究”课题组，首先构建了“三环六步”问题式教学模式。三环即“发现问题—探究问题—解决问题”三个环节，其中每个环节对应两个步骤，即“创设情境、提出问题、合作探究、成果展示、解决问题、迁移拓展”，共六个步骤。其次，提炼了指向核心素养的问题设计策略。指向区域认知地理学科核心素养的问题设置应与区域认知主要内容“区域位置、区域特征、区域差异、区域联系和区域发展”相关联；指向综合思维的问题设计可从“多要素的分析”“要素的整体性联系”“探究动态演变”“地方性解释”的路径层层推进；指向地理实践力素养的问题设计主要从指向区域认知和综合思维及人地协调观素养来落实；指向人地协调观的问题设计可从“自然环境对人类活动的影响”“人类活动对地理环境的影响”以及“人地关系协调发展”三方面设问。最后，课题组老师初步探索出在教学设计中设置“问题清单”栏目的模式，使教学目标、教学流程清晰化。

“基于培养高中生地理实践力的实验教学行动研究”课题组，首先确定了探索地理实验教学三轮行动研究的策略：第一轮行动研究“学生用观察实验的方法收集和处理地理信息，有发现问题、探索问题的兴趣”；第二轮行动研究“学生与他人合作设计地理实验的方案，独立思考并选择适当的器材开展实验”；第三轮行动研究“学生实施地理实验方案，主动从体验和反思中学习，实事求是，有克服困难的勇气和方法”。其次，课题组初步形成了地理实验教学的“五步”行动法，即按照筛选、设计、论证、实践、评估五个步骤开展高中地理实验教学行动研究。教学实验筛选遵循“必要性、安全性”原则，实验设计遵循“科学性、创新性”原则，实验论证遵循“客观性、主体性”原则，教学实践遵循“实操性、体验性”原则，教学评估遵循“真实性、实效性”原则，以此帮助老师们在地理实验教学中做到设计科学、逻辑缜密、环节清晰、可操作性强。最后，课题组老师们组织实施了一些典型的实验教学，通过课例教学展示，共同听课、评课、议课，完善教学中的实验设计和实验步骤，在实验探究活动中取得了一些成果。

“2017 年版普通高中地理课程标准下的新教材与老课标教材的对比研究”课题组，首先以问题为导向，通过访谈调查贵阳一线地理教师在新教材使用的过程中存在的问题，对《普通高中地理课程标准（2017年版2020年修订）》和2003年版《普通高中地理课程标准（实验）》进行比较研究，对2021年之后贵阳市使用的新湘教版教材和之前所使用的老人教版教材进行对比分析，为贵阳市高中地理教师使用的新教材及新内容提供教学方法与教学设计思路。其次，对新版（湘教版）与老版（人教版）高中地理教材各章节间的相同、相似以及不同之处进行了对比分析，对新增内容和删减内容进行了重点说明。对新版（湘教版）教材的内容与《普通高中地理课程标准（2017年版2020年修订）》进行了比较分析，得出“新版（湘教版）教材与新课标的契合度较好”的结论，并针对新版（湘教版）教材给出了相应的教学建议，在每一章选取一节进行教学设计，使教学建议具体化，且更具有操作性。最后，将研究成果与教学实践相结合，对一些优质课、公开课的教学设计和教学过程进行指导，取得了优异的比赛成绩和较好的示范效果。

在课标研读和课题研究的基础上，贵阳市教科所组织全市高中地理教师开展课例观摩和研究、说课比赛、教学设计比赛、优质课大赛等一系列活动，为老师们搭建平台，帮助老师们在“三新”（即新课标、新教材、新高考）背景下尽快成长。自贵阳市秦江名师工作室、贵阳市高中地理学科带头人工作站成立以来，工作室、工作站始终聚焦课堂教学改革，采用“五段式”课例研修模式，即通过任务驱动、课例剖析、领悟提升、成果分享、反思回顾等环节，力求帮助老师们“磨出一个成果，提升一层境界”，工作室、工作站的老师们多次在贵阳市高中地理教科研活动中承担公开课、示范课等，实现成果转化，在省、市级优质课比赛中取得优异成绩。

本书正是基于以上研究成果而编写。本书编写目录与湘教版《普通高中教科书地理必修第二册》（本书后文简称必修二）的目录基本一致，包括人口与地理环境、城镇和乡村、产业区位选择、区域发展战略、人地关系与可持续发展、附录等。每章包括章首语和小节。章首语简要介绍本章在高中地理教育教学中的地位和作用、知识结构、学业要求、课时建议等方面的内容。各小节由内容研读、教学设计、乡土地理案例三个部分组成。第一部分“内容研读”包括内容要求、认知内容、教材对比、教学建议四个部分。其中，“内容要求”选取了《普通高中地理课程标准（2017年版2020年修订）》与本节内容对应的内容要求，但原文中的行为动词、行为条件不在每节进行解读，相关说明统一归纳于附录B；“教材对比”以人教版和湘教版高中地理必修第二册的对比为主。第二部分“教学设计”包括学情分析、教学目标、重难点、教学方法（问题清单）、教具准备、教学过程、作业设计、教学反思和点评等。其中，学情分析主要针对知识基础、认知障碍进行分析。第三部分“乡土地理教学资源”旨在为老师们的教学提供身边的鲜活素材。

作为探路者，我们在摸索中行进，在荆棘中踩出一条路，以期为一线的年轻地理教师在课堂教学中能够实现对学生地理核心素养的培养、落实新课改要求提供一些借鉴和参考。但由于能力和时间有限，书中难免有不足之处，恳请老师们批评指正。

最后，衷心感谢各级领导对本书编写的支持，感谢贵阳市地理教育教学专家对本书编写的指导，感谢参与本书编写的老师们。

目 录

第一章 “人口与地理环境”教学研究与案例设计

内容研读：张玉玲 秦 江

必修二侧重于人文地理，研究地球表面人类的各种社会经济活动。地理环境是人类赖以生存和发展的载体，人既是地理环境中的生产者又是消费者，人口分布、人口迁移与人口容量受到环境条件的制约，与地理环境和社会经济发展有着密切的关系。人口的持续增长，已经引发了人口与资源、环境、发展之间的尖锐矛盾。

本章主要从人口分布、人口迁移和人口容量三个方面探讨人口与环境的关系，了解人口分布和人口迁移的特点以及环境对人类活动所产生的影响，从而认识人口与环境可持续发展的意义和主要途径。因此，本章知识是必修二的基础内容。本章要达到的目标如下：

1. 人地协调观：能够认识人口数量、分布与环境的关系，树立正确的人口观。

2. 综合思维：通过不同区域、不同尺度的人口分布图，国际、国内人口迁移，早期和现代的人口迁移等资料，能够准确描述人口分布及人口迁移的特点，并分析其与自然、人文环境的关系；能够综合分析一个地区人口数量的多少与资源环境承载力、人口容量的关系。

3. 区域认知：能够描述人口的空间分布特点及人口迁移的空间特点。

4. 地理实践力：能够借助网络，收集并呈现某区域人口的数据和图表。

本章教学以空间、时间为线索组织教学内容，采用案例教学的方法，具体分析人口分布、人口迁移与地理环境的关系，使学生掌握空间分布特点的描述方法，形成分析人文地理问题的方法和思路。

根据本章教学内容和学生的实际情况，建议使用 6 个课时完成教学，其中 1 个课时用于巩固练习，使学生更好地达到学业质量“水平 2”的要求。

第一节　人口分布

教学设计：张琼芳　李　珊

人口分布是指人口数量在不同尺度区域的分布状况。人口分布在世界、中国和地方均存在地域差异，各有不同的分布特点。气候、地形、土壤、水源等自然地理因素和农业、工业、交通、科技等人文地理因素均会影响人口的分布。

一、内容研读

◎ 内容要求

【2.1】运用资料，描述人口分布的特点及其影响因素。[①]

◎ 认知内容

本节要求的认知内容为两点：一是“描述人口分布的特点”，二是“影响人口分布的因素”。人口分布特点往往通过人口密度在空间上的差异来表示，即单位面积上居住的人口数量的差异，通常通过图表就能体现；人口分布的影响因素主要从自然因素（气候、地形、土壤、水文、植被等）和人文因素（经济、社会、历史、文化、科技等）两个方面分析。

根据课标，要求学生能够多运用实例，从水平尺度与垂直尺度、时间尺度（过去、现在、未来）、角度尺度（自然、人文）分析人口的分布特点及影响因素。让学生知道在分析人口分布因素时，要掌握“人类总是选择最适宜生存和发展的地区居住和从事生产活动”这一原则。

因此，学生能够描述人口分布的特点，掌握描述人口分布特点的方法，并能描述影响人口分布的因素即可。据此，学生通过本节的学习应掌握以下知识：

1. 人口密度的概念；
2. 人口分布特点及其描述方法；
3. 影响人口分布的自然因素和人文因素。

---

①本书的“内容要求”列出的是《普通高中地理课程标准（2017年版2020年修订）》中与每节内容对应的要求，方括号中的序号为原书序号。

◎ 教材对比

从内容来看，人教版、湘教版教材的主要内容区别不大，但是在探究活动和内容的深度方面，两个版本的教材区别较大。湘教版教材利用印度尼西亚的人口分布图和材料，设计了两个问题作为探究活动，引入本课的主题，目的性更明确；在“世界人口分布”这个部分，用了三个图表和一个探究活动，分析归纳世界人口分布的特点、规律，启发性较强。而人教版教材的第一部分用了四段文字和两幅图片对世界人口分布进行了描述，陈述性内容较多，活动内容较少，教师可以结合学生的特点灵活设计活动。

对于第二部分“影响人口分布的因素”，湘教版教材通过两段阅读材料陈述自然因素和人文因素对人口分布的影响，然后通过中国的人口分布案例，设置垂直、水平尺度的人口分布因素分析这两个探究活动，分析人口分布的特点及影响因素。人教版教材的侧重点放在自然因素上，用三幅图分别说明气候、地形、水源对人口分布的影响；对于人文因素，则主要以文字表达的形式陈述，再以芬兰人口的分布作为素材设计活动，让学生活学活用所学的知识。从活动的设计上来看，湘教版教材探究的内容更多，在活动中从水平角度和垂直角度、从不同的时间尺度（过去、现在、未来）对人口的分布进行分析，内容更为全面。

两个版本教材“人口分布”内容结构对比详见表 1–1。

表 1–1　人教版、湘教版教材“人口分布”内容结构对比

教材版本	人教版	湘教版
内容页数	6 页	8 页
所属章节	第一章第一节（人口分布）	第一章第一节（人口分布）
内容模块	一、世界人口分布 二、影响人口分布的因素 1. 自然因素 2. 人文因素	一、世界人口分布 二、影响人口分布的因素
图表数量	图片 9 幅 表格 0 张	图片 7 幅 表格 1 张
活动与材料数量	活动（探究）2 个 阅读（案例）1 个	活动（探究）4 个 阅读（案例）2 个

在主要插图方面，两个版本教材插图数量相近，但是侧重点有所不同。人教版教材在“人口分布”模块的插图较少，在“影响人口分布的因素”模块的插图较多；而湘教版教材在“人口分布”模块和活动中的插图较多，在“影响人口分布的因素”模

块的插图较少。两个版本教材的主要插图对比见表 1–2。

表 1–2 人教版、湘教版教材“人口分布”主要插图对比

教材版本	人教版	湘教版
主要插图	图 1.1 卫星影像世界地图 图 1.2 世界人口的分布（2014 年） 图 1.3 各大洲和地区人口占世界总人口的比例（2017 年） 图 1.4 地广人稀的荒漠地区 图 1.5 世界不同纬度人口分布示意 图 1.6 世界不同海拔人口分布 图 1.7 塔里木盆地的绿洲与城镇分布 图 1.8 芬兰人口分布及其影响因素 图 1.9 中国人口的分布（2010 年）	图 1-1 印度尼西亚人口分布 图 1-2 世界人口分布 图 1-3 2016 年人口超过 1 亿的国家及其占世界总人口的比例 图 1-4 人类大陆示意 图 1-5 湖南新化紫鹊界梯田 图 1-6 我国人口分布 图 1-7 尼雅遗址

◎ 教学建议

本节教学内容总体上比较简单，学生在初中地理的学习中已经涉及这部分内容。依据课标内容“运用资料，描述人口分布特点及其影响因素”，教学中应尽量多使用图表，让学生掌握描述地理事物分布特点的方法。可以先整体描述，从总体分布特征入手，观察分布是否均匀；再描述人口集中分布在哪里，哪里的人口分布较少。教学中，教师可以从不同空间尺度（如以贵州—中国—世界作为主线），由近及远，并结合乡土地理，分析人口分布特点，层层递进。在分析人口分布的影响因素时，也可以补充本地区或者其他地区人口分布的案例，如我国的深圳，说明人口分布除了受自然因素影响外，还受经济、科技、政策等人文因素的影响。教材最后一个探究活动，意在从不同时间尺度（过去、现在、未来）分析，既有静态分析，也有动态分析，可以把它作为教学活动的延伸，思考并讨论还有哪些因素会影响人口的分布。这样设计的开放性较强，有利于培养学生学会用发展的眼光看问题。

本节内容难度不大，可采用情境教学法、问题式探究法、案例教学法、小组合作学习法等教学方法，通过图文材料描述、归纳、总结，再由教师进行补充，让学生掌握特征类描述的基本方法。

学生学习本节知识需要达到的学业质量标准为水平 1，建议本节内容的教学使用 1 课时。

二、教学设计案例一[①]

◎ 学情分析

在初中七年级和八年级上学期，学生学习过“世界人口分布特点”和“我国人口分布特点”，学习了大洲、国家的位置，有一定的知识储备，但是对于人口分布的影响因素并未进行深入的分析和探究。进入高中，通过高一上学期对自然地理的学习，学生掌握了一定的地理知识和学习方法，了解了自然地理的要素和人文地理的要素，以及读图、识图的方法等，但是描述人口分布特征的能力较弱，缺乏综合分析各要素之间的联系及各要素对人口分布影响的能力。教师需要运用不同区域的人口分布图，引导学生掌握描述人口分布特征的方法，并指导学生学习用多要素综合联系的思维分析影响人口分布的因素。

◎ 教学目标

1. 运用相关图表资料，从世界、中国的区域尺度描述人口分布的特点及一般规律。

2. 结合中国人口分布案例和深圳地方案例，运用综合思维，分析影响人口分布的自然和人文因素。

3. 通过案例，理解人类可以适度改变生活习性以提高对自然、人文地理环境的适应性，树立人地协调观。

◎ 重点难点

1. 教学重点：人口分布的特点及规律；影响人口分布的因素。

2. 教学难点：影响人口分布的因素。

◎ 教学方法

合作探究法，案例教学法。

◎ 教学资源

湘教版教材，多媒体课件。

◎ 教学过程

“人口分布”教学过程设计案例一详见表 1–3。

---

①本案例为2022年3月贵阳市级教研公开课课例，授课教师：张琼芳（贵阳市清华中学）。

表 1–3 “人口分布”教学过程设计案例一

教学环节	教师导学	学生活动	设计意图
问题导入	【设问】 1. 中国人口最多的城市是哪一个？ 2. 中国人口最密集的城市是哪一个？ 【讲解】中国人口最多的城市是重庆，而中国人口最密集的城市是深圳。深圳为什么能成为我国人口密度最大的城市呢？让我们通过这节课的学习来揭晓答案。	【抢答】上海、广州、北京…… 【思考】为什么我国人口最密集的城市是深圳？	通过抢答游戏，将学生迅速带入课堂教学，直奔主题。 （问题的首尾都提到了深圳，实现了首尾呼应。）
核心概念	【设问】什么是人口分布呢？ 【讲解并设问】人口分布强调人口在时间和空间上的分布状况，往往用人口密度来衡量。同学们请看教材图 1-2“世界人口分布”，说明什么是人口密度。	【回答】人口分布是一定时期人口在一定空间范围的分布状况及人口密度。 【回答】人口密度是单位面积上居住的人口数量，往往用每平方千米的人口数来表示。	梳理清楚核心概念，知道人口分布的衡量指标。
承转	从图 1-2 可以看出，世界人口的密度存在很大差异。	【读图】观察图 1-2，认识人口密度的差异。	通过观察“世界人口分布”图，直观感受人口分布不均这一事实。
自主思考：人口分布的一般规律	【思考 1】读图 1-2“世界人口分布”，指出人口稠密的大洲和国家。 【追问】从纬度上看，世界人口主要分布在哪个纬度范围？与北半球相比，为什么南半球相同纬度范围人口稀少？ 【思考 2】观察各大洲距离海岸 200 千米范围内人口比重图，从距海远近上看，据图分析人口主要分布在哪里。 【思考 3】观察世界不同海拔的人口分布图，人口主要分布在哪里？ 【设问】用一句话从纬度、海陆位置和地形三个方面总结人口分布的一般规律。	【读图回答】在图上指出人口稠密的大洲，有亚洲、欧洲；人口稠密的国家有中国、印度、美国等。 【读图回答】从纬度上看，世界人口主要分布在北半球的中纬度和低纬度地区。南半球相同纬度陆地面积小。 【读图回答】主要分布在距海比较近的沿海地区。可以看出大洋洲 90% 的人口都分布在沿海地区。 【读图回答】主要分布在海拔较低的平原和丘陵地区。 【归纳总结】从纬度、海陆位置、地形三个方面总结人口分布规律。	通过在图上指出人口稠密的大洲和国家的活动，培养学生的区域认知能力；通过观察分析图表，培养学生的读图、识图能力与归纳总结能力。

（续表）

教学环节	教师导学	学生活动	设计意图
提出差异性问题	【设问】有些地区是平原，但人口稀少，如亚马孙平原和西西伯利亚平原；有些地区处于中低纬度，但人口也稀少，如撒哈拉沙漠、青藏高原。为什么？ 【讲解】从这里可以看出，受多种因素影响，世界人口分布差异很大。	【读图回答】亚马孙平原在赤道附近，高温、炎热、多雨，西西伯利亚平原位于高纬度地区，气候严寒，撒哈拉沙漠气候干旱，青藏高原海拔太高，这些地区都不适合人居住。	人口分布有整体性，也有差异性，通过平原、中低纬度也有人口稀少的区域，让学生体会人口的差异性分布。
承转	【设问】世界人口总体上分布不均，我国的人口又是怎样分布的呢？	【读图】观察中国人口分布图。	从世界到中国，承上启下。
提出问题	【思考】观察中国人口分布图，描述中国人口分布特征。 【方法指导】人口特征的描述方法为：“总分特”，即从总体到局部，再到特殊。	【回答】东南多，西北少。东部沿海地区人口非常密集，西部内陆地区人口非常稀少。	活学活用，通过学习到的描述世界人口分布特征的方法，描述中国人口分布特征。
合作探究	【活动 1】影响人口分布的自然因素。展示中国温度带图、湿度带图、地形图，小组讨论以下三个问题。 1. 从温度和湿度两个角度，找出我国人口主要分布的地区，并分析原因。 2. 找出我国人口主要分布的地形区，并分析原因。 3. 黑河—腾冲一线西北一侧也有人口较为稠密的区域，如新疆的部分地区、青藏高原的南部地区，结合区域图分析其人口稠密的原因。	【小组合作探究】 问题 1：主要分布在温带、亚热带的湿润半湿润地区，气候适宜。 问题 2：主要分布在平原和丘陵地区，这些地区交通便利，便于开展农业活动。 问题 3：西北干旱地区人口主要分布在有灌溉水源的绿洲附近，这些地方水源充足，农业发达。青藏高原南部地区的人口主要分布在地势较低的河谷地带，这些地方有水源，气温适宜，海拔较低。	培养学生的合作探究能力和归纳总结能力。 培养学生的综合思维。 培养学生读图分析的能力。
自主思考	【设问】影响人口分布的自然因素还有哪些？举例说明。 【补充举例】矿产资源的开采需要大量的劳动力，我国有许多城市是由于矿产资源的开发而建立起来的，如四川的攀枝花市是由于开采铁矿兴起，黑龙江的大庆市和新疆的克拉玛依是油城等。	【回答】土壤、矿产资源…… 土壤是否肥沃会影响农业发展，从而影响人口分布；矿产资源的开采需要大量的劳动力，促使人口聚集，导致人口分布密集。	全面分析影响人口分布的自然因素。

（续表）

教学环节	教师导学	学生活动	设计意图
承转	【讲解】我国长江三角洲、珠江三角洲人口都非常多，深圳位于珠江三角洲，是我国人口最密集的城市。	【读图】在图中找出深圳的位置(位于珠江三角洲地区）。	以深圳为案例说明影响人口分布的人文因素，首尾呼应。
自主思考	【活动 2】结合材料，分析深圳人口稠密的原因。 【追问】影响深圳人口稠密的主导因素是什么？ 【追问】经济因素主要指产业活动，即第一、二、三产业，它和自然因素之间有什么关系？	【回答】经济、政策、交通、科技、经济因素…… 【回答】气候、地形、土壤、水源影响农业发展，矿产资源影响工业发展。	综合分析影响人口分布的因素。
归纳	自然因素 $\xrightarrow{\text{影响}}$ 产业活动 $\xrightarrow{\text{影响}}$ 经济发展 $\xrightarrow{\text{影响}}$ 人口聚集 自然因素和人文因素相互作用影响人口分布。 中国的人口分布是自然和人文因素多方面相互作用影响下的结果。	【思考】经济因素对人口分布产生的影响。	通过分析，说明某地区的人口分布是自然和人文两个方面多要素相互作用的结果，提升综合思维核心素养。
合作探究	【活动 3】小组合作探究以下问题：观察 1953—2010 年中国人口分布的变化图，议一议，在未来一段时间，我国人口分布对比线是否会向西北方向移动？为什么？	【小组探究】分为认为“会”的小组和认为“不会”的小组。 小组 1：会，因为国家实施西部大开发政策，东部地区面积有限，人口会向西部迁移。 小组 2：会，西部地区面积广，资源丰富，如矿产资源、风力资源、太阳能资源等。 小组 3：不会，因为西部地区环境恶劣，不适合人居住。 小组 4：不会，因为近一个世纪以来人口分布线基本不变。	从过去到现在，分析未来我国人口动态变化的可能性及其影响因素。

（续表）

<table>
<tr><th>教学环节</th><th>教师导学</th><th>学生活动</th><th>设计意图</th></tr>
<tr><td>总结提升</td><td>【设问】从刚才的讨论中，同学们自己总结“会移动”与“不会移动”应该分别从哪些方面分析。
【补充】我国人口分布格局总体来说变化不大，人口受自然因素影响比较大，但是人口在空间上也发生了一定的变化。下节课我们将认识人口的空间变化。</td><td>【总结】“会移动”：主要从资源、土地开发等方面分析。“不会移动”：主要从生存环境的角度分析。</td><td>总结归纳，承上启下。</td></tr>
<tr><td>板书设计</td><td colspan="3">第一节 人口分布

人口分布
　世界人口分布特点——总体分布不均匀
　影响人口分布的因素
　　自然因素：气候、地形、水源、土壤、矿产资源
　　人文因素：经济、政治、社会、文化</td></tr>
</table>

◎ 作业设计

一、单项选择题

人口分布与自然条件、社会经济条件等有着密切关系。据此完成1~2题。

1. 亚马孙河流域是世界人口分布稀疏地区，其主要影响因素是（　　）。

A. 地形复杂　　B. 气候湿热　　C. 资源匮乏　　D. 地处内陆

2. 巴西高原东部是南美洲人口相对密集地区，其主要影响因素是（　　）。

①气候适宜　　②文化单一　　③地势平坦　　④水力资源丰富

A. ①②　　B. ②④　　C. ③④　　D. ①③

图1为全球及各大洲人口分布平均高度图。读图，回答3~4题。

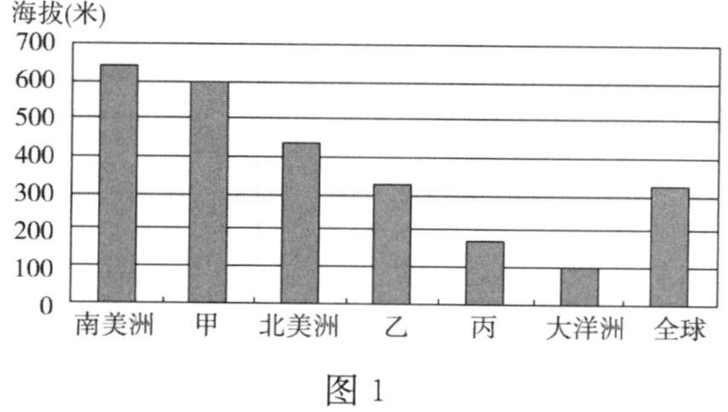

图1

3. 图中甲、乙、丙分别表示（　　）。

A. 亚洲、欧洲、非洲　　B. 亚洲、非洲、欧洲

C. 非洲、欧洲、亚洲　　D. 非洲、亚洲、欧洲

4. 大洋洲人口分布的平均高度远低于北美洲的主要原因是大洋洲（　　）。

①热带地区所占面积广　②平均海拔低　③人口分布极不均衡　④地广人稀

A. ①②　B. ②③　C. ②④　D. ③④

图 2 为中国人口分布图。读图，回答 5~6 题。

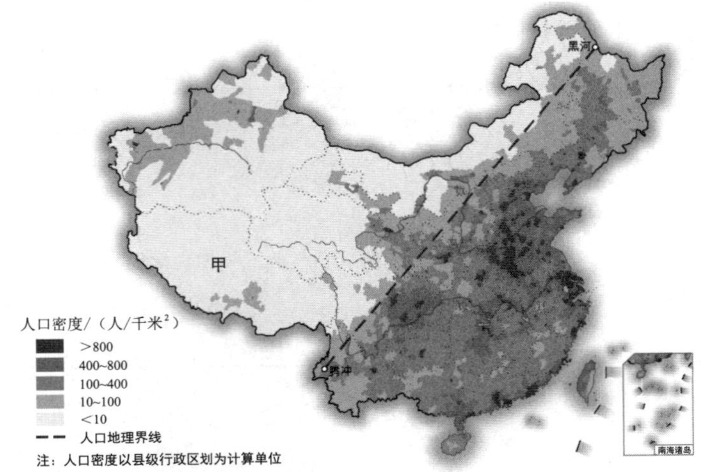

本地图来源：湘教版《高中地理必修二》　审图号：JS（2019）01-040 号

图 2

5. 导致甲地区人口稀少的主要自然因素是（　　）。

A. 植被　B. 水源　C. 地形　D. 矿产

6. 黑河—腾冲一线是我国人口分界线，多年来基本保持不变，其形成的基础是（　　）。

A. 气候和地形　B. 地形和经济　C. 气候和科技　D. 地形和科技

二、综合分析题

7. 阅读图文材料，完成下列要求。

图 3 为秘鲁地形、气候和河流分布示意图，图 4 为秘鲁人口和城市分布示意图。

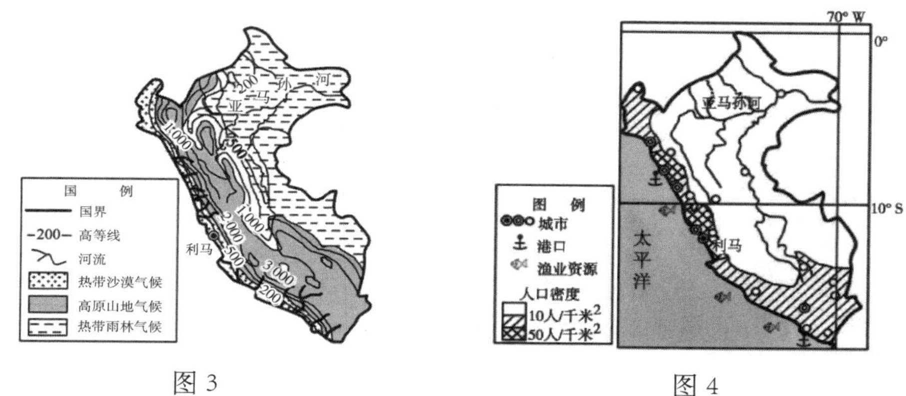

图 3　　　　　　　　　　图 4

据图分析秘鲁人口分布的特点及原因。

【参考答案】

1.B　　2.D　　3.D　　4.B　　5.C　　6.A

7.分布特点：人口分布不均；西部沿海人口密集，中部山地和东部平原人口稀少。

原因：沿海地区地势较低平，河流众多，渔业资源丰富，海陆交通便利，城市多，人口密集。中部为高原山地气候，海拔高，东部平原为热带雨林气候，气候湿热，不适宜人类居住，因此人口稀少。

◎ 教学反思

亮点：通过抢答的形式导入，有利于激发学生的兴趣，且导入中提到深圳是中国人口最密集的城市，结尾又以深圳为案例分析影响人口分布的人文因素，实现了首尾呼应。在结构方面，整节课的结构主线为从大尺度到小尺度，从世界到中国再到深圳，描述人口分布的特征，分析其影响因素，主线清晰，使用了世界、中国、深圳的资料，也体现出“运用资料，描述人口分布的特点和影响因素”的课标要求。从世界人口分布特点切入，找出人口分布的总体规律，再通过案例找出人口分布的差异性，说明人口分布既有整体性也有差异性，既有水平分布也有垂直分布。在分析影响因素时，用中国人口密度对比线（即胡焕庸线）分析影响人口分布的自然因素，用深圳的人口分布分析影响人口分布的人文因素，最后再用探究活动“议一议：中国人口未来分布是否变化”说明人口分布的时间变化，体现了时空变化、静态变化和动态变化，结构紧凑。

不足：活动部分占用时间过多，导致后面“人口动态变化”部分的教学比较仓促，结尾的总结没有做好；在学生活动中，教师没有做到充分调动学生的积极性，问题的启发性也不够，导致部分小组分工不明确，合作效率不高，探究氛围欠佳；课堂的深度不够，没有生成有效的问题。

再教设计：探究活动内容难度不大，应减少探究活动的时间，把问题设置得更有梯度和深度，让学生展示他们合作探究的成果。最后一个探究活动是“中国未来人口的分布动态变化”，可以作为一个开放性的课堂活动，让学生参与进来，有利于活跃课堂气氛，也能为后面学习人口迁移做铺垫。

点评

“人口与地理环境”是人文地理学的基础，而“人口分布”是其主要内容，课标要求学生能够运用资料描述人口分布特点，并能分析其影响因素。总体来说，该教学设计教学目标清晰、具体，具有可操作性，课标达成度高；教学内容的选取兼顾不同区域尺度，从世界到中国再到深圳，图文资料丰富，选取的材料有利于培养学生获取信息、解读信息的能力；教学过程主要为教师创设情境、提出问题，学生小组合作、解决问题，凸显了以学生为主体、教师为主导的教学理念；教学中注重地理学科思想与方法的渗透，通过描述人口分布的特征和分析影响人口分布的因素，重视对学生描述和阐释地理事物关键能力的培养，同时引导学生树立正确的人口观，落实课标要求。建议：用两个课时完成教学，才能有充裕的时间开展探究活动，做到真合作、真探究，提高教学的有效性。

点评：张玉玲（贵阳市教育科学研究所）

三、教学设计案例二[①]

◎ 学情分析

认知基础：本节教学对象为高一年级学生，他们在七年级上学期已经从全球尺度

①本案例为2022年3月贵阳市级教研公开课课例，授课教师：李珊（贵州省实验中学）。

出发学习过世界人口分布的特点，在八年级上学期又学习了我国人口分布的特点，从两个不同的区域尺度学习人口的分布为本节学习人口分布的特点打下了基础。但在初中阶段的教学中，教师未系统地讲解原因。学生通过对地理必修第一册的学习，从自然地理要素的角度出发，又为学习人口分布的影响因素打下了基础。因此本节课对于学生来说难度水平适中。

不足条件：描述人口分布特征的难度较大，学生能力有限。因此，在教学过程中，教师要充分并恰当地运用不同尺度区域的人口分布资料作为辅助，引导学生描述人口分布的特点并分析其影响因素，让知识问题化、问题情境化、情境时空化，从而使学生能在真实情境中，通过自主、合作、探究等方式解决预设的实际问题，实现体验学习和深度学习。

◎ 教学目标

1. 运用图表资料，从不同区域尺度分别描述人口分布的特点，明确世界人口分布的区域差异。

2. 结合贵州本土案例，针对某一区域，能够从自然和人文两方面分析影响其人口分布的因素。

3. 了解我国人口地理界线，描述我国人口分布的特点及其原因，提升地理实践力。

4. 通过案例，理解人类正在通过适度改变生活习性提高对地理环境的适应性，尊重自然规律，合理布局人口。

◎ 重点难点

1. 教学重点：从不同区域尺度出发，描述人口分布的特点；结合实例，说明影响人口分布的因素。

2. 教学难点：结合实例，说明影响人口分布的因素。

◎ 教学方法

问题式教学法：我们贵州最新的人口普查数据具体是多少？九个市州的人口是否存在差异？问题清单详见表 1–4。

案例式教学法：通过对贵州人口普查数据进行案例分析，从贵州到中国再到世界，认识不同尺度区域的人口分布及其影响因素。

表 1–4 “人口分布”问题清单

核心问题	子问题	素养指向	素养内涵
贵州的人口分布	①请列举影响贵阳市、毕节市人口分布的因素。 ②简要描述贵州存在人口分布差异的原因。	区域认知	区域定位 要素综合
中国的人口分布	①用一条直线绘出人口密度差异分界。 ②中国人口分布的特点是什么？ ③简要描述中国存在人口分布差异的原因。	综合思维 地理实践	要素综合 自我探究
世界的人口分布	①世界人口分布的特点是什么？ ②简要描述世界存在人口分布差异的原因。	人地协调观 综合思维	区域认知 尺度转换

◎ 教学资源

湘教版教材，多媒体课件，贵州地图资料包，世界地图资料包，MeteoEarth 软件，Google Earth 软件。

◎ 教学过程

“人口分布”教学过程设计案例二及其附件详见表 1–5 和表 1–6。

表 1–5 “人口分布”教学过程设计案例二

教学环节	教师导学	学生活动	设计意图
创设情境	【播放视频】同学们，我国在 2021 年发布了第七次人口普查数据，我们贵州最新的人口普查数据具体是多少呢？九个市州的人口是否存在差异？现在，我们一起来观看官方新闻报道。	【观看视频并思考】带着问题观看视频、思考并联系实际内容。	情境导入：用实时新闻、乡土地理素材“贵州人口普查数据”导入，一方面激发学生学习的兴趣，另一方面将身边发生的事情联系到课堂学习中来。
概念教学	【过渡】我们今天就从家乡出发，先看贵州，再从贵州看中国、看世界。 【问题】首先，我们要清楚，什么是人口分布？	【回答】人口分布是指一定时期人口在一定地区范围的空间分布状况。	时空结合：从时间上和空间上解读人口分布的概念，为后面的分析做好铺垫。
引入新课	【过渡】用 MeteoEarth 软件展示当前世界夜间灯光图。 【设问】请同学们观察这幅图，找到我们家乡贵州所在的位置。 我们可以通过夜间灯光图直观地看到一个地方人口的多少，这是否能等同于知道一个地方平均每平方千米人口的多少？我们有哪些指标来衡量人口分布呢？	【回答】 1. 夜间灯光图只能大致看出一个地方分布的人口多少。 2. 可以用人口密度作为主要指标来衡量人口分布。	区域认知：利用地理信息技术展示世界夜间灯光图，直观反映出世界人口的不均衡分布。（小尺度区域的人口分布）

（续表）

教学环节	教师导学	学生活动	设计意图
理解概念	【板书】一、人口分布 衡量指标：人口密度 【讲解】人口密度等于人口总数除以面积。	【思考】人口密度能不能反映一个地区真实的人口分布格局？	厘清概念：引出人口分布的概念，为后面区域分析做好铺垫。
合作探究1	【探究1】探究影响人口分布的因素。 1. 有哪些因素影响贵阳市与毕节市的人口分布，请列举出来。 2. 简要描述为什么存在人口分布差异。（利用地图资料包分析）	【合作探究】 1. 影响因素可分为自然因素（水文、气候、地形、土壤、植被等）和人文因素（科技、文化、经济、历史、政治等）。 2. 贵阳和毕节都是贵州的重要城市，但是二者在地形、交通方面存在差异。	地理实践：观察灯光分布图→联系人口分布→找出区域差异→进行界线划分→区域对比→分析地理意义，通过层层递进的问题链，让学生主动思考（综合思维），同时让学生动手操作，引出胡焕庸线。
结论验证	【地图演示】利用 Google Earth 实时演示贵阳和毕节的地形差异和交通分布差异。	【观察并思考】观看演示，验证演示的内容与小组的分析结果之间是否存在差异。	地理实践：通过 Google Earth 演示不同区域影响人口分布的自然因素之间存在的差异，培养学生的实践力和科学探究能力。
合作探究2	【探究2】看中国——利用中国的人口密度分布图，观察学习，完成下面三个问题。 1. 用一条直线绘出人口密度差异分界。 2. 中国的人口分布有什么特点？ 3. 简要描述为什么会呈现人口分布差异。	【讨论回答】 1. 黑河—腾冲线。 2. 总体：分布不均。 局部：东多西少；沿海多内陆少。 3. 降水的差异、地形的影响、气候的影响……	人地协调：学生对家乡的环境最熟悉，因此，此处同样以贵州为例，并与我国的首都进行对比，从自然地理、人文地理多角度分析，能够落实课标，描述影响人口分布的因素，并进行举例说明。
成果展示	【材料展示】1935 年，我国著名地理学家胡焕庸先生提出了划分中国人口密度的对比线，即黑河—腾冲线。	【对比总结】 1. 我国的人口呈不均匀分布； 2. 不均匀的人口分布中又存在一些规律； 3. 该线能直观反映出我国人口分布的格局，线的东南侧人口稠密，线的西北侧人口稀疏。	图文分析：试着探究我国人口分布的特点。 区域对比：对比我国的西北和东南地区，联系地理环境进行分析，引出第二部分内容：影响人口分布的因素。

（续表）

教学环节	教师导学	学生活动	设计意图
成果展示	【材料补充】近年来，虽然我国人口分布有了一定程度的变化，但胡焕庸先生提出的人口密度对比线依然是我国人口分布差异的基线。这条线也成了地理研究和国家决策的重要参考。胡焕庸线与 400 毫米等降水量线基本重合，线东南侧受夏季风影响明显，降水充沛，地形以平原丘陵为主；线西北侧为非季风区和青藏高寒区，降水较少，地形以高原山地为主。线两侧自然地理环境差异显著。 【板书】二、影响因素 1. 自然因素 2. 人文因素	【举例说明】我国西北地区人口较为稠密的区域：新疆绿洲地区、宁夏平原、河套平原、河西走廊、青藏高原南部河谷地区。 其人口较为稠密的原因：西北地区气候干旱，水源成为影响人口分布的决定性因素，在水源充足的绿洲或河流沿岸地区，人口稠密。而青藏地区因为海拔高，气候比较寒冷，南部河谷地区气温相对较高。	成因分析：更加全面地理解人口分布的影响因素。
小结与拓展	【播放视频】我国重要的地理分界线——胡焕庸线。	【观看视频】进行知识补充，并带着问题思考：其他国家也存在类似于“胡焕庸线”的地理分界线吗？	综合思维：将影响因素与人口分布结合，从贵州与北京的区域对比再到整个中国，进行综合分析与拓展，最后放眼整个世界，用同样的方法学习分析世界的人口分布。
合作探究3	【探究 3】看世界——利用世界的人口密度分布图，观察学习，完成下面两个问题。 1. 世界人口分布有什么特点？ 2. 简要描述世界人口为什么会呈现出这样的分布差异。 【过渡】根据以下材料，分析影响人口分布的因素。 【过渡】人文因素如何影响人口分布？ 人文因素：包括经济、文化、历史、社会和科技等因素，其中，经济因素对人口分布具有决定性影响。 第一，人口分布与经济活动密不可分。 第二，人口分布受经济活动类型、规模的制约。不同类型、规模的经济活动，可能会导致人口分布的巨大空间差异。	【小组讨论回答】世界人口分布不均，存在人口稠密区和人口稀疏区。 分布特点（按大洲）：世界人口在各大洲的分布状况差异很大。 分布特点（按国家）：世界各国的人口分布极不均衡。	回归教材：紧扣教材，对已有的图片进行信息归纳和总结，培养学生的读图分析能力；设计环环相扣的问题链，培养学生探究问题的能力，最后做出内容总结。

（续表）

教学环节	教师导学	学生活动	设计意图
课堂总结	小组合作，用思维导图的形式总结这堂课的结构和要点；小组进行思维导图展示。		重视课堂生成性：学生自己进行总结反思。
作业设计	课前： ①各小组做好分工合作，分为组长、记录者、汇报者、执行者、资料保管者，各自负责自己的任务。 ②关于人口，你了解多少？请各小组查阅相关资料完成。 课后： ①收集资料，举例说明贵州人口分布有什么特点。 ②对你本堂课的表现及学习情况进行评价。		关注学情：尊重个体差异的同时，引导学生学会合作学习；培养学生主动探索的能力，给学生提供展示的机会；分层评价，激励当先；多向评价，共同参与；将“立德树人”落到实处。
板书设计	第一节 人口分布 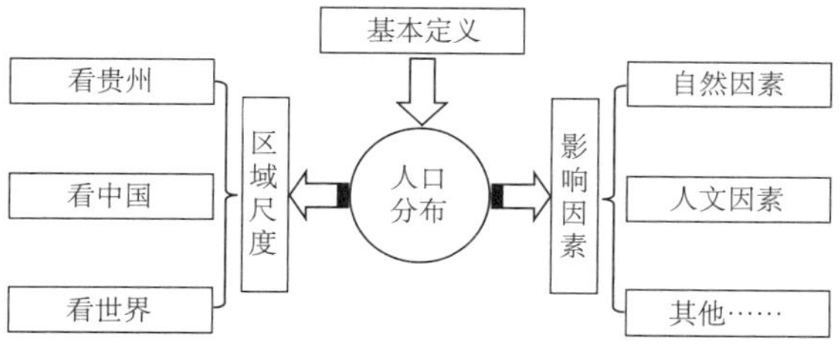 基本定义 人口分布 区域尺度：看贵州、看中国、看世界 影响因素：自然因素、人文因素、其他……		思维导图：利用思维导图进行总结，关注地理知识建构，突出课堂重点（注意从不同区域尺度分析），厘清各个知识点之间的联系，落实单元整体教学的核心，培养学生的地理核心素养。

表 1-6 “人口分布”教学过程设计案例二附件

学习目标	1. 运用图表资料，从不同区域尺度描述人口分布的特点，明确世界人口分布的区域差异。（区域认知） □掌握 □基本掌握 □还需努力	说明：学习目标达成度分为掌握、基本掌握、还需努力三种，请根据自己的实际情况，在对应的达成度前的方框内打✓。
	2. 运用贵州本土案例，结合综合思维，针对某一区域，从自然和人文两方面分析影响其人口分布的因素。（综合思维） □掌握 □基本掌握 □还需努力	
	3. 了解我国人口地理界线，能描述我国人口分布的特点及其原因，提升地理实践力。（地理实践力） □掌握 □基本掌握 □还需努力	
	4. 通过案例理解人类正在通过适度改变生活习性提高对自然地理环境的适应性，尊重自然规律，合理布局人口。（人地协调观） □掌握 □基本掌握 □还需努力	

（续表）

<table>
<tr><td>自主学习</td><td colspan="2">1. 什么是人口分布？

2. 衡量人口分布的重要指标是什么？</td></tr>
<tr><td rowspan="3">合作探究</td><td>合作探究 1：看贵州</td><td>1. 有哪些因素影响了贵阳市与毕节市的人口分布，请列举出来。
2. 简要描述为什么存在这样的分布差异。</td></tr>
<tr><td>合作探究 2：看中国</td><td>1. 用一条直线绘出中国人口密度差异分界。
2. 中国的人口分布有什么特点？
3. 简要描述为什么中国的人口会呈现这样的分布差异。</td></tr>
<tr><td>合作探究 3：看世界</td><td>1. 世界人口分布有什么特点？
2. 简要描述为什么世界的人口会呈现这样的分布差异。</td></tr>
</table>

◎ 作业设计

一、单项选择题

图 5 为我国人口分布图。读图，完成 1~2 题。

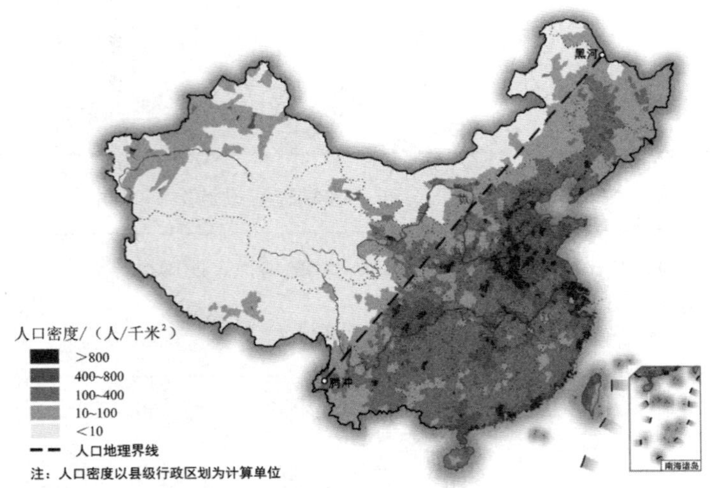

本地图来源：湘教版《高中地理必修二》　审图号：JS（2019）01-040 号

图 5

1．我国人口分布特点是（　　）。

A．北部多，南部少　　B．西北部多，东南部少

C．西北部少，东南部多　　D．西部多，东部少

2. 影响我国人口分布的最基本因素是（　　）。

A. 历史因素　　B. 自然因素　　C. 社会因素　　D. 经济因素

二、综合分析题

3. 阅读材料，回答下列问题。

材料一　图 6 为俄罗斯人口分布图（单位：人 /km^2）。

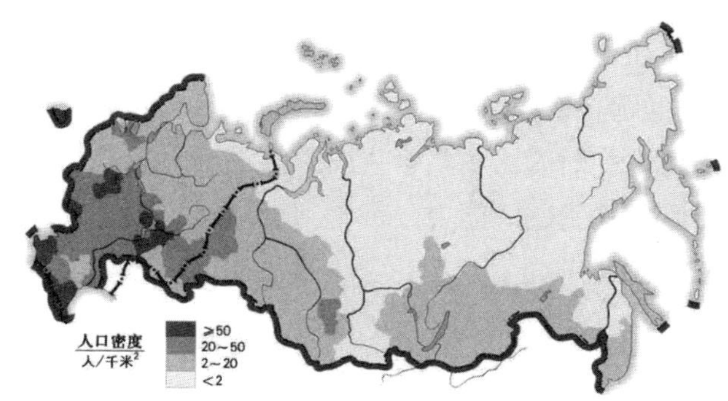

本地图来源：中图版《地理》八年级下册　审图号：GS(2012)2486 号

图 6

材料二　俄罗斯拥有超过 180 个民族。2010 年 10 月 25 日全俄人口普查的初步结果显示，俄罗斯人口只有 1.41 亿，是世界上最为“人稀”的国家之一。联合国人口组织推算，到 2050 年，俄罗斯人口的数量将减少到 1.21 亿。日益严重的人口危机已经成为俄罗斯面临的最严峻挑战之一。

（1）简述俄罗斯的人口分布特征。

（2）解决俄罗斯人口数量下降问题，可以从哪些方面入手？

【参考答案】

1. C　　2. B

3.（1）考查人口分布特点，先从总体上分析，后局部分析。总体上：俄罗斯人口分布不均匀。局部：俄罗斯东部人口稀少，而西部人口十分稠密；南多北少。

（2）考查人口问题的解决措施。具体措施有：提高出生率，降低死亡率，吸纳外来移民。

◎ 教学反思

亮点：用实时新闻、乡土地理“贵州人口普查数据”导入，激发学生学习的兴趣，并将身边的新闻联系到课堂学习中来；利用地理信息技术展示世界夜间灯光图，直观反映出世界人口的不均匀分布；将贵州与我国的其他区域进行对比，从自然地理、人文地理多角度分析，能够落实课标，描述影响人口分布的因素，并进行了举例说明；能够紧扣教材，对已有的图片进行信息归纳和总结，培养学生的读图分析能力。此外，设计环环相扣的问题链，培养学生探究问题的能力，最后做出内容总结；尊重个体差异的同时，引导学生学会合作学习；培养学生的主动探索能力，并给学生展示的机会；分层评价，激励当先；多向评价，共同参与；将“立德树人”落到实处。

不足：教师在学生合作探究过程中对活动要求的强调不够，导致部分小组分工不明确，合作效率不高。对基础知识的讲解较为透彻，但讲授内容偏多，课堂容量较大，给学生思考、训练、讨论的时间太少，学生的思维没有得到有效引导，能力没有得到训练，导致学生分析和解决问题的能力没有得到提升。

再教设计：在学习完整节内容后，让学生自主探究，对多个案例进行分析。

点评

“人口与地理环境”是人文地理学的基础，而“人口分布”是其主要内容，课标要求学生能够运用资料描述人口分布特点，并能分析其影响因素。该教学设计，教学目标定位准确、具体；教学内容从身边的地理引入，从贵州到中国再到世界，由近及远，关注不同尺度；教学过程以问题清单贯穿，环环相扣，凸显学生的主体地位；教学方法以问题式教学为主。突出亮点有：第一，关注实时新闻，直面热点，引起学生共鸣，激发学习兴趣；第二，注重地理信息技术的使用，如用世界夜间灯光图直观反映出世界人口的不均匀分布；第三，运用对比分析方法，培养学生的地理学科思维。建议：用两个课时完成教学，以保证学生思考、训练、讨论的时间，充分调动学生的思维，进一步提升学生的综合思维。

点评：张玉玲（贵阳市教育科学研究所）

四、乡土地理教学资源

◎ 贵州人口分布特点及其影响因素

表1–7为第七次人口普查贵州省各市（州）年末常住人口数据，从表中可直观看出贵州省总体人口分布不均，毕节市人口最多，其次是遵义市，省会城市贵阳排在

第三位。再根据各个市（州）的面积计算出各市（州）的人口密度（图 8），省会城市贵阳的人口密度是最大的。

总体来看，贵州独特的喀斯特地貌限制了经济—人口的协调发展。贵州喀斯特地貌出露面积大约 10.9 万平方千米，占全省总面积的 61.9%，是世界喀斯特地貌发育最典型的地区之一。喀斯特地貌特有的复杂性、多样性以及脆弱性等特点，降低了土地人口承载力，制约了人口分布的空间转移，加剧了人口分布的不均，限制了经济发达地区承载更多人口。

从人文角度进行分析，受到各地地理位置、产业基础、要素禀赋、发展历史以及市场开放度的影响，贵州各地经济发展水平产生差异。贵阳市创造每万元价值的人数只有其他地级市的一半，经济发展水平高于其他地区。然而，我们大多数时候通过投资等措施来实现贵州各地的均衡发展，使区域经济发展差距缩小，这样的发展理念也会使贵州省经济规模与人口规模处于不协调状况。

表 1–7　贵州省第七次人口普查各市（州）年末常住人口

市（州）名称	人口数量（万人）
贵阳市	598.98
六盘水市	303.30
遵义市	660.98
安顺市	247.18
毕节市	690.28
铜仁市	330.00
黔西南布依族苗族自治州	301.65
黔东南苗族侗族自治州	376.03
黔南布依族苗族自治州	349.60

资料来源：2021 年《贵州统计年鉴》。

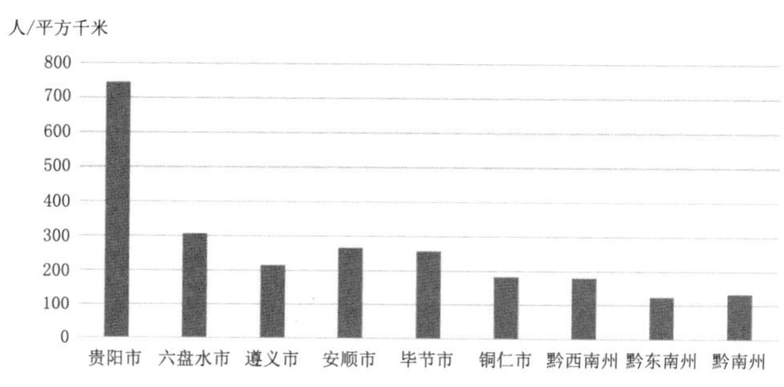

图 8

第二节　人口迁移

教学设计：杨思圆　雷显兵

人口迁移是人口移动的一种形式，是指人们长期或永久性变更定居地的空间流动行为。人口迁移可分为国际人口迁移和国内人口迁移，二者的影响因素、特点各不相同，影响因素总体上有自然因素和人文因素，不同历史时期人口迁移有着不同的特点。

一、内容研读

◎ 内容要求

【2.1】运用资料，描述人口分布、迁移的特点及其影响因素，并结合实例，解释区域环境承载力、人口合理容量。

◎ 认知内容

课标内容要求突出了对学生综合思维以及分析概括能力的要求。在“人口迁移特点”模块，要求学生运用资料，从时空维度，分析国际、国内不同空间范围内各自不同历史阶段的人口迁移特征；在“人口迁移的影响因素”模块，要求学生能够运用资料，从要素综合的角度分析影响人口迁移的自然因素与人文因素。根据课标要求、各版本教材的特点，结合贵州实际，学生通过本节的学习应掌握以下知识：

1. 人口迁移的概念；
2. 人口迁移的类型；
3. “推拉理论”；
4. 影响人口迁移的因素；
5. 人口迁移的时空特征。

◎ 教材对比

人教版、湘教版教材“人口迁移”的内容结构和主要插图对比，详见表 1–8 和表 1–9。

表 1–8　人教版、湘教版教材“人口迁移”内容结构对比

教材版本	人教版	湘教版
内容页数	3 页	6 页

（续表）

教材版本	人教版	湘教版
所属章节	第一章第二节 （人口迁移）	第一章第二节 （人口迁移）
内容模块	一、什么是人口迁移 二、影响人口迁移的因素 三、人口迁移的时空特点	一、人口迁移及其影响因素 二、国际人口迁移 三、我国人口迁移
图表数量	图片 11 幅 表格 0 张	图片 3 幅 表格 0 张
活动与材料数量	活动（探究）3 个 阅读（案例）2 个	活动（探究）3 个 阅读（案例）3 个

由表 1–8 可知，从内容模块来看，两个版本教材都由三个部分组成，主要从人口迁移的概念、影响因素和时空特点展开分析。湘教版教材更加关注人口迁移的时空差异，对我国人口迁移的时空特征进行了较为详细的介绍。两个版本教材都重视案例和课堂活动在教学中的作用，探究活动注重情境设计，例如都将家庭人口迁移史作为背景开展探究设计，有利于拉近课堂与学生实际生活的距离，激发学生开展社区调查的兴趣，培养学生的地理实践力。人教版教材展现爱尔兰大饥荒和沙特阿拉伯外籍人口占比高这两个案例，用以说明影响人口迁移的社会因素；湘教版教材以阅读的形式呈现“推拉理论”、国际和国内人口迁移特征。

在插图方面，人教版教材有 11 幅各类插图，以示意图解释推拉学说，用爱尔兰大饥荒雕塑和叙利亚战争难民的景观图说明人类迁移的悲壮历史，而湘教版教材仅有 3 幅插图，图片类型和内容较为单一。

表 1–9 人教版、湘教版教材“人口迁移”主要插图对比

教材版本	人教版	湘教版
主要插图	图 1.10 2017 年我国春运场景之一 图 1.11 人口迁移产生的不同影响举例 图 1.12 人口迁移的推力和拉力示意 图 1.13 主要的推力因素和拉力因素 图 1.14 爱尔兰大饥荒纪念雕像 图 1.15 战争导致叙利亚人口外迁 图 1.16 19 世纪中期以来美国本土人口迁移的主要示意 图 1.17 美国洛杉矶城市景观 图 1.18 15—19 世纪人口向新大陆迁移示意 图 1.19 第二次世界大战后欧洲成为人口净迁入区 图 1.20 2005—2010 年我国各省级行政区人口净迁移率分布	图 1-8 人口迁移“推拉理论”示意 图 1-9 第二次世界大战以后国际人口迁移示意 图 1-10 我国历史上的主要人口迁移示意

要重视教材插图在教学中的作用，图片可以更加直观、简洁地呈现知识点，并且有利于拓宽学生的视野，所以在教学时应该增加图片的数量。人教版教材与湘教版教材的插图，都包括人口迁移的推力与拉力示意，因此在讲解影响人口迁移的影响因素时，人口迁移的推力与拉力因素应作为重点内容讲解。

◎ 教学建议

本节内容与学生实际生活密切相关，教师在授课前需要大量收集有关人口迁移的资料，结合学生生活实际，充分利用乡土地理资源，例如贵州的改土归流、三线建设及改革开放后的外出务工等历史事件产生的人口迁移现象，从历史发展的时间脉络解释影响人口迁移的因素。在分析人口迁移的时空特点时，要注重帮助学生建立时空观念，分别从国内、国际在不同历史阶段的人口迁移特点展开。课后作业不应拘泥于试题设计，更应该让学生有目的地参与社会调查，通过家庭访谈、社会调查等实践活动，实现对人口迁移及其原因的科学认知。

二、教学设计

◎ 学情分析

认知基础：学生在上一节学习了世界的人口分布以及影响人口分布的因素，已经具备一定的空间分析能力，基本了解了哪些因素会影响人口分布，这些都为本节课学习影响人口迁移的因素奠定了基础。

不足条件：学生身边有人口迁移的案例，但是学生对人口迁移和人口流动二者区分不清。教师可以从学生身边的案例出发，引导学生正确判断人口迁移。

◎ 教学目标

1. 通过百度地图查询，了解近两年春节期间贵州人口迁入、迁出情况，理解人口迁移的基本概念，区分人口流动和人口迁移。

2. 根据贵州人口迁移史，通过小组合作探究，从要素综合的角度分析影响人口迁移的因素，并说明不同历史时期人口迁移的特点，增强热爱家乡的情感。

3. 根据图文材料，从时空综合的角度分析国内与国际在不同历史时期人口迁移的特点。

◎ 重点难点

1. 教学重点：影响人口迁移的因素。

2. 教学难点：人口迁移的判定；人口迁移的时空特点。

◎ 教学方法

案例分析法，合作探究法。

◎ 教学过程

“人口迁移”教学过程设计详见表 1-10。

表 1-10 “人口迁移”教学过程设计

教学环节	教师导学	学生活动	设计意图
导入新课	【展示图片】打开百度地图慧眼网站（https://qianxi.baidu.com/），展示近两年春节期间贵州省人口迁入、迁出情况图。	【观察】观察近两年春节期间贵州省人口迁入、迁出图。	将现实中的问题与现代信息技术相结合，可以提高学生的学习兴趣或探究兴趣。
新课讲授	一、人口迁移概念 【设问】这种春节期间返乡过年或者外出旅游的人口移动属于人口迁移吗？人口迁移需要满足哪些属性？ 【板书】人口迁移 【评价】对学生的回答进行评价与补充。 【板书】属性：时间、空间 【设问】按照是否跨越国界，人口迁移可以分为哪些类型？ 【板书】类型：国内人口迁移、国际人口迁移	【阅读】阅读教材关于人口迁移概念、属性的描述。 【发言】该类情况不属于人口迁移。人口迁移需要满足时间属性与空间属性。 【发言】可以分为国内人口迁移与国际人口迁移。	以学生生活中的案例为切入点设置问题，学生在解决问题的过程中进行人口迁移概念的生成，能够加深对概念的理解。
承转	不同历史时期，各地的人口迁移因素与特点各不相同，我们所处的贵州省也是如此。下面我们以贵州为例，探究贵州在改革开放前后的人口迁移情况。		
新课讲授	二、人口迁移的影响因素 【展示】展示改革开放前贵州人口迁移的材料。 【设问】改革开放前，影响贵州人口迁移的因素有哪些？这个时期人口迁移的特点是什么？ 【评价】对学生分享的成果进行评价与总结。 【设问】改革开放后影响贵州省人口迁移的因素有哪些？这个时期人口迁移的特点是什么？ 【评价】对学生分享的成果进行评价与总结。 【设问】请同学们思考，除上述因素外，影响人口迁移的因素还有哪些？并从自然与人文两个方面归纳影响人口迁移的因素。 【板书】人文因素、自然因素	【探究】根据材料，思考改革开放前贵州人口迁移的影响因素和特点。 【分享】小组分享探究成果。 【分享】影响因素：主要是经济因素。特点：由农村向城镇迁移；由贵州向沿海城市迁移。 【发言】影响人口迁移的自然因素、人文因素。	以贵州人口迁移史作为切入点，分析改革开放前后贵州人口迁移的影响因素及特点，有利于提升学生的综合思维能力，培养学生的家国情怀。

（续表）

教学环节	教师导学	学生活动	设计意图
过渡	在改革开放后，贵州的人口主要流向东部沿海经济发达区，那么在贵州就存在消极因素将人往外推，而在东部沿海经济发达区就存在积极因素将贵州的人拉过去，这就是人口迁移的“推拉理论”。		
新课讲授	三、人口迁移“推拉理论” 【设问】改革开放后贵州的人口主要流向东部沿海经济发达区，贵州的推力是什么，东部沿海地区的拉力是什么？ 【评价】对学生分享的成果进行评价与总结。 【板书】推拉理论 【设问】贵州省人口主要迁往东部沿海地区，会对迁入地与迁出地产生何种影响？	【探究】小组合作探究问题。 【分享】贵州的推力是贫困，东部沿海地区的拉力是收入、教育等。 【分享】迁入地的有利影响和不利影响；迁出地的有利影响和不利影响。	以改革开放后贵州人口的主要流向引出人口推拉理论，帮助学生更好地理解影响人口迁移的因素，从辩证的视角分析人口迁移对迁入地、迁出地的影响。
过渡	【过渡】以上是不同时期贵州省人口迁移的情况，下面我们将视角放到整个中国，看看我国不同时期的人口迁移有什么特点。		
新课讲授	四、国内人口迁移特点 【设问】阅读教材图 1-10，归纳改革开放前人口迁移的主要特征。 【展示】展示 2010 年—2018 年中国城镇化率走势图，2005—2010 年各省级行政区人口净迁移率分布图。 【设问】根据以上两幅图分析改革开放后人口迁移的主要特征。 【评价】对学生分享的成果进行评价与总结。 【板书】国内人口迁移特点 【过渡】国际上的人口迁移在不同时期又有什么样的特点呢？ 五、国际人口迁移特点 【设问】阅读教材图 1-8 和图 1-9，归纳人口迁移在不同空间范围和不同时期表现出的不同特点。 【评价】对学生分享的成果进行评价与总结。	【分享】受计划经济体制和严格的户籍管理制度限制，人口迁移主要是有计划、有组织地进行。 【分享】改革开放后人口迁移的主要特点：1. 人口从农村迁往城市；2. 从中西部迁往东部发达省份；3. 从年龄结构来看，迁移人口以青壮年为主。 【分享】国际人口迁移的特点可分为两个阶段：一是 19 世纪以前人口迁移的特点；二是第二次世界大战以后人口迁移的特点。	从贵州人口迁移→全国人口迁移→国际人口迁移，体现出不同空间范围内和不同历史时期人口迁移所呈现的不同特点，有利于培养学生时空综合的能力。

（续表）

教学环节	教师导学	学生活动	设计意图
课堂小结	本节课首先学习了人口迁移的概念与属性，其次以贵州人口迁移史为切入点，分析影响人口迁移的因素有自然因素和人文因素，而这些因素也就是“推拉理论”中的“推力”和“拉力”，最后分析了国内人口迁移和国外人口迁移及其特点。		
板书设计	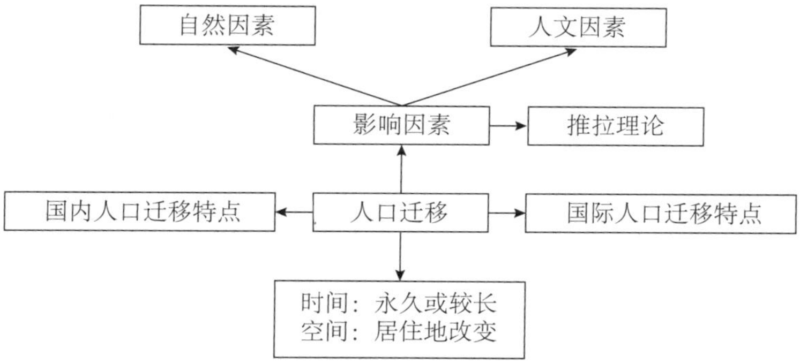 自然因素 人文因素 影响因素→推拉理论 国内人口迁移特点←人口迁移→国际人口迁移特点 时间：永久或较长 空间：居住地改变		

◎ 作业设计

小明9岁时，爸爸就从贵州农村到浙江工作，妈妈和他留守在老家。小学时的每年寒假，小明都随妈妈去浙江度假。2015年夏天，妈妈也到浙江工作，小明随妈妈去浙江上初中。2021年夏天，小明以优异的成绩考入北京大学。今年暑假小明准备去新疆旅游。据此完成1~2题。

1. 材料所述小明的经历属于人口迁移的有（　　）。

①小学时去浙江度假　②到浙江上初中　③到北京上大学　④去新疆旅游

A. ①②　B. ②③　C. ③④　D. ①④

2. 影响小明爸爸去浙江工作的主要因素是（　　）。

A. 宗教因素　B. 灾害因素　C. 政策因素　D. 经济因素

【参考答案】

1.B　2.D

◎ 教学反思

亮点：运用乡土教学资源，从贵州人口迁移史，引出影响人口迁移的因素，再从贵州人口迁移→全国人口迁移→国际人口迁移，整个空间范围在不断扩大，更能体现出不同空间范围内、不同历史时期人口迁移所呈现的不同特点，不仅突出了重点，还突破了难点，从贵州实例出发，更加贴近学生的生活，实现了学习生活中的地理。

不足：教学中提供的材料阅读量大，学生阅读材料占用的时间较多。

再教设计：从贵州人口迁移概况过渡到国内、国际人口迁移时，再增加一些案例，使过渡更加自然。

点评

人口迁移概念和人口迁移特点是本节教学重点，影响人口迁移的因素是本节教学难点。总体来说，本教学设计教学目标描述具体，但本节课重点的确立应突出人口迁移概念和人口迁移特点。教学内容丰富，选取身边的地理素材，从贵州人口迁移史切入进行分析，帮助学生理解人口迁移的特点和影响因素，理解“推拉理论”及“人口迁移”“人口流动”等概念，从贵州到全国人口迁移再到国际人口迁移，让学生学以致用。教学方法以小组合作探究为主，突出学生的主体地位。重视信息技术的使用，如让学生通过百度地图慧眼网站了解近两年春节期间贵州人口迁入和迁出的情况，深化对信息技术的使用，培养学生获取信息的能力，体现新课程理念。建议：用 2 课时完成该内容的教学，使学生的讨论、探究更为充分。小组分享探究成果时尽量让学生之间相互评价，老师最后做总结，以促进学生主动思考。

点评：张玉玲（贵阳市教育科学研究所）

三、乡土地理教学资源

在“精准扶贫”“乡村振兴”“雁归兴贵”等政策出台之前，贵州省的人口主要流向东部沿海经济发达区，在此之后，农民工开始返乡创业。

罗甸县结合全省推动农村产业革命的要求，依托全省“一县一业”扶持政策，有效地带动了经济发展并吸引了部分返乡人员创业、就业。目前罗甸全县火龙果种植面积不断扩大，是我国火龙果标准化种植示范区，被誉为“中国火龙果之乡”。

随着百里杜鹃景区旅游基础设施的不断完善和旅游人数的不断增加，当地提出了百里杜鹃非旅游季旅游产品的开发，吸引了不少外出务工人员回乡开农家乐、餐馆、特色商店等，不仅使农民得到增收，推动当地经济发展，还弥补了当地劳动力的流失。

第三节　人口容量

教学设计：邓婕妤　秦俊龙

人地关系是地理学研究的重要内容之一，而在人与环境的关系中，关键因素之一是人本身。因此，研究学习人口分布、人口迁移与人口容量，有利于学生全面理解人地关系，为正确认识产业活动与地域联系、人类与地理环境的协调发展等相关区域内容的学习奠定基础。

一、内容研读

◎ 内容要求

【2.1】运用资料，描述人口分布、迁移的特点及其影响因素，并结合实例，解释区域资源环境承载力、人口合理容量。

◎ 认知内容

内容要求中突出了两个关键概念：“环境承载力”和“人口合理容量”，因而认知要求应围绕这两个关键概念展开。根据课程内容要求、各版本教材的特点，结合贵州实际，学生通过本节的学习应掌握以下知识：

1. 尝试绘制并计算人口增长的数据，分析人口的增长特点及其影响因素；
2. 以某一资源为例，分析资源如何影响环境承载力的大小；
3. 分析人口合理容量对区域可持续发展的意义；
4. 厘清人口合理容量与环境承载力之间的差异。

通过学习，学生能够在正确理解概念的基础上认识资源环境对人类生产、生活以及可持续发展的重要意义，能够正确处理人类与资源环境的关系，认同人地协调对可持续发展具有重要意义；能够从时空综合、要素综合的角度分析人口合理容量，认识保持人口合理容量的重要意义。

◎ 教材对比

与人教版教材相比，湘教版教材“人口容量”部分的内容，将“人口增长”单独列出，以便从时空发展的维度在人口数量、区域资源环境承载力以及人口合理容量三者之间建立起密切的关联纽带。因此，在教学实施过程中，教师应尽量运用实例，引导学生梳理清楚：某区域的人口数量规模是有限度的，而这个限度取决于区域资源环境。当人口增长过快，势必造成人口数量超过这一限度，进而引发资源和环境问题。故人类社会想要维系持续发展，就必须努力向实现人口合理容量这一目标积极行动。同时，教师在教学过程中还应创设德育活动情境，培养学生形成科学的环境观、资源观、人口观等地理素养。两个版本教材“人口容量”内容结构对比详见表 1–11。

表 1–11　人教版、湘教版教材“人口容量”内容结构对比

教材版本	人教版	湘教版
内容页数	5 页	8 页
所属章节	第一章第三节 （人口容量）	第一章第三节 （人口容量）
内容模块	一、区域资源环境承载力 二、人口合理容量	一、人口增长 二、资源环境的限制性 三、人口合理容量
图表数量	图片 5 幅 表格 0 张	图片 6 幅 表格 3 张
活动与材料数量	活动（探究）3 个 阅读（案例）0 个	活动（探究）5 个 阅读（案例）2 个

图表是地理知识的主要载体。人教版、湘教版教材“人口容量”主要插图对比详见表 1–12。通过主要插图的对比，发现：人教版教材的插图数量与湘教版教材基本持平，不过就本节课标要求给出的两个行为条件“运用资料”“结合实例”而言，湘教版教材相关插图的数量明显多于人教版教材。尤其是湘教版教材中的图 1–14，既有助于教师把人口数量、区域资源环境承载力等概念之间的逻辑关系梳理清楚，又可以提高学生的综合思维素养。

表 1–12　人教版、湘教版教材“人口容量”主要插图对比

教材版本	人教版	湘教版
主要插图	图 1.21　世界“第 70 亿宝宝” 图 1.22　人口增长和资源环境承载力 图 1.23　木桶的“短板效应” 图 1.24　对地球资源环境承载力的不同估计 图 1.25　世界人口增长示意	图 1-11　种群的 S 形增长示意 图 1-12　历史上的人口增长 图 1-13　世界“10 亿”人口年表 图 1-14　人口增长与耕地资源减少的关系示意 图 1-15　乐观、中间、悲观三派人口观点示意 图 1-16　贵州占里地理位置

◎ 教学建议

本节知识较为系统，以“人口容量”这一大概念为统领设计教学内容，总结归纳人口增长与变化趋势、资源的限制性，分析环境承载力的影响因素、人口合理容量对人地协调发展的意义。针对能力层次较高的学生，还可以深入分析不同国家、不同地区的人口问题。

建议多搜集真实情境资料并在教学中展示图表数据，以案例分析与合作探究等教学方法为主。教学过程中，建议采用案例创设教学情境，结合案例分析和问题探究，对不同时间、不同空间背景下的环境承载力进行分析；注重引导学生用发展的眼光，从时空综合的角度分析人类面临的资源、人口与环境问题，并尝试提出解决问题的措施。

关于“人口合理容量”的教学，建议举行小型辩论会。学生在人口、资源与环境问题的分析、辩论、总结中，能够进一步区分环境承载力和人口合理容量。

关于知识迁移运用环节，建议使用乡土教学素材，例如结合贵州实际，可充分利用湘教版教材中的“占里侗寨人口的变化”案例，从侗寨特色地域文化背景中分析人口与环境的关系，让学生学习生活中的地理。

建议本节内容的教学使用 1 课时。从“资源环境的限制性”和“人口容量”两个内容模块入手，结合案例，设计问题链，引导学生逐一分析，实现知识掌握、思维训练和意识培养。

二、教学设计

◎ 学情分析

知识基础：学生已在七年级“人口与人种”章节中，学习了“世界人口的增长”“人口问题”等内容，具备相关的知识储备与认知能力。不过初中阶段的教学对地理事物的分析较为浅显，故高一学生用具体实例说明问题的能力还有待提升。

能力基础：通过初中阶段的学习，学生具备了基本的获取信息的能力，但是对地理信息的解读以及对地理原理的过程分析未能得到相应的训练，分析问题的程度较为浅显。

生活经验：现阶段学生对人口问题缺乏直观的生活体验，同时有关知识也停留在识记层面，对于区域资源环境对人口数量的影响的认知有限，感觉这部分知识很抽象，不易理解。

◎ 教学目标

1. 运用图表数据，探究世界人口增长的趋势及原因，分析人口急剧增长对自然资源产生的影响。（区域认知、综合思维）

2. 区分资源环境承载力和人口合理容量的异同，归纳影响资源环境承载力与人口合理容量的因素。（区域认知、综合思维）

3. 通过分析人口增长对环境的影响，不同国家、地区以及我国人口合理容量行动方案，形成正确的人口观、发展观。（人地协调观）

4. 能够绘制并计算人口增长的数据资料，并能运用相关工具收集、呈现、分析人口地理数据或图表。（地理实践力）

◎ 重点难点

1. 教学重点：人口增长的特点及影响因素；资源环境承载力的影响因素。

2. 教学难点：资源环境承载力的影响因素；区分环境承载力和人口合理容量。

◎ 教学方法

讲授法：对于人口增长、资源环境承载力、人口合理容量等概念，采用教师讲授的教学方法，有利于学生快速掌握。

合作探究法：课前学生和小组成员收集整理关于中国人口增长的资料，并绘制成图，进行成果分享；课堂上分组探究人口增长带来的不同资源问题，有利于提高合作探究能力与实践能力。

案例教学法：运用中国人口增长的案例，创设学习情境，展开学习环节，运用“占里侗寨人口的变化”案例实现知识的迁移运用；分析中国人口政策，提高对现实问题的分析与解决能力。

◎ 教学资源

湘教版教材，多媒体课件，学生依据人口普查数据绘制的中国人口增长图，人口政策相关材料。

◎ 教学过程

“人口迁移”教学过程设计详见表1－13。

表 1–13　“人口容量”教学过程设计

教学环节	教师导学	学生活动	设计意图
导入	【课前准备】课前，指导学生通过国家统计局网站收集我国历次人口普查的数据，并利用 Excel 软件绘制曲线图。 【展示】小组展示绘制成果并讲解绘制过程。 【板书】人口增长	【观察】课前，根据任务要求进行分工合作，完成统计图的绘制，并分享绘制的经验。	通过资料收集和图表绘制，培养学生的地理实践力。
新课教学	【设问】 1. 结合图片，分析我国人口发展呈现出哪些新特点。 2. 结合教材，衡量人口自然增长的指标是什么？描述自然增长率、出生率和死亡率三者之间的关系。 3. 新中国成立后，人口快速增长的影响因素有哪些？ 4. 对比分析教材中世界人口增长与中国人口增长，二者是否具有相似性？ 【评价】对学生的回答可采用学生评价与教师评价相结合的方式。 【板书】影响人口增长的因素	【讨论】讨论并回答问题。 【发言】 1. 据图描述中国人口增长的特点。 2. 衡量人口增长的指标是人口自然增长率。出生率大于死亡率时人口正增长，出生率小于死亡率时人口负增长，出生率等于死亡率时人口零增长。 3. 影响人口增长的因素有：自然资源、环境、科技、医疗卫生、文化教育等。 4. 中国人口增长与世界人口增长具有一定的相似性。1830 年以来世界人口每增加 10 亿所需要的时间越来越短，说明世界人口增长越来越快。其主要原因是：随着经济的不断发展（社会生产力水平不断提高），生活和医疗水平的提高，婴儿死亡率逐渐降低，人的寿命不断延长，进一步导致自然增长率升高。	通过图表、数据资料，探究中国人口增长的趋势及原因，并联系世界人口增长的趋势及原因，培养学生的综合思维素养和区域认知素养。

（续表）

教学环节	教师导学	学生活动	设计意图
新课教学	【设问】以中国人口增长为例，人口增长过快会给我们带来哪些主要问题？ 【过渡】从资源的角度入手，探究人口过快增长带来的资源问题。 【设问】将学生分成不同的小组，学生通过小组合作，分析人口增长过快带来的资源问题。 【展示】 1. 人口增长过快带来的水资源问题：需求量增大、不合理利用、严重水污染；导致淡水资源短缺，影响人类的生存发展。 2. 人口增长过快带来的土地资源问题：人口增长导致人均土地拥有量大幅度下降；不合理利用土地，致使农业用地面积减少，进而导致生存空间越来越小。 3. 人口增长过快带来的森林资源问题：毁林开荒、乱砍滥伐、森林火灾等导致水土流失加剧、土壤肥力下降、大气污染、极端天气频发。 4. 人口增长过快带来的矿产资源问题：人口增长、科技发展导致需求量增长，某些重要矿产资源迅速减少，有的甚至枯竭。 【评价】对学生的回答可采用学生评价与教师评价相结合的方式。 【设问】人类社会是否会因资源短缺而面临崩溃？说出你的理由。 【总结】人类在开发利用各种资源的过程中，如土地资源、矿产资源、水资源等，由于过度开发和不合理使用，会导致人地关系失调，引发严重的环境问题，进而限制人类的发展。	【发言】引发资源和环境问题。 【讨论】分成A、B、C、D四个小组，分别从不同角度讨论人口增长过快带来的资源环境问题。A组从水资源角度分析，B组从土地资源角度分析，C组从森林资源角度分析，D组从矿产资源角度分析。 【回答】小组分析人口增长过快带来的资源问题。 【思考】资源短缺对人类生活造成的影响。 【回答】观点一：会崩溃；从资源环境的限制性角度分析阐述理由。观点二：不会崩溃；从科技水平的提升能够实现资源的可持续利用角度阐述理由。	学生从不同角度分析人口过快增长带来的资源环境问题，分析资源的限制性，树立正确的人口观念，并以此加深对资源环境承载力的理解。

（续表）

教学环节	教师导学	学生活动	设计意图
新课教学	【过渡】人们经常说“引发严重的资源环境问题”，资源环境问题到底有多严重，需要一个衡量指标，就是资源环境承载力。 【板书】二、资源环境承载力 【设问】请同学们结合课件上的材料，自主学习资源环境承载力的概念，并结合四则材料归纳总结环境承载力的影响因素。 【评价】对学生的回答可采用学生评价与教师评价相结合的方式。 【总结】科技发展水平决定开发数量，人口的生活和文化消费水平决定消耗数量，因而资源是影响环境承载力最主要的因素。 【过渡】资源环境承载力因时间、空间而变化，如何因地制宜地规划人口政策尤为重要。例如，中国到底能够养活多少人？中国最适合养活多少人？二者分别可以用哪一术语表示？ 根据同学们绘制的新中国成立以来的人口增长图，再次分析新中国成立后的人口政策演变。 【设问】世界如何保持人口合理容量？ 【板书】三、人口合理容量	【发言】中国西北地区的材料反映出水资源（即自然资源）是影响环境承载力的重要因素，呈正相关。以色列节水农业的发展，反映出科技是影响环境承载力的重要因素，呈正相关。清朝康熙、雍正、乾隆年间人口增长特点，反映出人口生活和文化消费水平影响环境承载力，呈负相关。“日本靠什么养活自己？”这一材料反映出科学技术发展和对外开放程度影响环境承载力，呈正相关。 【发言】资源是影响环境承载力最重要的因素。 【讨论】资源环境承载力与人口合理容量的区别。 从人口政策的演变中理解人口合理容量对国家制定人口政策的指导作用。 【发言】保持世界人口合理容量需要倡导国际合作，建立公平秩序，实现人地协调发展。	学生从对立角度分析资源短缺对人类生活造成的影响，辩证地看待资源环境承载力或人口合理容量具有不确定性和相对确定性。 引导学生认识人口合理容量对于制定人口战略和人口政策的意义；引导学生辩证地看待人口问题与人口政策，形成正确的人口观。
小结	本节课我们学习了中国与世界人口的增长，从人口增长过快对资源环境产生的影响这个角度分析了资源环境承载力的重要性。中国是世界人口大国，但同时养活、养好这么多人，也给环境、资源带来了巨大的压力。分析中国不同时期的人口政策，从人口政策的变化中理解控制人口合理容量对国家可持续发展的作用。因而要明确提高科技发展水平、提高资源的利用效率和管理水平，对实现人口增长与资源环境的协调发展意义重大。希望同学们能够秉持人地协调发展的理念，建设美好的未来！		
板书设计	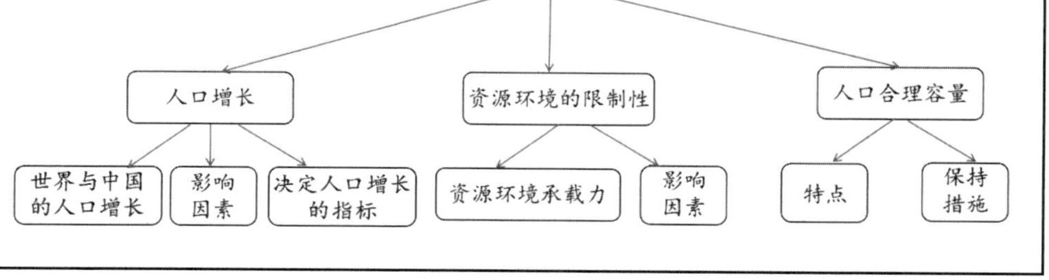 人口容量 → 人口增长：世界与中国的人口增长；影响因素；决定人口增长的指标 → 资源环境的限制性：资源环境承载力；影响因素 → 人口合理容量：特点；保持措施		

◎ 作业设计

一、单项选择题

1. 位于马来半岛南端的新加坡，尽管国土面积狭小，但人口容量相对较大，主要原因是（　　）。

A. 自然环境优美，水资源充沛　　B. 科技水平先进，对外开放程度高

C. 交通运输便捷，劳动力廉价　　D. 经济水平较高，人均资源消费高

2. 我国湖北省与西藏自治区的纬度范围大致相近，但两地的人口容量差异显著（湖北 > 西藏），造成这种明显差异的主要因素是（　　）。

A. 自然资源　　B. 对外程度　　C. 消费水平　　D. 文化观念

3. 通过“木桶效应”可知：若想增加一个水桶的盛水量，就必须提升这只水桶最低的那块木板高度。下列有助于提升一个地区环境人口容量的决策是（　　）。

A. 建设节约型社会，倡导节约行为　　B. 引进化工类企业发展地方经济

C. 追求高端生活消费，更新消费观　　D. 限制对外开放程度，保护传统

4. 黔西南州晴隆县三宝彝族乡，地处喀斯特地貌深山地区，当地贫困发生率高达 83%，2003 年被列为贵州省 100 个重点扶贫乡镇之一。造成当地资源环境承载力低的主要原因是（　　）。

①热量匮乏　　②光照不足　　③土地贫瘠　　④地表缺水

A. ①②　　B. ①③　　C. ②④　　D. ③④

二、综合实践题

5. 请同学们从下列世界人口日主题中选取一个自己感兴趣的内容，通过网络等途径搜集相关资料，之后确立一个研究方向开展实地调查，并将调查研究结果制作成一份宣传人口知识的海报或者微视频。

2020 年世界人口日主题为“终止新冠肺炎疫情：当下如何保障妇女和女童的健康和权利”。

2021 年世界人口日主题为“权利和选择就是答案：不管是婴儿潮还是婴儿危机，解决办法在于优先考虑生殖健康和所有人的权利”。

2022 年世界人口日主题为“80 亿人的世界，迈向有弹性的未来——抓住机遇，确保人人拥有权利和选择”。

【参考答案】

1.B　　2.A　　3.A　　4.D　　5. 略

◎ 教学反思

亮点：设计让学生自己查阅资料并绘制新中国成立以来的人口增长图，动手绘制图表，激发了学生的学习积极性和兴趣，培养了学生的地理实践力素养；通过现实生活中的材料分析影响环境资源承载力的因素以及关注中国人口政策的变化，引导学生发现身边的地理，学习有用的地理知识，培养学生正确的资源观、环境观与人口观。

不足：人口增长、资源的限制性和人口合理容量的教学，课标建议总课时为1课时，本教学设计中的问题及材料分析较多，在教学过程中各环节时间分配容易不均匀。

再教设计：精简问题链，突出重点，突破难点，使时间安排更合理。

点评

本节包含“人口增长”“资源环境的限制性”和“人口合理容量”，重点是资源环境承载力和人口合理容量的概念和区别，难点是人口合理容量的影响因素。总体来看，本教学设计的教学目标与课程目标同向同行，方向一致，定位准确，确立重点时应突出资源环境承载力和人口合理容量的概念和区别。教学内容丰富，包括学生课前准备与课后练习，使教学发生在课前、课中和课后，关注教—学—评一致性。教学内容之间承转自然，水到渠成。教学中重视核心概念的解读。教学方法为案例教学法，通过案例让学生分小组进行合作探究，关注对学生查找资料、绘制图表等关键能力的培养和地理素养的培养，通过材料分析，培养学生正确的资源观、环境观与人口观，体现了以学生为主体、教师为主导的新课程理念。建议：用2个课时完成教学，使学生的讨论更为充分和深刻。

点评：张玉玲（贵阳市教育科学研究所）

第二章 “城镇与乡村”教学研究与案例设计

内容研读：彭泽钰　秦　江

从中学地理的整体来看，本章既是初中阶段“居民与聚落”的延续，也是高中必修二第一章“人口”的承接，为后面学习产业，尤其是工业和服务业相关内容打下基础。本章共分为三节，分别是“城乡空间结构”“地域文化与城乡景观”“城镇化进程及其影响”。第一节从空间差异入手探讨城乡土地利用空间差异，引导学生理解不同环境下乡村和城镇空间结构的形成和变化；第二节主要从景观层面分析城乡景观与地域文化的关系；第三节以时间为线索，重在理解城镇化的过程和特点，讲好城市的前世今生。

新课标突破了传统聚落地理的内容框架，新增了乡村内部空间结构并适当加入了文化地理与地理信息技术的内容。这一变化，一方面与我国近年重视社会主义新农村建设与发展有关；另一方面反映了我国地理学的新发展和研究方向，体现了学科的时代性特色。本章要达到的目标如下：

1. 人地协调观：能认识到城乡空间结构的意义，了解合理规划城乡空间结构有利于建立可持续发展的人地关系，为生产生活提供便利；能认识到地域文化对城乡发展的影响，也能理解城乡景观可以体现地域文化，因为城乡建设一般都体现了人们尊重自然、追求人地和谐的思想；分析城镇化的意义和城镇化过程中的问题，客观评析人地关系。

2. 综合思维：对于具体的城市，能够判断功能区的布局和相对位置关系，分析其布局的特点；对于给定的城乡景观，能够从多角度分析城乡景观所反映的地域文化特点；从时间尺度和空间尺度描述城镇化的特点及城镇化带来的利弊，分析城乡一体化的意义。

3. 区域认知：根据特定区域案例，对比分析不同功能区分布的原因以及城乡的空间结构特征差异，能够分析不同典型区域地域文化对景观的影响以及不同区域城镇化发展进程的区别。

4. 地理实践力：与他人合作，查阅一个与城乡空间结构、景观以及城镇化的影响相关的地理现象资料，通过分析自己感兴趣的典型案例，提出自己的观点与论断。

根据本章的教学目标，结合贵州省的实际情况，建议使用 5 个课时完成教学，其中第一节“城乡空间结构”2 个课时，第二节“地域文化与城乡景观”2 个课时，第三节“城镇化进程及其影响”1 个课时，使学生能达到学业质量“水平 2”的要求。

第一节　城乡空间结构

教学设计：彭振中　胡　瑞

聚落是人类聚居和生活的场所，分为乡村聚落和城市聚落。在一定的地域范围内，有众多的乡村，也有各级城镇，人口和非农产业集聚到一定规模之后，就形成了城镇。不同地域的乡村和城镇，虽因自然环境、经济活动、地域文化等差异而各具特色，但因地制宜、合理利用土地、城乡协调发展已成为共同的追求。

一、内容研读

◎ 内容要求

【2.2】结合实例，解释城镇和乡村内部的空间结构，说明合理利用城乡空间的意义。

◎ 认知内容

本节内容在课程标准中的教学条件是“结合实例”，行为动词是“解释”和“说明”，属于“理解”的水平层次，即学生能够解释清楚城乡内部空间结构的特点，能够准确判断主要功能区的布局和相对位置关系，分析其布局的特点、意义，分析功能区之间的关系和区位条件。根据课程内容要求，结合各版本教材的特点，学生通过本节的学习应掌握以下知识：

1. 城乡土地利用；
2. 城市内部的空间结构及其影响因素；
3. 乡村的空间结构；
4. 合理利用城乡空间的意义。

◎ 教材对比

不同版本的教材有不同的特色和优势，以下针对人教版和湘教版两个版本教材进行对比分析，详见表 2–1 和表 2–2。

表 2–1　人教版、湘教版教材“城乡空间结构”内容结构对比

教材版本	人教版	湘教版
内容页数	7 页	10 页
所属章节	第二章第一节 （乡村与城镇空间结构）	第二章第一节 （城乡空间结构）
内容模块	一、乡村的土地利用 二、城镇内部空间结构 三、城镇内部空间结构的形成和变化 四、合理利用城乡空间的意义	一、城乡土地利用 二、城乡空间结构 三、城乡区位分析
图表数量	图片 10 幅 表格 0 张	图片 14 幅 表格 0 张
活动与材料数量	活动（探究）2 个 阅读（案例）1 个	活动（探究）4 个 阅读（案例）4 个

表 2–2　人教版、湘教版教材“城乡空间结构”主要插图对比

教材版本	人教版	湘教版
主要插图	图 2.1　大圩古镇 图 2.2　我国川西平原的某村落局部景观 图 2.3　浙江兰溪诸葛村的村落内部空间结构示意 图 2.4　城镇的功能区举例 图 2.5　香港中心城区土地利用示意 图 2.6　唐长安城的内部空间结构 图 2.7　某城市各类土地利用付租能力随距离递减示意 图 2.8　北京城市副中心与中心城区关系示意 图 2.9　某城区内部空间结构规划示意 图 2.10　巴西利亚城市功能分区	图 2-1　城市（辽宁大连市） 图 2-2　镇（湖北枣阳市吴店镇） 图 2-3　乡村（江西婺源县江岭村） 图 2-4　城乡土地利用示意 图 2-5　中心商务区特征 图 2-6　某城市各类用地租金水平随距离递减示意 图 2-7　成都城市空间结构示意 图 2-8　沈阳城市空间结构示意 图 2-9　街道式村落 图 2-10　团块式村落 图 2-11　棋盘式村落 图 2-12　城市立体绿化景观 图 2-13　纽约地理位置 图 2-14　深圳地理位置

人教版教材主干知识体系清晰，逻辑性强。湘教版教材采用较多的阅读、图片等进行展示，辅以大量的活动题，强调学生需在主动参与教学活动中获得知识，注重过程化的能力培养。湘教版教材由于图片、阅读较多，知识点碎片化，需要学生在老师的引导下进行整理和总结。另外，湘教版教材增加了“城乡区位分析”这一内容，承

接第一章“人口分布和迁移的影响因素”，与第三章“产业区位的分析”也有相通之处，对于这类在高中阶段常见的与区位分析有关的主要问题均有涉及。

对比两个版本教材的插图，人教版教材的插图较少，主要呈现城镇和乡村景观、城镇主要功能区、城市各类土地利用付租能力随距离递减示意、城市空间结构实例等内容。类似的插图在湘教版教材中也有，湘教版教材“城乡土地利用”内容模块的插图较多，充分展示了不同等级规模聚落的土地利用差异；同时，还增加了一些乡村空间结构示例图片；由于湘教版该节加入了“城乡区位分析”这部分内容，因此图片总体数量进一步增多。

◎ 教学建议

关于本节内容，课标要求结合实例来解释城乡空间结构特征，在教学中可通过现实案例，引导学生从城市布局、组合等方面了解城市空间结构特征，通过逐项分析得出结论，并引导学生分析其意义。

在教学中建议以景观图片展示和案例分析为主，使用合作探究等教学方法，使学生多参与到课堂活动中，充分发挥教师的主导作用和学生的主体作用。从地理核心素养的要求来看，教学中应突出综合思维的培养和人地协调观的融合，加深对区域认知的理解。条件允许的学校，可开展实地调查与研究，培养学生的地理实践力。

教学过程方面，建议从身边的城镇、村落或者学生熟知的贵州的城市入手，如贵阳市、遵义市、茅台镇等，可以激发学生学习的兴趣，让学生学习生活中有用的地理，更加深入认识家乡，了解乡土地理，有利于培养区域认知素养。

二、教学设计

◎ 学情分析

认知基础：在交通、现代媒体技术相对发达的当下，学生对城镇和乡村均有生活感知，可结合生活实际案例设计教学活动。此外，学生对于农业用地、建设用地等土地利用类型有基本的认识，在教材的活动中也给出了不同等级的城乡土地利用状况，对于该部分内容，可通过阅读、分析等掌握城乡土地利用的不同特点。本课程是高一下学期第二章，学生经过第一章的学习，关于人文地理的学习有了初步基础，对案例教学、问题式教学的学习方法以及合作探究都有感知。

不足条件：高中学校大部分分布在城镇或周边城镇，学生对于城市中心商务区这一新概念认识不足；学生对于城市空间结构这一内容缺乏背景知识，教师在教学过程中可提供城市空间结构示意图；此外，学生对城乡一体化缺乏认知，需要老师结合实例引导分析。

◎ 教学目标

1. 观察城乡景观图、示意图等，说出城乡土地利用特征。
2. 结合实例，分析城市功能区的布局特征、相对位置关系及空间结构特点。
3. 观察图片，了解乡村聚落内部空间形态差异。
4. 说明合理规划城乡土地利用对人地协调发展的意义。

◎ 重点难点

1. 教学重点：城镇和乡村内部空间结构特征及其影响因素。
2. 教学难点：各类用地租金水平随距离变化的规律。

◎ 教学方法

情境式教学，案例式教学，问题式教学（问题清单详见表 2–3）。

表 2–3 “城乡土地利用、城市空间结构”问题清单

核心问题	子问题	素养指向
城乡景观特点	①说一说城市、镇和乡村的景观有哪些显著差异。	区域认知（区域特征、区域差异）
	②什么是乡村？什么是城镇？城镇的一般特点是什么？	
城乡土地利用	①土地利用类型有哪些？	综合思维（要素综合、地方综合）
	②乡村与城镇比重最大的土地利用类型各是什么？	
	③在城镇中，商业用地的空间分布有什么特点？	
	④城市内部不同土地利用方式的形成原因有哪些？	
城市主要功能区	①城市内部有哪些功能区？各类功能区是如何形成的？	综合思维（要素综合、时空综合）
	②城市内部三大基本功能区各有什么特点？	
	③中心商务区（CBD）有哪些显著特征？	
	④各功能区之间的空间位置关系是怎样的？	
城乡空间结构	①不同的乡村聚落形态各有什么特点？	综合思维（要素综合、时空综合）
	②城市空间结构是如何形成的？	
	③城市空间结构的典型模式有哪些？	
影响城市空间结构的因素	①影响地租高低的因素有哪些？	综合思维（要素综合、地方综合） 区域认知（区域联系、区域差异） 人地协调观（“人对地”、协调人地关系）
	②各类土地利用付租能力随与市中心距离的变化有何异同？	
	③贵阳市调整城乡空间结构，对于其城乡一体化发展有何重要意义？	

◎ 教学资源

湘教版教材，多媒体课件，贵阳市城市发展规划视频，西江千户苗寨视频。

◎ 教学过程

本节教学过程详见表 2–4 和表 2–5。

表 2–4 “城乡土地利用与城市主要功能区”教学过程设计

教学环节	教师导学	学生活动	设计意图
导入	【创设情境】课件展示高坡扰绕村、遵义茅台镇、贵阳主城区景观图片。 【设问】说一说贵阳市、茅台镇以及扰绕村的景观有哪些显著差异。 引导学生自主学习城市和乡村基本概念。 【板书】一、城乡土地利用 【总结】与乡村相比，城镇具有人口和产业活动密集、生产效率和经济效益比较高、各类建筑聚集、交通运输和信息交流相对发达的特点。	【观察】观察图片展示的乡村、城镇和大城市的景观，对比城市、镇和乡村的景观差异。 【发言】城市建筑物高且密集，交通密度大，公共基础设施完善……乡村农田和山林多，建筑物低矮，道路少，公共设施数量与类型少…… 【自主学习】学习城市和乡村的基本概念：乡村是主要从事农业生产、人口分布较为分散的地方；城镇是人口达到一定规模、主要从事非农业产业活动的居民聚居地。	利用身边的真实情境，让学生观察城乡景观，掌握聚落景观空间布局的描述方法，激发学习兴趣。 通过阅读教材，明确核心概念，培养学生的自主学习能力。
新课教学	【承转】通过初中阶段的学习，我们知道，我国的土地类型分为农业用地、建设用地和未利用用地。同学们是否还记得它们各包括哪些具体类型呢？乡村和城市的土地利用有什么差异？ 【板书】乡村土地利用方式和城镇土地利用方式 【讲解】 城镇土地利用：反映的是城镇布局形态和空间功能差异。 乡村土地利用：反映农业生产布局、农村居民点以及相关设施的分布状况。	【自主学习】阅读教材，认识土地利用基本分类。 农业用地：是指直接用于农业生产的土地，包括耕地、林地、草地、农田水利用地、养殖水面等。 建设用地：是指建造建筑物、构筑物的土地，包括城乡住宅和公共设施用地、工矿用地、交通水利设施用地、旅游用地、军事设施用地等。 未利用用地：是指农用地和建设用地以外的土地。 城镇土地利用：是指城镇中工业、交通、商业、文教、卫生、居住、绿化等建设用地的状况。	通过阅读教材，明确核心概念，培养学生的自主学习能力，提升认知素养。

（续表）

教学环节	教师导学	学生活动	设计意图
新课教学	【展示】展示湘教版教材27—28页活动题，引导学生思考以下问题： 1.一般而言，乡村与城镇比重最大的土地利用类型各是什么？说出其原因。 2.在城镇中，商业用地的空间分布有什么特点？ 3.想一想，城市内部不同土地利用方式的形成原因有哪些？试举例说明。 【评价】对学生的回答进行评价。	【活动1】读教材27—28页“城乡土地利用示意”图，小组讨论交流，对乡村、镇、小城市、中等城市和大城市的土地利用状况进行分析，完成相关任务。 【发言】小组选派代表发言： 1.城镇与乡村在土地利用方式上存在明显差异，城镇以建设用地为主，乡村以农用地为主。 一般而言，乡村与城镇比重最大的土地利用类型分别是耕地和居住用地，因为乡村的人口数量少，主要从事农业生产活动。城镇的人口已达到一定规模，居住用地承担其最基本的职能，是分布最广泛的土地利用方式。 2.商业用地一般分布在市中心、交通干线两侧或街角路口，呈点状或条状。 3.城镇内部不同土地利用方式的形成与自然因素、经济因素、社会因素、历史因素、行政因素有关。	通过活动探究，对比城市和乡村的土地利用差异，进一步理解城乡土地利用的基本特征，提高认知水平。
	【承转】城乡土地利用类型各不相同且类型多样，那么，城乡内部各种土地利用类型和方式在空间分布上会有一定的规律吗？ 【板书】城市功能区的形成及其主要类型 【讲解】在城市内部，不同的土地利用方式有着各自的特点，而同一种土地利用方式对用地空间和位置的需求是相同的，这就会导致同一类功能活动在城市空间上的集聚。	【讨论】自主阅读教材相关内容，小组讨论并回答： 1.城市内部有哪些常见的功能区？ 2.各类功能区分布是如何形成的？ 【发言】 1.常见功能区：主要有居住区、工业区、商业区、市政与公共服务区、交通与仓储区、生态功能区以及其他功能区等。 2.城市土地开发利用的过程中，人口和产业在空间上集聚，形成不同性质的功能区。	通过小组讨论，认识城市主要功能区，提高认知水平。
	【展示】投影展示“贵阳市总体规划（2011—2020年）——中心城区土地使用规划图”，提出问题。 【评价】对学生的回答进行评价。	【活动】阅读“贵阳市总体规划（2011—2020年）——中心城区土地使用规划图”，小组合作，完成以下任务： 1.贵阳城市三大功能区中面积占比最高的是什么？	

（续表）

教学环节	教师导学	学生活动	设计意图
新课教学	【展示】投影展示“纽约曼哈顿街区”“上海陆家嘴”“贵阳中华路和观山湖会展城”景观图。 【讲解】中心商务区：高度集中了一个城市的经济、科技和文化力量，是城市的核心区域，具备金融、贸易、服务、咨询等多种功能，并配以完善的市政交通与通信条件。 CBD 特点：高楼大厦林立，公司总部云集；是城市经济枢纽和观光购物区域；商贸服务业发达；土地利用集约，地价房租甚高；人流汇集，交通繁忙。 【总结】各功能区无明确的界线；每种功能区以某种功能为主，可能兼有其他功能。	2. 找出贵阳市主要的工业区，说出其分布的共同特点。 3. 中心商务区（CBD）有哪些显著特征？贵阳的 CBD 可能是哪些区域？ 4. 三大功能区之间是否有明确的界限？ 【回答】 住宅区分布特点：占地面积最大；建筑质量上出现高级与低级住宅的分化；位置上高级与低级住宅区背向发展。 工业区分布特点：集聚成片分布；不断向城市外缘迁移，并靠近河流、铁路、公路等交通便捷地带。 商业区分布特点：呈点状或带状分布于市中心（市场最优）、交通干线两侧或街角路口处（交通最优）。	利用身边的真实情境，让学生探究城市空间布局的基本规律，激发学习兴趣，培养区域认知素养和综合思维。 深化学生对城市空间结构布局的综合认知，同时培养学生热爱家乡的思想感情。
课堂小结	通过本节课的学习，我们知道了城乡土地利用的特点，知道了城市各种常见功能区的形成原理，重点分析了城市内部三大主要功能区的分布特点等。 在贵州大地上，美丽乡村随处可见，新农村建设的壮美画卷正徐徐展开；多座大中城市快速发展，城市建设进入快车道。下节课我们将继续探究城乡空间结构及城乡一体化建设问题，同学们课后可进一步调查研究贵州城乡发展现状，下节课大家接着分享。		回顾课堂教学重点。 培养学生热爱家乡的思想感情。
板书设计	乡村土地利用方式 — 城乡土地利用 — 城市土地利用方式 —（集聚效应）— 城市功能区：居住区、商业区、工业区、其他功能区		

表 2–5　“城乡空间结构”教学过程设计

教学环节	教师导学	学生活动	设计意图
导入	【回顾】上节课，我们结合所生活的城市——贵阳，学习了城市各种常见功能区的形成原理，并重点分析了城市内部三大主要功能区的分布特点。这节课我们将继续更深入地认识脚下的这座城市。	【复习】跟随教师一起回忆上节课学习的内容。	通过复习导入本节内容，帮助学生回忆上节课的知识，为学习本课内容做铺垫。
新课教学	【讲解】城市内部各个功能区的布局与组合形成了城市的空间结构。那么，影响城市空间结构的因素主要有哪些呢？ 【展示】展示理想状态下的空间（包括：矿产资源、河流、交通线等）。 【活动】将学生分为四个小组：分别扮演钢铁厂老板、商铺投资人、房地产商 1（出售别墅）、房地产商 2（出售普通高层住宅）。四个小组进行讨论后，由小组代表阐述其将选择投资哪一地块以及原因。	【小组讨论】角色扮演，根据贵阳市交通规划图以及各小组角色定位，选择适宜的地块进行投资，并说明选择的理由。 学生回答时可能涉及地租、交通通达性、环境等影响城市空间结构的因素。	通过角色扮演，学生站在不同的立场选择投资的地块，在角色体验中生成对“影响城市空间结构因素”这一内容的理解。
新课教学	【讲解】城镇里各种功能的活动都要占用一定的土地，而城镇土地的供应是有限的，在市场竞争的环境下，一块土地用于哪一种活动取决于各种活动愿意支付租金的高低。 【展示】展示湘教版教材第 30 页“某城市各类用地租金水平随距离递减示意图”。 【设问】 1. 各类土地利用付租能力随距市中心距离的变化有何异同？ 2. 如果城市的土地用途由各类用地使用者的付租能力来决定，那么图中 OA、AB、BC 分别最有可能成为哪一类功能区？标注在图上，并说明理由。 【展示】展示“交通通达度与地租关系示意图”以及不同区位的交通通达度与地租高低表格。 【设问】分析交通通达度对地租的影响，并列表归纳。	【小组讨论】完成活动探究。 【发言】 1. 各类土地利用类型地租变化的相同点：地租随距市中心距离的增加而下降（距市中心距离相同的地方，交通通达度高的地租较高）。 不同点：地租水平下降速度不同，商业区下降最快，工业区下降最慢。 2. 图中 OA 为商业区，AB 为住宅区，BC 为工业区。 【小组讨论】用“1—4”对不同地区的交通通达度、地租进行排序，并判断其属于哪种功能区。	根据地租曲线图，让学生分析三大功能区分布的一般特点及原因，培养学生的综合思维。 通过填表排序的方式，能够直接体现学生对于示意图的理解，同时，再一次加深学生对交通通达度对地租影响的理解。

（续表）

教学环节	教师导学	学生活动	设计意图
新课教学	【承转】事实上，各个城市是否完全依据上述因素形成空间结构呢？ 【展示】展示以下图片： 1. 上海外滩景观和北京故宫周围景观图； 2. 贵阳城市总体规划图和成都的中心城区城市空间结构图。 【设问】 1. 一般来说，大都市中心区地租水平较高，为集约利用土地，通常高楼大厦林立，而北京市故宫附近的建筑都不高，这是为什么？ 2. 为什么贵阳和成都的城市空间结构明显不同？ 【小结】城镇内部空间结构的形成非常复杂。除了经济因素外，政策、文化、环境等也会影响城镇内部空间结构。 【承转】正是在这些自然、社会经济因素的影响下，城市内部呈现出不同的空间结构模式。 【展示】展示常见的城市空间结构模式示意图及成都、沈阳、贵阳、上海的空间结构分布图或城市景观图。 【设问】成都、沈阳、贵阳、上海分别属于哪种城市空间结构模式？	【发言】 1. 北京是一座具有优秀历史文化传承的古城，为了保留故宫的历史文化价值，周围都不允许建高层建筑。 2. 成都以平原地形为主，地势平坦，其功能区的分布不受地形的阻隔，可以成片分布；贵阳则受到地形的影响。 【发言】结合教材回答问题：同心圆模式（成都），扇形模式（沈阳），多核心模式（上海）。	通过对比分析北京、成都和贵阳的城市空间结构的形成，进一步分析、理解影响城市空间结构的因素。 在学习了影响城市空间结构的因素后，再利用不同城市的空间分布图或景观图，让学生更直观、形象地认识城市空间结构，同时更好地理解这部分内容。
新课教学	【承转】学习了城市空间结构，那么，乡村聚落又会呈现哪些形态呢？ 【设问】阅读湘教版教材第34页“阅读”部分，了解不同的乡村聚落形态各有什么特点。 【展示】展示密集型、半聚集型、分散型乡村聚落景观图。 【展示】展示密集型乡村聚落的三种形态。 【讲解】密集型乡村聚落可分为街道式、团块式和棋盘格式等。这种聚落的格局大而紧凑，但村民住房排列杂乱无章，村中道路较为弯曲，这类村落是在长期发展过程中自然形成的。	【观察】观察三种不同的乡村空间形态，结合教材内容回答问题。 【发言】 ①密集型：规模较大、房屋高度密集，多分布于人口稠密的旱作农业区（街道式、团块式、棋盘格式）。 ②分散型：呈点状松散布局，多分布于地形复杂或特殊的生产类型地区。 ③半聚集型：规模不大、村民住房排列较为松散。最典型的是山区小村。	该部分内容较为简单，以学生自主学习为主，在这一过程中发挥学生的主观能动性，培养学生的读图能力以及提取信息、归纳信息的能力。

（续表）

教学环节	教师导学	学生活动	设计意图
新课教学	【讲解】随着社会经济的不断发展，人们对城乡土地利用提出了新的诉求，合理规划城乡空间结构对于推动城乡一体化发展具有现实指导意义。 【展示】播放视频“贵阳市城市发展规划”，展示贵阳城市总体规划图。 【设问】贵阳市调整城乡空间结构，对于其城乡一体化发展有何重要意义？	【观看】观看视频，思考问题。 【发言】（开放性答案）如：实现城市紧凑、集约发展；“山中有城、城中有山”的布局，可以充分发挥山体绿化对过滤空气、防护污染、调节城市温度、美化城市环境的作用。	融合贵阳市城乡规划理念，学生在观看视频的过程中回顾本节学习内容，激发其对家乡的热爱，形成人地协调观。
总结	【讲述】未来，贵阳将继续统筹城乡发展，以建设生态文明城市为目标，加快城乡一体化进程，塑造“筑城”特有风貌。我们生于斯长于斯，愿明天，遇见更美贵阳！		
板书设计	**2.1 城乡空间结构（第2课时）** 影响因素 乡村 —— 空间结构 —— 城市 城乡一体化		

◎ 作业设计

一、单项选择题

图 1 示意某城市规划。读图，完成 1~2 题。

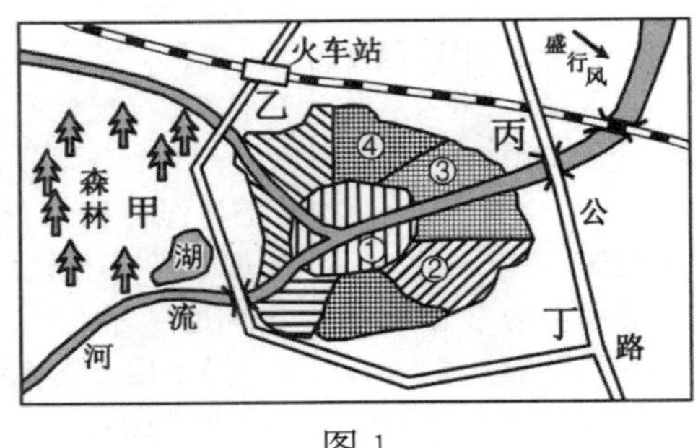

图 1

1. 若在该城市建设一座集零售、娱乐、餐饮、办公于一体的大型高层建筑，宜建在（　　）。

A. ①　　B. ②　　C. ③　　D. ④

2. 房开商拟建高级住宅区，宜选在（　　）。

A. 甲　　B. 乙　　C. 丙　　D. 丁

图 2 示意城市各类土地利用付租能力随距离递减关系。读图，完成 3~4 题。

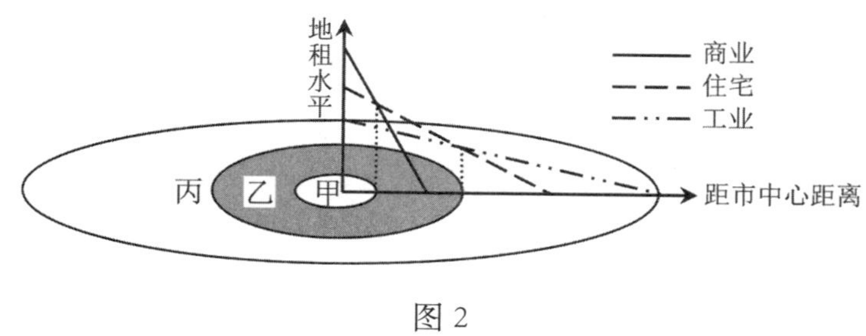

图 2

3. 甲、乙、丙依次对应的城市功能区为（　　）。

A. 工业区、住宅区、商业区　　B. 住宅区、工业区、商业区

C. 工业区、商业区、住宅区　　D. 商业区、住宅区、工业区

4. 城市中甲功能区形成的原因有（　　）。

A. 环境污染严重　　B. 地租最便宜　　C. 交通运输便捷　　D. 人口流量低

成都平原西部灌渠众多，林盘是该区域一种典型的聚落。林盘外是水稻田，林盘内是起居空间，林盘密集种植树竹。房舍、林木、农田和灌渠相辅相成，完美体现了“天人合一”的生态智慧，多个林盘形成一个村庄。随田散居形式是当地最为适合的传统居住方式。图 3 为林盘景观图。据此完成 5~6 题。

图 3

5. 随田散居的居住方式，主要是为了（　　）。

A. 互不影响　　B. 用水充足　　C. 通风透气　　D. 便于耕作

6. 平原地区的村庄一般是集聚的，但成都平原西部林盘采用分散的居住形式，主要得益于当地（　　）。

A. 水运便利　　B. 水网纵横　　C. 人口分散　　D. 土壤肥沃

二、综合分析题

7. 阅读图文材料，回答下列各题。

图 4 所示区域位于我国气候干旱区。近年来，因该地石油资源趋于枯竭，M 城日渐衰落，政府计划将 M 城整体搬迁至 N 城。

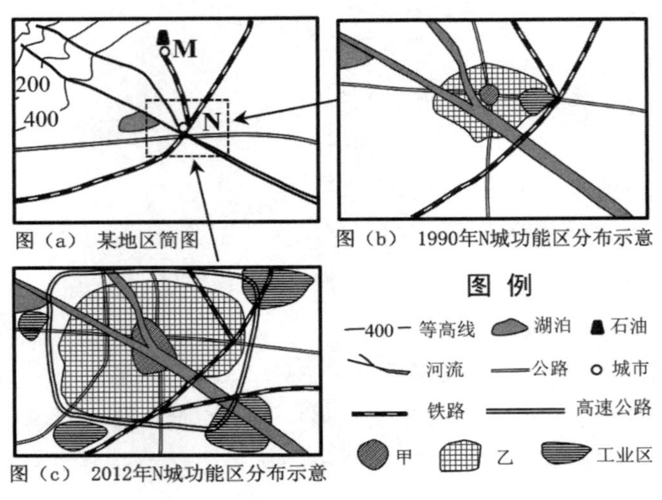

图 4

（1）M、N 两城相比，M 城的有利条件主要是__________，N 城的有利条件有__________、__________。

（2）在甲、乙两个功能区中，居住区是__________，有可能出现中心商务区的是__________。

（3）与 1990 年相比，2012 年 N 城工业区位置的变化是__________，主要原因是__________________________、__________________________等。

【参考答案】

1. A　　2. A　　3. D　　4. C　　5. D　　6. B

7.（1）有石油资源。水源丰富；交通便利。

（2）乙；甲。

（3）向城市外围转移。地价低廉，有利于降低生产成本；有利于保护城市环境。

◎ **教学反思**

优点：1. 以教材为基础，结合乡土材料，充分挖掘了生活中的地理知识；2. 教学资源与素材丰富；3. 问题链的设置层层递进，引发学生思维的进阶，最后落实学习目标；4. 课堂环节完整，语言精练，学生能有效参与探究活动。

不足：1. 教学中对学生的学习行为观察不足，还需注重学生的信息反馈，学生知识的掌握、能力的发展，学习中的情感体验，对学生进行全方位的观察；2. 在进行素材选取时要注意取舍，把握课堂容量。

再教措施：1. 注意对学生在课堂上的回答做出信息反馈，以便及时纠正或调整学生的错误认知；2. 备课时，对于素材的选取更有目的性、针对性，敢于取舍。

点评

大多数学生对城乡的认识是表面的、感性的，要想让学生从理论上理解城市和乡村，用地理学的视角去认识城乡，教学难度较大。针对学生对城乡了解程度的差异以及学生视野的差距，设计者从身边的城乡入手，通过图片、视频直观呈现，由浅入深、由表及里逐一分析，将情境创设与问题设置相结合，注重学生的学习探究过程及思维拓展，进而落实地理核心素养，新知识的生成由学生探讨而来，课堂生动有趣。第 1 课时基于教学目标创设真实情境，结合教材设置导向问题，使学生在真实情境中观察探究，将理论与实际结合，有效地完成教学目标。第 2 课时，采用角色扮演的方式，让学生在体验和实操中学习、理解知识，充分发挥学生的主体地位。两节课都使用了贵阳市的城市规划图，既体现了大单元设计的理念，也培养了学生热爱家乡的情感。

本节课采用问题式教学，个别问题设问过于宽泛，还需细化，才能更有针对性；结论性的语言需要更精练。

点评：刘海玲（贵阳市第九中学）

三、乡土地理教学资源

◎ **《贵阳市城市总体规划（2011—2020 年）》**

1. 贵阳城市空间结构：双核多组团。尊重以生态绿地为隔离，组团式发展的城市特色，规划形成“双核多组团”中心城区空间结构。“双核”指老城区服务核心和观山湖区服务核心。“多组团”为白云、乌当、花溪、高新区、经开区、综保区和临空经济区等城市功能组团。

2. 贵阳中心城区绿地系统布局。构建以城市公园为主体，山体、河流、湿地为基础，红枫湖、百花湖、阿哈水库为重点，生态景观廊道相贯通的城市生态网络体系，形成“一河、百山、千园”的绿地系统布局结构。

3. 贵阳城乡统筹策略。统筹城乡发展，坚持“工业反哺农业、城镇支持农村”的战略，制定合理的产业发展政策，提高农业综合生产能力，形成城乡有机联系的产业链；充分利用城市经济、科教、文化、卫生、人才等资源，以城带乡、以工促农。针对城镇不同的基础条件、资源状况和发展水平，引导和鼓励经济联系紧密、资源互补的城镇进行协作和联动发展，形成重点镇带动一般镇、近郊镇带动边远镇、小城镇带动农村的发展格局。建立优质、高效的城乡市政基础设施和公共服务设施网络，逐步完善通讯、电力、广播电视、文教以及乡村道路、人畜饮水、农村沼气、水利灌溉等农村生产生活设施，把城市文明带到农村，支持和带动农村经济社会全面发展，促进城乡一体化进程。

第二节　地域文化与城乡景观

教学设计：王　东　王嘉鸿

一方山水养一方人，一方水土孕育一方文化，一方文化造就一方社会。世界各地的城乡建设深受当地环境的影响，打上了地域文化的深刻烙印，形成有别于其他地区的独特文化，即“地理环境造就地域文化，地域文化影响城乡景观，城乡景观体现地域文化”。城乡景观包括物质方面的城市布局、建筑景观、交通等，非物质方面的语言、生活习俗等，最能体现地域文化特征的有民居特色、城市格局及建筑风格等。

一、内容研读

◎ 内容要求

【2.3】结合实例，说明地域文化在城乡景观上的体现。

◎ 认知内容

本节课标的条件是"结合实例"，行为动词为"说明"，要求从城乡景观的角度来看待地域文化的影响。城乡景观是自然景观和人文景观的综合体，本节内容主要涉及人文景观。从不同尺度来看，景观可以是聚落、城市中轴线甚至乡村的祠堂，这些景观是当地的价值观和审美情趣的最好体现。分析城乡景观体现的地域文化，一般有五个步骤：确定景观的功能→找到景观的位置和占地范围→确定景观所在的地域范围→确定景观所属的功能区→判断景观是否具有象征意义。所以对城乡景观的选择变得十分关键。据此，学生通过本节的学习应掌握以下知识：

1. 地理环境、地域文化、城乡景观之间的相互联系；
2. 地域文化在城乡景观上的体现。

◎ 教材对比

以下主要针对人教版和湘教版这两个版本的教材进行对比分析，详见表 2–6 和表 2–7。

表 2–6 人教版、湘教版教材"地域文化与城乡景观"内容结构对比

教材版本	人教版	湘教版
内容页数	8 页	9 页
所属章节	第二章第三节 （地域文化与城乡景观）	第二章第二节 （地域文化与城乡景观）
内容模块	一、地域文化 二、地域文化与乡村景观 三、地域文化与城镇景观	一、地域文化与城乡景观的内涵 二、地域文化在城乡景观上的体现
图表数量	图片 11 幅 表格 1 张	图片 16 幅 表格 0 张
活动与材料数量	活动（探究）2 个 阅读（案例）2 个	活动（探究）3 个 阅读（案例）4 个

湘教版教材通过活动探究、案例阅读等形式阐释地域文化与城乡景观的内涵。地域文化的形式是多样的，如历史遗存、文化形态、社会习俗、生活方式等。城市布局、建筑景观、交通、服饰、语言、饮食、生活习俗、价值观念等都深受地域文化的影响。最能体现地域文化的是城乡建筑景观，因此，教材从民居特色、城市格局、建筑风格等方面选择了大量的中外景观进行解读，以此来说明地域文化在城乡景观中的表现，有利于拓宽学生的视野。教材的编排选取了较多的活动探究和案例阅读，更加重视学生学习的过程，提升学生的地理核心素养。

人教版教材在内容结构上具有比较清晰的逻辑。首先说明地域文化与城乡景观的内涵及其相互关系，接着从地域文化与乡村景观、地域文化与城镇景观两个大方面进行探究，最后设计活动“调查当地特色文化景观及其保护”，着重培养学生的地理实践力。

表 2–7　人教版、湘教版教材“地域文化与城乡景观”主要图表对比

教材版本	人教版	湘教版
主要插图	图 2.30　智利瓦尔帕莱索城市景观 图 2.31　地域文化造就了特色各异的城乡景观 图 2.32　红河哈尼梯田位置示意 图 2.33　红河哈尼梯田景观及剖面示意 图 2.34　宅高田低——江西婺源月亮湾 图 2.35　福建永定土楼 图 2.36　安徽宏村格局示意 图 2.37　浙江乌镇景观 图 2.38　意大利佛罗伦萨景观 图 2.39　北京老城的四合院 图 2.40　苏州历史街区——山塘景观	图 2-16　库伯佩迪地理位置 图 2-17　库伯佩迪的生活矿井景观 图 2-18　徽派民居 图 2-19　云南西双版纳竹楼 图 2-20　因纽特人冰屋 图 2-21　土耳其洞穴房屋 图 2-22　叙利亚泥屋 图 2-23　四合院平面结构示意 图 2-24　世界各地部分特色民居 图 2-25　唐长安城空间格局示意 图 2-26　明清时期北京城空间格局示意 图 2-27　巴黎凯旋门一带路网格局 图 2-28　威尼斯滨水城市景观 图 2-29　上海石库门建筑 图 2-30　诸葛八卦村平面示意 图 2-31　诸葛八卦村钟池
主要表格	表 2.1　XX 文化景观调查	

插图方面，两个版本的教材都使用了大量典型的城乡景观图来展现地域文化，图片上的景观以我国为主，同时兼顾了国外的典型景观。两个版本的教材都关注国内外地域文化对景观的影响，人教版教材对国内景观着墨更多，11 幅插图中有 9 幅是国内景观图片。此外，人教版教材设计了 1 个表格，用于学生的课外文化景观调查，培养学生的地理实践力。

◎ 教学建议

虽然不同版本的教材对案例的选择存在差异，但是本节内容主要为两个：一是地域文化和城乡景观的内涵，二是地域文化在城乡景观上的体现。为了更好地落实课标要求，突出学生的主体地位，培养学生的地理核心素养，提出如下建议：

知识结构整合方面，首先应结合实例认识地域文化的概念、表现形式、特征，以及城乡景观的内涵；其次要理解地理环境深刻影响地域文化，地域文化深刻影响城乡景观的建设，城乡景观又反映了当地的地理环境及地域文化。

教法学法方面，以问题引导为主线，以案例分析为载体，注重学生学习探究过程及思维拓展，落实地理核心素养的培养。

教学过程方面，贯彻“创设情境—提出问题—合作探究—展示成果—评价总结—认知拓展”的思路。

案例选取方面，注重典型性、生活性，整合湘教版、人教版、中图版等不同教材共同涉及的典型实例；民居特色可以选择学生较为熟悉的乡土素材，“城市格局”部分可以选择教材上的素材，“建筑风格”部分可以选取中外的图片进行对比，使素材更贴近学生生活，问题设计更精练，以便于更好地开展探究学习，提升学生的地理核心素养。

二、教学设计案例一①

◎ 学情分析

认知基础：教学对象为高一年级学生，学生对城乡景观见识多、认识广，通过本章第一节内容的学习，学生对城市和乡村的理解更加深刻，对文化的理解有一定的感知，在理解本节课两个关键的概念上没有太大障碍。

不足条件：对地域文化的内涵以及地域文化和城乡景观的关系存在认知困难。文化种类多，地域性强，时间跨度大，表现主题各不相同，学生将文化与景观联系起来有一定难度，需要教师运用不同区域的资料，让学生理解地域文化与城乡景观的关系。对于抽象的知识，力求让知识问题化，问题情境化，情境生活化；使学生能在真实情境中，通过自主、合作、探究等方式解决预设的实际问题，从而实现有效学习乃至深度学习。

◎ 教学目标

1. 了解地域文化和城乡景观的内涵，能够通过案例分析地理环境对地域文化形成所产生的作用。

2. 对给出的城乡景观，能够说出其主要特点及其体现的地域文化。

3. 能够举例说明地域文化对城乡景观的影响。

4. 树立合理开发利用和保护地域文化的观念。

◎ 重点难点

1. 教学重点：举例说明地域文化在城乡景观上的体现。

2. 教学难点：描述景观特点，说明景观所体现的地域文化。

---

①本案例为2022年4月贵阳市公开课课例，授课教师：王东（贵州省实验中学）。

◎ 教学方法

充分利用乡土素材创设真实情境，通过小组合作探究的方式进行教学。

◎ 教学资源

镇山村实地考察视频、资料、图片，湘教版教材，多媒体课件，导学案。

◎ 教学过程

本节教学过程设计详见表 2–8。

表 2–8　“地域文化与城乡景观”教学过程设计

教学环节	教师导学	学生活动	设计意图
导入	【创设情境】课件展示老师实地考察镇山村的景观图片——镇山村初印象，然后播放短片，让学生了解镇山村。 【设问】观看视频，请说出镇山村的地理位置、独特的文化与景观。	【观察】观察镇山村景观图片，带着问题观看视频，了解镇山村的地理位置和独特的文化与景观。	通过展示教师实地考察的图片，吸引学生的注意力。学生通过观看视频，了解镇山村的独特文化与景观。
探究内涵	【讲解】一方水土养育一方人，一个地方的文化是在一定的地理环境下产生的。要认识地域文化和城乡景观，我们先来看文化和景观。文化的分类很复杂，有物质文化和非物质文化；景观可以分为自然景观和人文景观。今天我们说的城乡景观主要是人文景观。知道了这些，我们以镇山村为例具体来看地域文化的内涵。阅读探究一，回答以下两个问题。 【设问】 1. 屯墙曾经的功能是什么？请推测选址在镇山村屯兵的理由。 2. 作为景观的屯墙有什么文化象征意义呢？它具有地域性吗？	【探究一】昨天的镇山村 镇山村位于贵阳市花溪区石板镇，处在花溪水库中部的一个半岛上，三面环水，风景秀丽，地势险要。该村始建于明朝，距今已经有 400 多年的历史。村子以屯墙为界分上下两寨，上寨为古代军事屯堡区，是明代万历年间李仁宇将军屯兵的地方；下寨为传统的布依族村落，是布依族的聚居地，有着独特的布依文化。 【回答】 1. 屯墙曾经的功能为防御，选址在此屯兵的理由是此地战略位置重要且易守难攻。 2. 屯墙是屯堡文化的象征，是一段历史的见证者，具有独特性和地域性。	选取乡土素材，拉近与学生的距离。学生通过阅读材料并观察课件展示的图片，理解地域文化与城乡景观内涵。

（续表）

教学环节	教师导学	学生活动	设计意图
欣赏景观	【讲解】通过以上两个问题的探究，我们知道了地域文化的内涵。屯墙作为一种景观，不是自古就有的，它是人们适应自然、改造自然的结果。 【板书】环境→地域文化 【展示】展示贵阳地标图片。 【设问】为什么将原人民广场更名为筑城广场？	【观察】欣赏贵阳市地标甲秀楼和筑城广场的图片，同时思考地域文化与景观的关系。 【回答】贵阳的简称为“筑”，原因是贵阳这片土地曾经盛产竹子。筑城广场在建造时以竹文化为灵魂，将竹文化渗透到广场的规划建设中。筑城广场体现了竹文化，所以贵阳市将原人民广场更名为筑城广场。	了解筑城广场的命名和设计理念，理解景观体现地域文化，认识家乡，热爱家乡，增强家国情怀。
地域文化体现在民居特色	【过渡】地域文化会影响景观，景观体现一定的地域文化。我们来看地域文化在民居特色方面的体现，完成探究二。 【板书】民居特色 【设问】 1. 根据镇山村传统民居的特点，说明民居与地理环境的关系。 2. 此处传统民居体现了什么地域文化？	【探究二】在民居特色上的体现 镇山村依山而建，整个村子就像一座石头城堡，石城楼、石城墙、石屋、石板路，到处都能看见石头的身影。上寨的古代军事屯堡区述说着几百年前的往事；下寨的传统布依族村落，因修建花溪水库，于1959年由河边整体搬到现在的山腰处。漫步在镇山村，浓浓的布依文化扑面而来。 【回答】 1. 镇山村民居的屋顶是倾斜的，因为降水较多，利于排水；用石板盖房，因为当地盛产石材，且厚度适宜。说明民居与环境浑然一体，是人们适应自然的结果。 2. 体现了就地取材、因地制宜的地域文化。	通过阅读镇山村民居的材料，进一步了解并描述世界其他地方的特色民居；加深对民居所体现的地域文化的了解，提高区域认知和综合思维。

（续表）

教学环节	教师导学	学生活动	设计意图
学以致用	【过渡】通过刚才的探究，我们了解了民居特点、民居与地理环境的关系以及民居所体现的地域文化，现在让我们用所学的知识来解决以下问题。 【展示】展示教材图 2-24“世界各地部分特色民居”。 【设问】选择其中的一种民居，说一说：民居与当地的地理环境有什么样的关系？多处民居共同反映出什么样的文化？ 【讲解】这些民居反映了当地居民就地取材、因地制宜、趋利避害，力求与自然保持和谐的观念。	【回答】 生 1：湘西吊脚楼。依山而建，使用当地盛产的杉木；该地多雨，空气和底层湿度大，吊脚楼底层架空，利于防潮通风。 生 2：陕北窑洞。黄土高原土层厚实、地下水位低，挖窑洞作民居，冬暖夏凉。 生 3：印度尼西亚巴塔克式房屋。气候湿热，雨量大、气温高，底层架空利通风散热；顶部坡度大，不易积水。 生 4：这些民居都是因地制宜、就地取材、因材施艺而建造。体现了敬畏自然、与自然和谐相处的观念。	通过认识和对比世界各地部分特色民居，加深对民居特色和民居与地理环境关系的理解。这也是对探究二的补充，对学生而言，能够达到学以致用的目的。
在城市格局上的体现	【过渡】以上都是地域文化在民居特色上的体现，接下来我们来看地域文化在城市格局上的体现。城市格局就是城市的空间布局。 【板书】城市格局 【展示】展示教材第 54 页的 4 幅图：地域文化在城市格局上的体现。 【设问】阅读并对比两座城市格局，找到共性，说说体现了什么地域文化特点。	【回答】 生 1：唐代长安城和明清时期的北京城的空间格局都体现了皇权至上、中轴线对称的封建社会城市的建设思路，在功能分区上反映出严格的等级制度。 生 2：巴黎凯旋门一带的路网格局体现了历史文化和现代的融合。 生 3：历史较短一些的城市格局受历史文化影响较小，中心多高楼大厦。	通过对比中外城市格局，理解地域文化对城市格局的影响。有利于提升区域认知、综合思维以及人地协调观等核心素养。
在建筑风格上的体现	【过渡】了解了地域文化在民居特色和城市格局上的体现后，我们来看较为微观的建筑风格。 【板书】建筑风格 【展示】展示中外不同建筑风格的图片。 【设问】广东的骑楼是自古就有的吗？	【观察】欣赏中国特有的建筑风格——斗拱飞檐、雕梁画栋图片（这些体现了中国“天人合一”的思想）。观察西方建筑中柱廊，以及广东的骑楼图片。 【回答】广东的骑楼不是自古就有的，而是从国外引进的。	通过对比中外建筑风格并观察广东骑楼，认识到建筑风格是处于变化之中的，学习用发展的眼光看问题。

（续表）

<table>
<tr><th>教学环节</th><th>教师导学</th><th>学生活动</th><th>设计意图</th></tr>
<tr><td>变化中的镇山村</td><td>【过渡】广东的骑楼不是自古就有的，而是从国外引进的，说明一个地方的建筑风格会发生变化。现在，镇山村也在和外界广泛接触，它的建筑风格是否也会发生巨大变化呢？接下来我们来看看探究三。
【设问】
1. 游客纷至沓来会给镇山村带来哪些影响？
2. 如果你是当地村民，你还想住在老宅吗？镇山村应该大力开发还是保护？
【小结】关于保护还是开发的问题，在 2014 年，贵州省政府就出台了镇山历史文化名村保护和规划政策。经过多年的努力，镇山村的生态更好了，文化底蕴更厚了，相信镇山村的未来会更加美好。</td><td>【探究三】今天的镇山村
镇山村于 1993 年被贵州省人民政府批准为“贵州镇山民族文化保护村”，2018 年入选“中国历史文化名村”。当地的历史文物、生活方式、民俗文化受到大家的关注，每到周末或节假日，到镇山村旅游的人络绎不绝。当前，很多在外务工的村民也回到家乡，加入乡村振兴的队伍。他们同时也在思考古村落和现代化之间的关系。
【回答】
生 1：会带来积极的影响，比如给当地带来旅游收入；镇山村的知名度会提高。也可能会带来消极影响，如外来文化会冲击当地的布依文化，游客增多会带来环境问题等。
生 2：我愿意住在老宅，因为当前镇山村发展比较好。
生 3：我不愿意住在老宅，因为老宅比较破旧。
生 4：可以对老宅和村子进行改造，同时在保留文化底色的前提下进行开发。</td><td>通过这个活动进一步理解，地理学的任务不但在于解释过去，服务现在，更要预测未来。镇山村的发展也是当前我国乡村振兴的一个缩影，乡村振兴不是以破坏环境和牺牲地域文化为代价，而是要走人地和谐之路。有利于提升综合思维能力及人地协调观等核心素养。</td></tr>
<tr><td>小结</td><td colspan="3">今天我们以镇山村为例学习了地域文化和城乡景观，我想用一首打油诗结束今天的课堂：

赞镇山
赏最美花溪，析名村镇山。
明地域文化，比城乡景观。
看地域差异，谋和谐发展。
树文化自信，做特色镇山。</td></tr>
<tr><td>板书设计</td><td colspan="3">第二节 地域文化与城乡景观

环境 → 地域文化 ⇄（影响 / 体现）城乡景观 → 民居特色 / 城市格局 / 建筑风格</td></tr>
</table>

◎ 教学反思

本节课教学设计的特点是基于乡土素材，创设真实的情境。在自主学习与合作探究中，学生的思维得到了训练，真正理解了生活中的地理。在教学过程中，用视频导入，吸引学生的注意力；教学中以镇山村贯穿始终，注重时空尺度。时间上是不同时期的镇山村；空间上是从小到大，从镇山村到贵阳，到中国，最后放眼世界。在整个过程中，不断用结构化的问题引导学生思考。最后，以“赏最美花溪，析名村镇山。明地域文化，比城乡景观。看地域差异，谋和谐发展。树文化自信，做特色镇山”结尾。整节课的教学中，老师讲解得少，学生探究和发言的时间比较多，达到了预设的目标。

每一次打磨示范课或者观摩课都是一次艰难的过程，也是一个磨炼自我的过程。要让教学变得有广度、深度，需要老师付出更多的努力。同时，在备课和上课的过程中，老师也能发现自己的不足，明确之后努力的方向。教、学、评三者是统一的，作为教师，不但要关注教的效果，还要关注学生学习的效果并采用合适的评价方式进行评价。探究自己设置的问题是否为真实存在的问题也是后期研究的方向，教学不止，研究不止。

点评

本节课是一节全新理念下的教学设计，课标分析准确，教学目标合理。对问题式教学、情境创设和地理实践力等新课标建议，设计者做了大胆尝试，身体力行，利用从乡村收集到的乡土素材来创设真实的情境，真实高效。教学过程注重学生自主学习与合作探究，使学生的思维得到充分发挥，时空尺度把握得当，从镇山村的过去、现在直至将来的发展，演绎了不同时期城乡地域文化的时代感，从镇山村到贵阳，到中国，最后放眼世界，演绎了地域文化的地域性和独特性，有利于拓宽学生的视野。教学过程逻辑清晰，问题设计针对性强，语言精练，内容丰富，高质有效，教师最后画龙点睛，凭借自己的文学修养，用一首诗作为一节的总结，既体现了教师的地理修养，也培养了学生对家乡的热爱。唯有不足之处，对地域文化、城乡景观内涵的核心概念讲解不够。

点评：刘海玲（贵阳市第九中学）

三、教学设计案例二[①]

◎ 学情分析

认知基础：经过初中及高一上学期的学习，学生已初步具备一定的地理综合思维、区域认知、地理实践力等地理素养。在知识结构方面，通过平时学习、生活体悟、媒体传播等途径，学生对各地城乡景观并不陌生，具有一定的认知基础。

不足条件：虽然学生对地域文化、城乡景观有一定的认知基础，但是这些认识大多是感性的、碎片化的；同时，他们对世界各地多彩绚丽的地域文化、城乡景观充满着好奇，但很多都是知其然而不知其所以然。

因此，教学中要结合典型实例，引导学生探索和分析，调动学生已有的生活体验和知识储备，作为学习新知识的突破口，上升到理性的、系统的认识，解决实际生活中的地理问题，完成课程标准的要求。

◎ 教学目标

1. 结合实例，说出地域文化与城乡景观的内涵。

2. 结合实例，分析地理环境对地域文化形成的作用，说明地域文化和地理环境对城乡景观的影响，以及城乡景观对地域文化的反映。

3. 结合实例，说出不同区域背景下城乡景观体现的地域文化。

◎ 重点难点

1. 教学重点：结合实例，说明地域文化和地理环境对城乡景观的影响，以及城乡景观对地域文化的反映。

2. 教学难点：结合实例，认识不同区域背景下城乡景观体现的地域文化。

◎ 教学方法

案例分析法、合作探究法、问题式教学法等，问题清单详见表 2–9。

表 2–9　“地域文化与城乡景观”问题清单

核心问题	子问题	素养指向
地域文化与城乡景观的内涵。	①什么是地域文化？地域文化有哪些特征？	区域认知 综合思维
	②结合哈尼梯田案例，说出城乡景观的内涵。	

①本案例为2022年4月贵阳市公开课课例，授课教师：王嘉鸿（贵阳市民族中学）。

（续表）

核心问题	子问题	素养指向
结合实例，分析地理环境、地域文化与城乡景观的关系。	①指出哈尼梯田和徽州的地理位置，并分析该区域的地理背景。 ②该区域地理环境要素对生产生活有何制约？ ③当地人民有什么解决智慧（地域文化）？ ④形成了怎样的城乡景观？这些景观体现了怎样的地域文化？	区域认知 综合思维 人地协调
说明地域文化在世界各地城乡景观上的体现。	①根据特色识别世界各地民居，并说出其体现的地域文化。 ②描述中外城市的格局特点，并说出其体现的地域文化。 ③描述中外建筑风格的特点，并说出其体现的地域文化。	区域认知 综合思维 人地协调

◎ 教学资源

湘教版教材，多媒体课件，视频，图片等。

◎ 教学过程

本节教学过程设计详见表 2–10 和表 2–11。

表 2–10 “地域文化与城乡景观的内涵”教学过程设计

教学环节	教师导学	学生活动	设计意图
导入新课	【播放】播放视频：《大美中国》片段展示的部分中国文化。 【提问】视频中展示了哪些文化形式？进而总结：什么是文化？ 【总结】文化是指人类生产生活中创造的物质成果和精神成果。	【观察并回答】文化有物质方面的，如建筑、服饰、饮食等，也有非物质方面的，如价值观、制度、习俗、语言、艺术等。	从中国文化现象导入新课，激发学生的学习兴趣，培养学生的区域认知。
概念教学	【展示】展示东南亚、南亚，非洲，罗马等不同区域的文化现象。 【提问】这些文化和中华文化一样吗？说明文化具有什么特征。 【过渡】我们把具有地域性的文化称为地域文化。除了地域性之外，地域文化还有哪些特征呢？ 【展示】展示北京故宫、四合院，陕北窑洞，佛罗伦萨等建筑景观图片，以及其对应的皇权至上、长幼有序、就地取材、宗教信仰四种地域文化。 【提问】如何感知地域文化呢？	【回答】观察图片，回答：不同地区的文化是不一样的，说明文化具有地域性。 【回答】地域文化还有多样性、独特性、相对稳定性等特征。 【认知】地域文化是指在一定的地理环境中成长起来，独具特色、传承至今仍发挥作用的文化传统，是一定地域内自然和人文因素综合作用的结果。 【观察】观察并说出四幅建筑景观所体现的地域文化。 【认知】城乡聚落是人类集中居住的地区，城乡景观是感受地域文化最好的途径。	层层递进设计问题，引导学生认识地域文化的特征及内涵，培养学生的综合思维。

（续表）

<table>
<tr><th>教学环节</th><th>教师导学</th><th>学生活动</th><th>设计意图</th></tr>
<tr><td rowspan="3">案例一：活动探究</td><td>【案例一】哈尼梯田与地域文化
【过渡】接下来，我们从乡村农田景观及城乡建筑景观两个方面来感知地域文化。
【展示】播放哈尼梯田视频，并展示哈尼梯田材料。
【提问】
1. 指出哈尼梯田的地理位置。
2. 讨论该区域气候、水源、地形、土地等自然要素的特点及其对生产生活的制约。
3. 哈尼人是如何克服困难的（地域文化）？形成了什么样的景观格局？
【认知】哈尼人适应并改造当地地理环境，形成了人人和谐、人地协调的价值观。</td><td>【讨论并发言】观看视频，小组探讨，解决问题。
1. 哈尼梯田位于云南省东南部的红河哈尼族彝族自治州，地处横断山区。
2. 从气候及水源看，当地属于季风气候，降水不稳定且季节分配不均，水源不稳定。针对这种困境，哈尼人一方面保护山顶森林蓄水，另一方面实行了公平公正的分水制度。
从地形及土地看，当地属于山区，地形坡度大，不易耕作。对此，哈尼人开辟梯田，适应并改造自然地理环境，形成了“森林—村寨—梯田—河流”的立体乡村景观。</td><td rowspan="3">案例的选取整合了人教版及湘教版教材对哈尼梯田的描述，结合典型实例，说明地域文化在哈尼梯田的体现，落实课标要求。
通过案例总结，学生更加深刻地认识到地理环境、地域文化、城乡景观之间的紧密联系，达到学业质量水平2的要求。（综合思维、区域认知、人地协调）</td></tr>
<tr><td colspan="2">【案例小结】 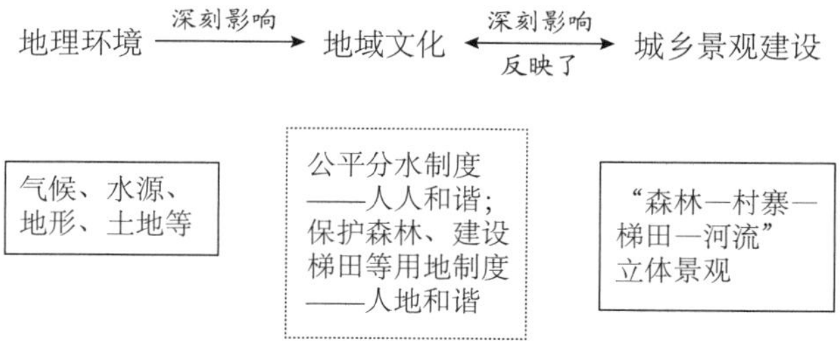
地理环境 —深刻影响→ 地域文化 ←深刻影响／反映了→ 城乡景观建设
气候、水源、地形、土地等
公平分水制度——人人和谐；保护森林、建设梯田等用地制度——人地和谐
“森林—村寨—梯田—河流”立体景观</td></tr>
<tr><td colspan="2">【认知】城乡景观（哈尼族美丽乡村）是人们适应自然、改造自然的结果，其外部形态和组合类型与当地的自然地理环境密切相关，能够在很大程度上反映出不同地域的文化内涵、审美观、价值观（人人和谐、人地和谐）等。
【展示】展示中国梯田分布。
【升华】不仅仅是哈尼梯田，梯田是中国的超级工程，所有的梯田都凝聚着中华民族的智慧。</td></tr>
</table>

（续表）

<table>
<tr><th>教学环节</th><th>教师导学</th><th>学生活动</th><th>设计意图</th></tr>
<tr><td rowspan="2">案例二：活动探究</td><td>【案例二】徽州文化
【展示】播放徽州视频，展示徽州地形图以及徽州文化的材料。
【提问】
1. 指出徽州的地理位置。
2. 结合素材，指出徽州的地理背景（自然与人文）给南迁的中原宗族带来哪些困境，以及他们如何谋求新的出路，形成了什么样的地域文化。
3. 观察徽州建筑结构景观在民居特色及建筑风格上的独特性（如混合式建筑结构、民居院落、马头墙、徽州“三雕”、天井、祠堂、牌坊、书院等），说明其体现的地域文化。</td><td>【探究及展示】
1. 徽州位于皖浙赣三省接壤的低山丘陵地区。
2. 地理环境
自然：山多、田少、地瘠等。
人文：中原同宗同族因战乱南迁；受孔孟儒家思想影响等。
困境：粮食不能自给。
出路：经商、读书等。
地域文化：经商文化、崇文尚儒、迁移文化、宗族文化、儒家思想人地观等。
表现形式：徽派建筑、徽商、墨砚、新安理学、新安教育、徽剧、徽菜、徽州方言等。
【汇报】小组分工完成任务，并依次汇报建筑特征蕴含的地域文化。如混合式建筑结构体现迁移文化等，徽州“三雕”体现经商文化、儒家文化等，祠堂体现宗族文化、崇文尚儒等。</td><td>典型案例的选择整合了湘教版及中图版教材的内容，结合实例，说明地域文化在徽州城乡景观的体现，落实课标要求。</td></tr>
<tr><td colspan="2">【升华】徽州文化的繁荣昌盛与当地群众不畏艰难的精神、优秀传统文化的传承及其文化自信等紧密相关，今天，处于新时代的我们亦应如此。</td><td>提升学生对我国优秀传统文化的认同感。</td></tr>
<tr><td>课堂小结</td><td colspan="3">本节课我们从各具特色的中外文化现象出发，认识了地域文化的内涵；通过哈尼梯田及徽州文化的案例探究，认识到城乡景观的内涵；同时，深刻认识到地理环境深刻影响地域文化的形成，地理环境及地域文化深刻影响城乡景观建设，城乡景观又反映了地域文化。</td></tr>
<tr><td>板书设计</td><td colspan="3">含义、特征、形成 → 地域文化
地理环境 —深刻影响→ 地域文化
地域文化 —深刻影响→ 城乡景观
城乡景观 —反映了→ 地域文化
城乡景观 → 内涵、空间差异</td></tr>
</table>

表 2–11　“地域文化在城乡景观上的体现”教学过程设计

教学环节	教师导学	学生活动	设计意图
创设情境 导入新课	【展示】展示民居特色、建筑风格、城市格局景观。 【讲解】经过第一节课的学习，我们深刻认识到地理环境、地域文化及城乡景观之间紧密的联系，也感受到了城乡景观是地域文化最好的表现形式之一，本节课我们将从民居特色、建筑风格、城市格局等不同空间尺度继续探究世界各地独具特色的地域文化。	【观察】观察图片，回忆第一节课的内容，听教师讲解。	从不同空间尺度的城乡景观反映的地域文化出发，激发学生从空间尺度的角度，探究地域文化的学习兴趣。
活动探究 地域文化在民居特色上的体现	【展示 1】展示竹楼、冰屋、骑楼、窑洞、石板房、洞穴房屋等民居特色景观及其特色简介。 【展示 2】展示云南西双版纳、格陵兰岛、东南亚、陕北、贵州石板镇镇山村、土耳其等地名。 【提问】 1. 指出这些民居所处的区域。 2. 根据民居特色，推测其与自然环境有什么关系。这些民居特色体现了怎样的地域文化？ 【认知】这些民居都是因地制宜、就地取材、因材施艺而建造，体现了敬畏自然、适应自然、人地和谐等地域文化。 【总结】各地民居特色的形成是人们为适应当地环境，扬长避短、趋利避害、就地取材的结果。	【分小组讨论并汇报】 1. 云南西双版纳的竹楼、格陵兰岛的冰屋、东南亚的骑楼、陕北的窑洞、贵州石板镇镇山村的石板房、土耳其的洞穴房屋。 2. 云南西双版纳竹楼：竹楼民居以粗竹为骨架，底层悬空，屋顶斜度大，这些特点反映了当地盛产竹，气候湿热（底层悬空可通风散热），降水多（屋顶倾斜利于排水）。 格陵兰岛冰屋：圆球形的冰屋可以抵抗风力，减少外露的屋顶面积；内部兽皮帷幔可减少屋内热量及内层冰面的通风，提高雪墙功效。 东南亚骑楼：下廊遮阳又防雨，说明该地光照强烈、多暴雨。 陕北窑洞：在天然土壁内开凿横洞，开窗小，具有冬暖夏凉的特征，可以防风沙，这与当地夏热冬冷、植被少、风沙大等有关。	对于所给的案例，能够根据民居特色综合分析其与自然环境的关系，并指出民居特色反映的地域文化（区域认知、综合思维）。

（续表）

教学环节	教师导学	学生活动	设计意图
地域文化在民居特色上的体现	气候寒冷地区的民居具有保暖特色，光照强烈地区的民居具有遮阳特色，湿热地区的民居具有排水和通风特色，地震多发区的民居具有防震特色，等等。 各地民居特色各异，一方面反映了当地的自然地理环境特征，另一方面体现出人们适应环境、因地制宜、就地取材等地域文化。	贵州石板镇石板房：石板丰富，屋顶倾斜利于排水，房屋错落有致反映了当地地势崎岖。 土耳其洞穴房屋：凿洞而居，冬暖夏凉，反映了当地夏季炎热、植被少等。 湘西吊脚楼：反映当地地势崎岖、气候潮湿等。	
活动探究 地域文化在城市格局上的体现	一、我国古代城市格局体现的地域文化 【讲解】城市空间结构是城市要素在空间范围内的分布和组合状态。 【提问】阅读教材上“我国古代城市建设”内容，思考以下问题： 1. 说出明清时期北京的城市格局，并分析其体现的地域文化。 2. 说出南宋平江府（今苏州）的城市格局，并分析其体现的地域文化。 【总结】我国众多的古城建设格局体现了皇权至上、等级严格、中轴对称、天人合一等价值观及审美观等地域文化。 二、国外城市格局体现的地域文化 【展示】展示巴黎、罗马、华盛顿、芝加哥等城市格局景观。 【提问】 1. 指出景观图对应的城市名称，并结合教材，从城市格局的角度说出你的判断依据。 2. 根据欧洲与美国的城市格局差异，说明其体现的地域文化。 【总结】欧洲城市多围绕教堂、市政厅、城市广场布局，中心与四周的建筑物高度差别小，高层建筑一般在城市外围，体现了历史文化和现代文化的融合。美国城市由于发展历史短，缺少体现悠久历史的传统建筑，中心多围绕摩天大楼布局，外围建筑高度逐渐下降，并逐渐形成连绵的城市带。	【讨论并汇报】 1. 明清时期北京城以皇城居中，中轴线对称，天坛、地坛、日坛、月坛位于四周，代表“天南地北，日东月西”，一条南北向的主轴线贯穿全城，功能分区明确，道路秩序井然。这样的古都格局体现了皇权至上、严格的等级制度等价值观以及中轴线对称等审美观。 2. 南宋平江府注重发挥南方水乡特色，将城市布局与河网水系相结合，引水入城，形成纵横交错的水网系统。这充分体现了人们适应自然、改造自然、人地协调、天人合一的价值观。 【讨论并汇报】 1. 法国巴黎以凯旋门为中心向外发展；罗马以教堂为中心向外发散；华盛顿以建于国会山上的国会大厦为中心，外围建筑高度逐渐下降；芝加哥市中心摩天大楼林立。 2. 欧洲城市格局体现了以教堂、城市广场等为中心的浓厚的宗教等历史文化。美国城市格局体现了其发展历史短，缺少体现悠久历史的传统建筑。	对于所给的案例，能够综合分析地域文化对城市格局形成的影响，并且能指出城市格局对地域文化的反映。（区域认知、综合思维）

（续表）

教学环节	教师导学	学生活动	设计意图
活动探究 地域文化在建筑风格上的体现	【展示】展示我国砖墙木梁架结构的建筑景观与西方的建筑景观。 【提问】 1. 景观图中哪幅是我国的？哪幅是西方的？请根据教材上的描述说出你的判断依据。 2. 在景观图中指出我国“斗拱飞檐、雕梁画栋”及西方“柱廊、尖塔、雕塑、喷泉”等建筑风格的位置，并分析其体现的地域文化。 【案例阅读】上海石库门建筑 【提问】分析石库门建筑风格特点的形成过程。 【总结】建筑风格并不是一成不变的，当地域文化发生变化，或者受其他地域文化的渗透影响，相应地，建筑风格也会随之变化。	【探究后汇报】 1. 我国城乡建设历史悠久，天人合一的思想延续贯穿，砖墙木梁架结构广泛流行，斗拱飞檐和雕梁画栋是我国特有的建筑风格。西方建筑中柱廊、尖塔、喷泉、雕塑等特点明显。 2. 这些建筑风格是在各地特定的自然地理环境、历史文化和风俗人情基础上形成的，生动反映了人与自然的关系。 【汇报】伴随着大上海的兴起，都市洋场风情打破了传统庭院式的生活方式，取而代之的是具有小家庭和单身移民特点的石库门弄堂文化。石库门融合了西方建筑风格和传统汉族民居的特点。	能够比较不同地区建筑风格的差异，以及其对地域文化的反映。（区域认知、综合思维）
课堂小结	本节课我们基于大量的中外城乡景观，从民居特色、城市格局、建筑风格等不同空间尺度说明了其体现的地域文化。		
板书设计	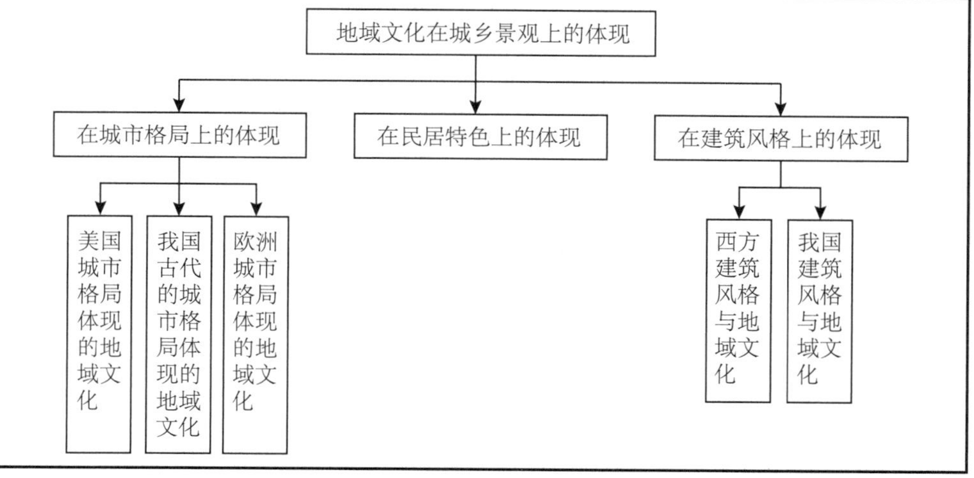 地域文化在城乡景观上的体现 → 在城市格局上的体现 　→ 美国城市格局体现的地域文化 　→ 我国古代的城市格局体现的地域文化 　→ 欧洲城市格局体现的地域文化 → 在民居特色上的体现 → 在建筑风格上的体现 　→ 西方建筑风格与地域文化 　→ 我国建筑风格与地域文化		

◎ 作业设计

一、单项选择题

安徽南部地处亚热带季风气候区，气候湿热；地形以山地为主，对外交通不便，耕地稀少。当地传统的菜肴、民居、戏曲、农业生产等明显打上了地理环境的烙印。据此完成 1~3 题。

1. 安徽省南部传统特色菜的选料多采用（ ）。

①海鲜 ②牛羊肉 ③山货 ④腌腊制品

A. ①② B. ②③ C. ②④ D. ③④

2. 下列叙述与安徽省南部地域文化特征相符合的是（ ）。

A. 敬奉妈祖，盛行妈祖文化 B. 评剧、秦腔为传统地方戏曲

C. 农业以种植茶、竹等为特色 D. 泥草房和吊脚楼是传统民居

3. 近几年上海市宝山区罗店镇在城市建设中重点突出了徽派民居建筑样式，当地民居与一批被整体迁移至此的安徽古宅交相辉映，形成一道亮丽的风景。这充分说明（ ）。

A. 地域文化对城市建筑景观的影响 B. 政府政策对城市建筑格局的影响

C. 城市建设突出了现代化色彩 D. 这种城市建设是哗众取宠

广州有句俗语："暑行不汗身，雨行不濡履。"当地骑楼（图 1）的特点是把门廊扩大串通成沿街廊道，廊道一边向街敞开，另一边是店面橱窗。廊道上面是楼房，用于居住。商住两用，下铺上居，风行一时，成了广州城市街景的显著特色。据此完成 4~5 题。

图 1

4. 为适应当地气候，广州骑楼的建筑功能有（ ）。

①防火 ②遮阳 ③纳凉 ④避雨 ⑤防潮 ⑥防台风

A. ①②③④ B. ②③④⑤ C. ③④⑤⑥ D. ②③⑤⑥

5. 对广州骑楼进行保护性开发的措施是（ ）。

A. 另选新址，建设仿骑楼建筑 B. 对骑楼片区进行拆迁，建设新商圈

C. 更改用地类型，发展高档住宅 D. 对内外进行修葺，发展第三产业

二、实践活动

6. 选择一处能反映家乡地域文化特点的景观，以小组为单位进行实地考察。

考察地点	
小组成员	
考察时间	
景观名称	
景观特色	
历史沿革	

7. 查找资料，分析该景观如何反映当地的地域文化。(景观形成因素、体现的文化、景观形成后如何影响当地的生活)

8. 景观是否受到了保护，保护的程度是否足够？（是否破损、由谁负责保护、开发是否过度）

三、综合分析题

9. 阅读教材第 43 页诸葛八卦村的相关资料，完成以下小题。

（1）描述诸葛八卦村村落的布局特点，讨论该村落的布局与当地自然地理环境和地域文化之间的关系。

（2）我国一些古村古镇受历史人物、历史事件的影响，具有独特的文化属性，旅游品牌价值高。结合材料，讨论诸葛八卦村的旅游品牌价值。

（3）旅游品牌可以吸引更多的游客，增加古村古镇的经济收入，缓解其保护资金短缺的问题。但是，过大的游客量对古村古镇的保护构成极大的威胁，可能使当地古朴的生活方式、民俗文化等非物质文化遗产在短时间内迅速衰减甚至消失。考察家乡的一个古村古镇，了解它已经受到或可能受到威胁的情况，针对其开发与保护提出可行性建议。

【参考答案】

1.D　2.C　3.B　4.B　5.D　6. 略　7. 略　8. 略　9. 略

◎ 教学反思

亮点：1. 基于课标要求进行教学设计。本节课的设计以课标为依据，整合不同版本教材的案例，探究活动的设计重在体现课标要求的重难点，作业的设计紧扣学业质量要求，并注重课后学生地理实践力的延伸。2. 采用问题式教学方法。新课改极力倡导问题式教学，本设计体现了新时代的课程理念，遵循知识情境化、情境问题化、问题生活化，以问题为导向展开探究，在探究中获得知识，训练能力，提升地理核心素养，增强家国情怀。

不足之处：在探究活动中，一是注意问题设计的环环相扣，以及问题的指向要明确；二是应给足学生探究时间，并关注学生的探究过程及成果，让学生的探究有深度、有广度、有思维碰撞、有思想升华。

再教设计：对重点内容探究部分问题的设计进行优化，活动探究要关注学生的参与。

点评

课标研读准确，教学目标制定合理。教学过程采用案例教学和问题式教学相结合的方式，对地域文化这个抽象概念，选用图片进行对比研究，可以增强学生的感性认识，从而更好地理解地域文化这一核心概念。第 1 课时，整合不同版本教材的案例，深度挖掘教材案例，通过精心设计问题，以问题为导向指导学生展开合作讨论，逐个突破思维障碍，使学生在探究中获得知识，训练能力，提升地理核心素养，增强家国情怀。第 2 课时，由于难度不大，选取大量中外精美图片，有利于吸引学生的注意力，在感受“地理之美”的同时，指导学生分析图片所反映的地理环境，有效运用对比研究，既达到教学目标，又培养学生的地理核心素养。本节内容的教学用 2 课时略显不足，如果选取的图片中能有身边典型的案例，会使教学更生动、更有效、更有味。

点评：刘海玲（贵阳市第九中学）

四、乡土地理教学资源

◎ 肇兴侗寨

位于贵州省黔东南苗族侗族自治州黎平县，始建于八百多年前的南宋时期，是黔东南侗族地区最大的侗族村寨。该侗寨建于带状的山谷平坝处，背靠山体，沿河而建。肇兴侗寨景观多样，侗族大歌闻名遐迩，吸引着世界各地的游客。走进侗寨，最引人注目的就是具有民族特色的建筑。侗族建筑主要有干栏式民居建筑和主体性公共建筑。

干栏式民居建筑以吊脚楼为主，采用木构架结构，且均呈三层布局，上层储物、中层住人、底层圈养牲畜；主体性公共建筑有鼓楼、风雨桥（花桥）、戏台、萨坛等。其中鼓楼是侗族地区特有的传统公共建筑，既是当地居民休憩的空间，也是议事的空间。侗族地区盛产杉木，杉木树干笔直、生长迅速且防腐性强，所以建筑多采用杉木。

◎ 安顺屯堡文化

安顺的屯堡文化是贵州省的一种特色文化资源，系明代从江南随军或经商到滇、黔的军士、商人及其家眷生活方式的遗存。安顺屯堡文化历时六百余年，仍固守着明初故土的文化。这些来自江南的军士、商人及其家眷与当地居民交往较少，不被当地的生活方式同化。不过其中的文化又不是想象中的单一或者纯粹，在长期封闭的屯堡中生活，一定会存在彼此间的影响与渗透。于是便形成了与当地生活风格迥然不同，又不完全符合当初明代生活习惯的特色文化现象。这样的一种文化形式包含着诸多秘密，其散发出的魅力吸引着人们不断地研究探索。其中，较为典型的有独特的地戏文化、服饰文化、饮食文化等。

屯堡建筑方面，屯堡村寨里面“石头的路面石头墙，石头的瓦盖石头房，石头的碾子石头的磨，石头的板凳石头缸”的石头世界景观，令人赞叹。喀斯特山地石材丰富，石材不惧水火侵袭又经久耐用，成为极佳的建筑材料。屯堡聚落空间中的城墙、巷道、建筑均取材于喀斯特岩石，大块方正岩石做屋基，乱石铺就巷道，体现出强烈的地域特征。屯堡一般由大型石块砌成的屯堡（寨）墙围合，在不同方向上设一二道寨门；树枝状巷道形成骨架，巷道间互不连通；建筑密实，外观似石头堡垒，屯堡聚落外部封闭是为保乡安民。屯堡是军事防御与江南明清生活风格与当地的喀斯特地貌所渗透融合的结果。屯堡民居建筑主体和细部装饰体现明清江南合院特征，同时大量使用岩溶石材，石砌碉楼的布局及墙体孔洞的设计，强化了聚落的立体防御功能。

第三节 城镇化进程及其影响

教学设计：邹天琦 赖小芸

18 世纪 60 年代的工业革命不仅打开了技术革命的大门，也推动了现代城镇化的进程。城镇化是人口持续向城镇集聚的过程，是世界各国工业化进程中必然经历的历史阶段。当前，世界城镇化水平已超过 50%，有一半以上的人口居住在城市。

一、内容研读

◎ 内容要求

【2.4】运用资料，说明不同地区城镇化的过程和特点，以及城镇化的利弊。

◎ 认知内容

本条课标要求运用有关资料探究和分析城镇化有关内容，这里的资料包括相关城市的数据统计资料和图文、视频资料，采用读图分析方法，通过学生探究分析的方式可以获得相应的知识，对学生的理解、分析、总结能力有一定的要求。根据课程内容要求、多版本教材的特点和贵州实际，学生通过本节的学习应掌握以下知识：

1. 城镇化的概念、主要标志及意义；
2. 城镇化的进程及各个阶段的特点；
3. 发展中国家和发达国家城镇化的特点；
4. 城镇化过程中出现的问题。

◎ 教材对比

不同版本的教材有不同的特色和优势，以下针对人教版和湘教版教材进行对比分析，详见表 2–12 和表 2–13。

表 2–12　人教版、湘教版教材“城镇化进程及其影响”内容结构对比

教材版本	人教版	湘教版
内容页数	11 页	10 页
所属章节	第二章第二节（城镇化）	第二章第三节（城镇化进程及其影响）
内容模块	一、城镇化的意义 二、世界城镇化进程 三、城镇化过程中出现的问题	一、城镇化 二、城镇化的地域差异 三、城镇化对地理环境的影响
图表数量	图片 19 幅 表格 4 张	图片 11 幅 表格 2 张
活动与材料数量	活动（探究）2 个 阅读（案例）2 个	活动（探究）5 个 阅读（案例）2 个

表 2–13　人教版、湘教版教材“城镇化进程及其影响”主要插图对比

教材版本	人教版	湘教版
主要插图	图 2.11　长江三角洲地区的城市发展 图 2.12　部分国家城镇化水平与经济发展水平（2014 年） 图 2.13　城镇中的建筑工地 图 2.14　城镇中密集的居住区 图 2.15　城镇中的污水处理厂 图 2.16　乡村的健身空间 图 2.17　世界城镇人口的增长及预测 图 2.18　世界各国城镇人口比例（2018 年） 图 2.19　城镇化进程示意 图 2.20　大伦敦示意 图 2.21　英格兰城市带 图 2.22　中国城镇化进程曲线（1978—2015 年） 图 2.23　中国城市群空间分布示意 图 2.24　城市交通拥堵 图 2.25　城市中的贫民窟 图 2.26　地理信息系统在城市生活中的应用示例 图 2.27　公共服务设施布局优化系统示意（出行方式：步行） 图 2.28　城市出警示意 图 2.29　六边形服务范围的形成	图 2-32　世界夜间灯光影像 图 2-33　上海浦东陆家嘴一带景观的变化 图 2-34　不同年份杭州市主城区及附近地区遥感假彩色影像 图 2-35　世界城镇化的推进 图 2-36　伦敦城市景观 图 2-37　传统建筑与现代高楼形成鲜明对比（尼日利亚拉各斯） 图 2-38　我国六次人口普查城镇化水平 图 2-39　智慧城市总体架构示意 图 2-40　霍华德田园城市理论示意 图 2-41　兰斯塔德城市群示意 图 2-42　移植的大树

与人教版教材相比，湘教版教材设计了较多的活动探究。从世界夜间灯光影像展开探究，引入城镇化主题，再从不同年份杭州主城区及附近地区遥感影像图探究得出城镇化的动力机制。辅以三个活动探究和两个阅读案例引导出发达国家和发展中国家城镇化进程特征，分析城镇化进程对地理环境的积极和消极影响。大量活动探究与案例的运用，旨在以学生为主体，培养学生的综合思维、人地协调观等地理核心素养。

人教版在案例中使用了大量的图片来呈现城镇化进程及其带来的影响，信息量大，能直观地体现城镇化及其带来的问题。

◎ 教学建议

本节内容与生活联系较为密切，在教学中建议以探究活动为主，辅助一定的概念讲解，重点使用案例教学法、问题式教学法等，要求学生查阅资料后积极参与课堂探究活动，为本节课的学习积累一定的地理知识。

进行本节内容的教学之前，教师可以查阅相关的资料，准备与城镇化相关的教学案例，结合人教版和湘教版教材相关内容创造性地进行情境式教学，在使用案例时可

结合实际情况创造认知冲突，让学生经历顿悟的过程，培养学生的综合思维等核心素养。

本节内容的教学，建议采用乡土案例展开探究活动。例如，面对贵阳市的学生，可创造性地引入贵阳城市发展变迁材料，由活动探究导入城镇化的概念等相关知识，由贵阳的城镇化拓展到中国的、世界的城镇化，以及城镇化对地理环境的影响。加强课堂的逻辑性，培养学生的区域认知等地理核心素养。

二、教学设计

◎ 学情分析

认知基础：本节是“城镇和乡村”章节中的最后一个专题，通过前两节内容的学习，学生已经掌握了城镇和乡村的基本概念，对于影响城镇发展的因素也有一定的知识基础，可以在此基础上进行适度的知识迁移。本课程安排在高一下学期，学生经过一学期的学习，已适应了高中较为自主式的学习，同时高中学生的思辨能力和自主学习能力已成雏形，在教学过程中采用自主学习等方式教学，既有助于增强学生的思辨能力，也能提高学生学习的主动性和自觉性。

不足条件：高一学生的学习能力基本处在由感性认识上升到理性认识的过渡阶段，对某一问题的认知往往是表象的、片面的。而城镇化内容的学习属于对理性知识的认知，本节教学需要帮助学生更加理性、深入地分析城市化的内容。

◎ 教学目标

1. 结合具体案例，从时空综合维度分析不同阶段的城镇化特征。
2. 能够结合不同区域的经济发展特征，对比发展中国家和发达国家的城镇化特点。
3. 根据材料，辨析城镇化不同阶段出现的人地矛盾并提出解决方法。
4. 树立正确的人地协调观和城镇发展观。

◎ 重点难点

1. 教学重点：不同地区城镇化的过程和特点及其对地理环境的影响。
2. 教学难点：通过对比发达国家和发展中国家的城镇化进程，分析中国城镇化的发展道路。

◎ 教学方法

案例教学法、活动讨论法、讲授法、问题式教学法，问题清单详见表 2-14。

表 2–14 “城镇化进程及其影响”问题清单

核心问题	子问题	素养指向
什么是城镇化	①什么是城镇化？	综合思维
	②如何衡量城镇化水平的高低？	
	③促进城镇化进程的主要动力是什么？	
城镇化的进程	①不同地区的城镇化有什么差异？	区域认知 综合思维
	②城镇化在不同的阶段分别有什么特点？	
城镇化带来的问题	①城镇化对地理环境有什么影响？	地理实践力 人地协调观
	②如何改善城镇化过程中的环境问题？	

◎ 教学资源

湘教版教材，多媒体课件，视频资料，图文资料等。

◎ 教学过程

本节教学过程详见表 2–15。

表 2–15 “城镇化进程及其影响”教学过程设计

教学环节	教师导学	学生活动	设计意图
新课导入	【展示】展示贵阳白云区鸡场、云岩区三马片区棚户区图片。 【提问】近些年贵阳白云区鸡场、云岩区三马片区先后开展了棚户区改造项目。为什么贵阳会有这么多棚户区？这些棚户区是怎么出现的？	【观察】观察图片，思考棚户区的产生与城市发展之间的关系。	设疑导入，创设学习情境。
讲授新课	【展示】展示贵阳市城镇化简介以及城市扩张中不同阶段城市的景观图片。 【提问】贵阳市在城市发展过程中，城市景观出现了什么变化？原本从事农业生产的居民失去耕地后可以从事什么产业？ 【提问】什么是城镇化，城镇化的具体表现有哪些？ 【展示】展示贵阳、伦敦人口数据材料。 【提问】如何衡量一个国家或地区城镇化水平的高低？根据材料，对比分析贵阳和伦敦的城市化水平的高低。 【教师点拨】城镇地域面积，城镇人口数量，城镇人口占总人口的比重。其中城镇人口占总人口的比重是城镇化的典型标志。	【阅读】阅读课件上的资料，了解贵阳市区的面积和人口变化情况。 【思考】对比城市景观图，思考城市景观出现了什么变化。 【回答】城市面积扩大，曾经的农田变成了城镇，失地农民将从事非农业生产。 【总结】城镇化的概念：人口和产业活动在空间上集聚、乡村地区转变为城市地区的过程。 【思考】影响一个国家或地区城镇化水平高低的因素。 【回答】伦敦常住人口 890 万，伦敦（工业革命 18 世纪 60 年代发源于英国中部）城镇化水平更高。	以贵阳为例，理解城市化的概念。 对比分析，理解城市化的标志。

（续表）

教学环节	教师导学	学生活动	设计意图
探究活动一	【过渡】自我国改革开放以来，农民工进城务工人数不断增加，有条件的农民工大多愿意选择在城镇定居下来。 【提问】为什么这些人愿意背井离乡离开农村来到城镇呢？请你根据课前调查向同学分享你的调查成果。 【点拨】因为城镇的一些优越条件对人们有吸引力，即拉力；而农村的一些不利条件迫使人们离开农村，即推力。 【提问】为什么会产生拉力和推力呢？为什么会有这些差异呢？ 【提问】城镇化发展与经济发展的关系是什么样的呢？ 【总结】经济发展是城镇化的主要动力。一般来说，经济越发达，城镇化水平越高，反之则低。	【活动】学生以小组为单位分享课前调查成果——城镇人口增多的推力和拉力。未发言的学生自主进行思考、补充和评价。 【总结】拉力：就业机会多；医疗服务与社会福利水平高；受教育机会多；现代建筑舒适度高。 推力：维持生计困难（劳动力过剩等）；就业机会不足；就医不便；公共设施不足；升学不易；生活品质低。 【回答】因为经济发展不平衡，导致生产方式、生活方式、价值观念等不同，形成不同的拉力及推力。 【回答】城镇是区域发展的经济中心，能够带动区域的经济发展；而区域经济水平的提高，又会促进城镇发展。	通过课前调查和课上分享，学习身边的地理知识，提高探究能力。
探究活动二	【过渡】城镇化是工业革命的产物，世界范围的城镇化进程也是从工业革命以后开始的。那么这个进程是如何的呢？ 【提问】结合教材第48页图2-35和文字资料，分析发达国家和发展中国家城镇化进程有何差异。 【展示】展示“城镇化进程示意图”，要求学生结合示意图和课本材料，完成城镇化进程表，并归纳不同阶段城镇化发展的特点、趋势以及产生的问题。 【提示】读取每个阶段的城镇化水平的起止数值，观察曲线的倾斜程度，明确城镇化进程中各阶段的特点。 【讲解】展示英格兰地区城镇化发展示意图，讲解城镇化、郊区城镇化、逆城镇化和再城镇化的概念。	【思考】工业革命如何推进世界城镇化。 【活动】对图文内容进行分析，思考发达国家和发展中国家的城镇化过程及城镇化水平存在的差异。 【回答】（1）发达国家：起步早，水平高，目前发展缓慢，出现逆城镇化。（2）发展中国家：起步晚，水平低，目前发展快速，畸形发展。 【活动】从城镇化阶段、速度、面积变化和出现的问题四个方面概括城镇化不同过程的特点，完成城镇化进程表。 【思考】城镇化、郊区城镇化、逆城镇化和再城镇化的区别。	以生为本，通过活动探究，锻炼学生收集和处理信息的能力。

（续表）

教学环节	教师导学	学生活动	设计意图
探究活动三	【过渡】城镇化过程中不可避免地出现一些“城市病”，例如城市内涝，就是因为城镇化过程中城镇用地大面积增加，影响下渗产生的结果。 【提问】你能根据贵阳的现实情况，列举其他城镇化过程中发生的问题吗? 【点拨】请分别从生物圈、水圈、大气圈、岩石圈等角度思考回答。 【拓展】教师根据学生的回答，拓展其他城市在城市化过程中出现的问题。 【展示】展示南京城市内涝图片。 2021 年南京连续大雨，由于城镇排水系统不够完善，导致城镇大面积积水。 【展示】播放伦敦烟雾事件视频。 英国伦敦由于快速工业化和城镇化导致大气污染加剧，出现烟雾事件。 【提问】城镇化是经济发展的必然趋势，城镇化不仅改善了人们的生产生活条件，也促进了区域经济的发展，但城镇化也给环境带来了不小的压力。怎样才能降低城镇化对环境的影响呢? 【点拨】治理河流，控制大气污染物排放，大力加强绿化建设；建设“海绵城镇”；发展低污染的节能建筑和绿色交通。	【活动】列举贵阳城镇化过程中出现的问题。 学生 1：影响生物圈。例如观山湖区曾经的农田变成了城市用地，生物栖息地被钢筋水泥所改变，生物多样性减少。 学生 2：影响水圈。多雨季节，由于校园操场和城市道路硬化，导致下渗量小，雨量大时易发生城市内涝现象。工业废水、生活污水排放，污染河流，例如南明河。 学生 3：影响大气圈。工业排放废气，影响大气质量。 学生 4：影响岩石圈（例如土壤）。城市扩张，人口增多，大量生活垃圾和工业废料没有及时处理，污染土壤。 其他学生进行思考、补充和评价。 【阅读、思考】阅读教材第 52 页《智慧城市》和第 54 页的阅读材料，思考解决城市病的措施。	培养学生发现、解决区域地理问题的能力，拓宽学生的知识面，提升其综合思维等地理素养。
课堂小结	通过本节课的学习，我们了解了城镇化的概念、主要标志及意义，城镇化的进程及各个阶段的特点，发展中国家和发达国家城镇化的特点，也了解了城镇化带来的一系列问题。所以在享受城镇化带来的便利的同时，我们也要注意它所带来的环境问题，做到可持续发展、绿色发展。		总结提升，强调人地协调。
板书设计	城镇化进程及影响： 城镇化概念 城镇化过程 不同地区城镇化 城镇化影响		

◎ 作业设计

城镇化是人口和产业活动在空间上集聚、乡村地区转变为城市地区的过程。据此完成1~3题。

1. 下列不属于城镇化范畴的是（　　）。

A. 城市人口向乡村迁移　　B. 人口向城镇集聚

C. 城市范围不断扩大　　D. 乡村变为城镇

2. 下列选项中不属于城镇化发展推力的是（　　）。

A. 自然灾害　　B. 文化设施齐全

C. 收入低　　D. 社会服务短缺

3. 通常被用来衡量一个国家或地区城镇化水平高低的标志是（　　）。

A. 城市人口规模　　B. 城市用地规模

C. 城市人口在总人口中的比重　　D. 特大城市的数量

1920年美国城市人口比重超过50%，2010年达到80.7%。图1示意城市化进程。读图，完成4~5题。

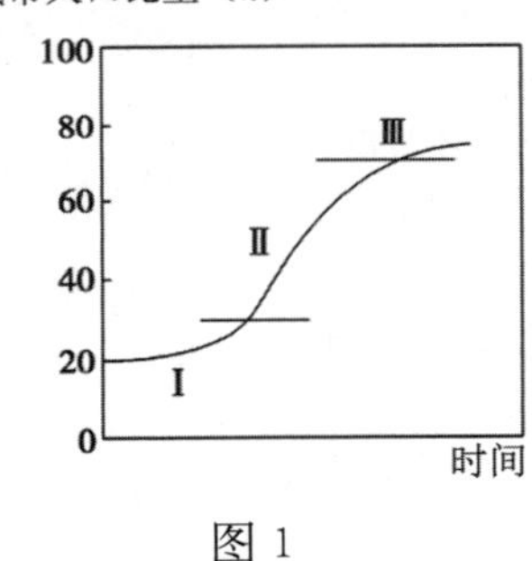

图1

4. 1920年美国城市化进程处于图1中的（　　）。

A. Ⅰ阶段　　B. Ⅱ阶段　　C. Ⅲ阶段　　D. Ⅲ阶段之后

5. 2010年前后美国城市化可能出现（　　）。

A. 城市规模不断变小　　B. 进程加快现象

C. 城市环境急剧恶化　　D. 逆城市化现象

图2是某城市建设前后水量平衡示意图。读图，回答6~7题。

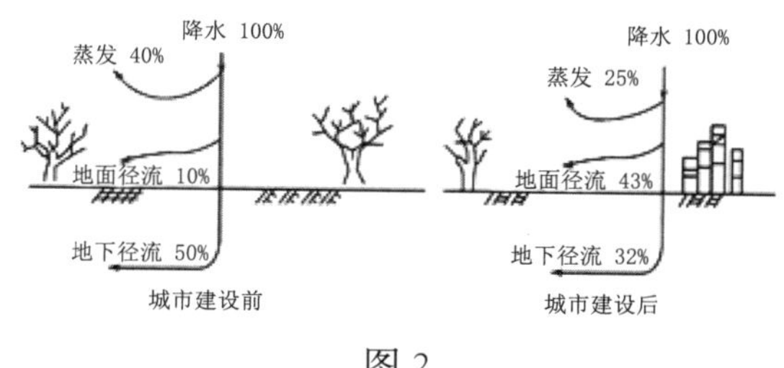

图 2

6. 城市建设导致了当地（　　）。

A. 地下水位上升　　B. 地面径流汇集速度减慢

C. 蒸发量增加　　D. 汛期洪峰流量加大

7. 城市建设后地面径流发生变化的主要原因是（　　）。

A. 生活用水量增加　　B. 植被覆盖率增加

C. 降水下渗量减少　　D. 城市热岛效应

【参考答案】

1. A　2. B　3. C　4. B　5. D　6. D　7. C

◎ 教学反思

亮点：巧妙利用乡土教学资源，讲解城市化概念。从贵阳城区的扩大、城镇人口的增加等角度入手，由繁化简，生动讲解了城镇化的内涵和特征。从时间的综合到要素的综合，逻辑紧密。本课设计紧扣城镇化在区域之间的差异，以及城镇化进程中不同阶段的特征，环环相扣，体现出地理学科的特性。由微观到宏观，理论到运用，有利于学生进行深度学习。本课设计从贵阳小尺度的城镇化特征，再到世界大尺度的城镇化进程特征，层层递进，有利于学生由浅到深进行深度学习。

不足：学生在理解城镇化过程中的几种概念时容易混淆，如郊区城镇化、逆城镇化等。

再教设计：利用案例教学法，将郊区城镇化、逆城镇化等概念放在具体城市案例中进行分析教学，让学生在现实案例中学习，有利于理解和辨析。

点评

本节内容难度不大，为生动呈现课堂，教师收集了国内外城市发展的大量图片和视频资料，通过资料的分析探究达成教学目标。亮点一是利用当前城市建设中的热点问题创设情境，既增加了学生的感性认识又有助于学生了解家乡变化，增强幸福感。城市化的发展既有不同时期的差异，也有不同地区之间的差异，设计者将当前城市热点背景与问题设计紧密相扣，层层深入，让学生在探究问题的过程中获取新知识，使学生分析、思考有味，学习有效。亮点二是充分利用教材资源，让学生动手动脑，融入课堂，积极参与学习的全过程，从动态和静态两方面分析城镇化的特点，辩证地分析城镇化的利弊，培养了思辨能力。不足之处在于，本节教学节奏较快，学生思考时间不够充足，教师对一些核心概念的讲解不够深入透彻。

点评：刘海玲（贵阳市第九中学）

三、乡土地理教学资源

◎ 贵州仁怀市城市发展历程

仁怀是独具影响力的中国白酒之都。改革开放前，由于位置偏僻，交通不畅，仁怀县域经济社会发展滞后，城市建设进展缓慢，城市公共基础设施薄弱。1978 年，县城中枢只有和平街、人民街、东风街、胜利街和建设街。其中建设街为新街，长 850 米，宽 14 米，另外 4 条则只在周长为 1.543 千米的区域内。如今，仁怀通过大力发展白酒生产酿造、包装销售、仓储物流等综合性产业，以区域性中心城市为载体和抓手，率先打破地域掣肘和利益藩篱，创造出一条有别于东部、西部其他地区新型城镇化、区域经济一体化的发展新路。如今的仁怀，城市建成区面积达 24.3 平方千米，常住人口城镇化率达 51.4%。

◎ 贵阳市如何建立生态城镇

1. 按照循环经济模式提升资源型产业。支持开阳、息烽磷及磷化工，清镇煤及煤化工，白云铝及铝加工循环经济生态工业园区建设。严格环境评价制度，禁止新上高能耗、高污染的项目，坚决关停高能耗、高污染的企业，促进节能减排。

2. 积极发展现代生态农业。以城郊特色农业、都市特色农业为重点，发展蔬菜、水果、畜牧、花卉等主导产业。建设一批生态农业示范园区和无公害、绿色、有机农产品生产基地。建立健全农业标准化体系、农产品市场认证体系和质量监督体系。继续实施“四改一气”工程，发展猪—沼—蔬（果）等链式生态农业。

3. 开展以治理“五脏五乱”为重点的整脏治乱工程。着力整治公共厕所、小区院落、占道经营、城郊接合部、集贸市场等方面的脏乱现象。依法严厉打击制假售假等行为。

第三章 “产业区位选择”教学研究与案例设计

内容研读：张　慧　游慧明

区位是地理学的核心研究内容，区位因素内容是人文地理与区域地理的综合体，是人文地理的核心概念之一。随着经济的快速发展以及新时代社会主要矛盾的转移，区域发展日新月异，区位条件千变万化，任何产业的区位选择都必须因地制宜，扬长补短，缜密论证，科学决策。

区域的可持续发展离不开对产业的合理布局，人是产业活动的主体，乡村与城镇是产业活动的主要平台，学生已经学习了前两章的内容，为本章学习和理解区位选择打下了基础。产业通常可以分为农业、工业和服务业三类，且产业活动具有复杂性、多样性的特点，因此在高中必修阶段，要求学生掌握一般的区位分析方法，理解其主要的区位因素，并能根据其区位要求进行合理布局，以促进区域可持续发展。

本章既是“人口与地理环境”“城镇和乡村”的延续和扩展，也是“区域发展战略”“人地关系与可持续发展”的基石和铺垫。本章内容主要从农业、工业和服务业三个方面探讨区位条件与产业区位选择、布局的关系，了解各产业的主要区位因素及其变化对产业发展的影响，凸显因地制宜发展产业的思想，以培养学生的区域认知和人地协调观。本章要达到的目标如下：

1. 人地协调观：通过本章产业区位因素内容的学习，体会不同产业活动与地理环境之间的相互关系。体现因地制宜、科学发展的人地协调观。

2. 综合思维：结合具体案例进行区位因素分析，将自然地理要素与人文地理要素有机地结合起来，关注因果关系与时空发展变化。体现综合思维要求。

3. 区域认知：能够分析日常生活中某产业的区位因素，并能简单地评估该产业布局是否合理。

4. 地理实践力：能够运用地理信息技术、其他地理工具或通过一定的社会调查实践活动，收集并呈现产业活动的地理数据、图表和地图。

根据本章的教学目标和实际情况，建议使用 4 个课时完成教学，其中第一节“农业区位因素与农业布局”2个课时，第二节“工业区位因素与工业布局”1个课时，第三节“服务业的区位选择”1个课时，使学生能达到学业质量“水平2”的要求。

第一节　农业区位因素与农业布局

教学设计：罗　卫　冯小玲

农业，乃民生之根本，万业之根基。影响农业生产的因素很多，自然因素有气候、水源、地形、土壤等，社会经济因素有市场、劳动力、交通运输、政策等，科学技术因素有技术装备、生产技术等，所以进行农业布局时要考虑诸多因素。受到农业区位影响，不同地域会形成不同的农业地域类型，而且随着时代的不断发展，影响农业布局的主导区位因素也处于不断变化之中，因而在不同的历史发展阶段，同一地域也会形成不同的农业地域类型。

一、内容研读

◎ 内容要求

【2.5】结合实例，说明农业的区位因素。

◎ 认知内容

课标不仅要求学生明确农业区位因素，更需要学生通过典型案例学会农业区位分析的基本思路和方法，掌握探究人文地理问题的一般方法。本节教学的核心是让学生能够认识农业的区位因素，通过分析自然环境、社会经济、科学技术与农业的关系，理解因地制宜、扬长避短的农业布局原则，从而树立正确的人地协调观念。

因此，学生通过本节的学习应掌握以下知识：

1. 农业的概念、特征；
2. 农业区位因素：自然因素、社会经济因素、科学技术因素；
3. 农业区位因素（变化）对农业布局的影响。

◎ 教材对比

贵州省高中地理教学所使用的教材主要为人教版和湘教版，因此以下主要针对这两个版本的教材进行对比分析，详见表 3–1 和表 3–2。

表 3–1　人教版、湘教版教材“农业区位因素与农业布局”内容结构对比

教材版本	人教版	湘教版
内容页数	9 页	9 页
所属章节	第三章第一节 （农业区位因素及其变化）	第三章第一节 （农业区位因素与农业布局）
内容模块	一、农业区位因素 二、农业区位因素的变化	一、农业区位因素 二、农业布局
图表数量	图片 15 组 表格 0 张	图片 16 幅 表格 1 张
活动与材料数量	活动（探究）2 个 自学窗（思考）3 个	活动（探究）5 个 阅读（案例）4 个
知识点	农业生产活动、农业生产特点、农业区位因素、农业区位因素的变化及其对农业发展的影响	农业概念、农业区位因素、农业布局、农业地域类型、世界农业生产的发展变化

表 3–2　人教版、湘教版教材“农业区位因素与农业布局”主要插图对比

教材版本	人教版	湘教版
主要插图	图 3.1　广西桑田 图 3.2　两种不同的农业景观 图 3.3　农业主要区位因素 图 3.4　江西省千烟洲的立体农业示意 图 3.5　广州深圳郊区的蔬菜种植 图 3.6　基本农田保护标志牌 图 3.7　不同城市年内各月气温与降水量 图 3.8　亚洲水田农业形成的主要区位因素 图 3.9　农业自然因素的利用和改造 图 3.10　山东省寿光市蔬菜高科技示范园 图 3.11　内蒙古乳产品生产基地场景 图 3.12　三江平原种植的水稻 图 3.13　长江中下游平原种植的小麦 图 3.14　世界主要花卉出口举例 图 3.15　冬季北方市场上的反季节水果	图 3-1　英国某超市农产品的来源地示意 图 3-2　俄罗斯农业地带空间分布 图 3-3　精准农业示意 图 3-4　超市销售的有机蔬菜 图 3-5　沙特阿拉伯小麦、蔬菜、牛奶产量的变化 图 3-6　沙特阿拉伯灌溉农业——西红柿种植 图 3-7　沙特阿拉伯利雅得近郊牛奶场 图 3-8　水稻 图 3-9　世界水稻产区主要分布 图 3-10　大种植园农业 图 3-11　混合农业 图 3-12　地中海型农业 图 3-13　世界主要农业地域类型分布 图 3-14　商业型谷物种植业 图 3-15　阿根廷潘帕斯草原上的畜牧业 图 3-16　英国商业型乳酪业

两个版本教材都紧扣课标要求，突出重点内容——农业的区位因素。

与人教版教材相比，湘教版教材设计了更多的“活动”，有利于及时运用、巩固知识，也有利于将学生核心素养的培养落实到活动中。各个活动都选用了合适的案例，这体现了课标中的“结合实例”。同时，湘教版教材设计了较多的相关知识的延伸阅读，有助于丰富学生的知识，拓宽学生的视野。

与湘教版教材相比，人教版教材的知识结构更加清晰，重要知识都在正文中展示。例如，湘教版教材中的“农业地域类型”这一知识点设计在“活动”中，教师和学生容易忽略；人教版的知识编排脉络更加清晰，正文讲了什么知识点，“活动”“自学窗”便考查什么知识。

两个版本教材的插图数量都比较多，内容图文并茂。湘教版教材用大量插图展示农业的地域类型，而人教版教材则用部分插图展示区位因素，用多数插图来说明不同区位因素对农业的影响。受教材内容选择的影响，人教版教材选择的农业图片、案例几乎都来自我国典型农业生产地区，而湘教版教材选择的几乎都是国外农业生产的图片及案例。

◎ 教学建议

本节内容与学生生活息息相关，很多知识学生易于理解，但学生对农业问题的分析能力比较薄弱，教师在教学前可多准备案例、视频、图表等资料，丰富教学内容，在教学时采取多种教法、学法来提升学生的分析思维能力。

在教学过程中建议采用案例教学法、探究法、讨论法、问题式教学法，重视引导学生的探究和实践活动，通过使用身边的与生产生活相关的图片、案例材料创设情境，设计问题链，教师不断追问，激发学生思考，进行师生互动；在学生活动方面，可使用自主学习、合作探究、归纳总结等学习方法，让学生在自主思考与讨论中不断生成新观点，加强学生对知识的自主归纳、提炼总结能力，提高学生的综合思维能力，进而突破知识的重难点。总之，丰富课堂的形式，让学生在充实、愉悦的课堂氛围中提升思维能力。

如果有条件，还可以组织学生到农业生产区域进行实地考察，通过“研学—任务驱动”的形式开展教学，在生活中学习地理知识。

建议本节内容的教学使用2课时，第1课时学习“农业区位因素”，第2课时学习“农业区位因素变化对农业布局的影响”。

二、教学设计

◎ 学情分析

认知基础：初中学习区域地理时，学生已经接触过世界和中国不同地区农业发展的相关知识，对农业生产活动有了一些了解，对农业的概念和特点有了初步的认识。学生经过高一上学期的学习，已经具备一定的地理核心素养、逻辑思维能力和分析能力。

不足条件：高一学生阅历尚浅、知识面还不够宽，没有掌握农业区位分析方法，也没有从整体上归纳整理农业区位因素，没有形成正确的农业活动理念。第 2 课时重点关注农业区位因素的变化对农业布局的影响，这需要学生将第 1 课时学习的分析某地农业区位因素的理论方法应用到实际案例中，其中还要考虑到同一地区在不同发展阶段农业区位因素的变化，对学生理论联系实际及知识迁移能力要求较高。

◎ 教学目标

1. 结合图片与材料，说出农业生产的概念和特点。

2. 结合黔南毛尖茶产业，说明影响农业区位的自然因素、社会经济因素和科学技术因素。

3. 结合贵州玉米减种实例，说明农业区位因素变化对农业布局的影响。

4. 通过案例学习，学会农业布局问题分析的一般思路及方法。

◎ 重点难点

1. 教学重点：农业区位因素对农业生产的影响；农业区位因素变化对农业布局的影响。

2. 教学难点：农业生产的合理布局。

◎ 教学方法

问题式教学法，问题清单详见表 3–3 和表 3–4。

表 3–3 “农业区位因素与农业布局”第 1 课时问题清单

核心问题	子问题	素养指向
黔南毛尖茶产业的生产与发展受哪些因素影响?	①读图描述黔南的地理位置。	区域认知 综合思维（要素综合、时空综合） 人地协调观
	②说明影响黔南茶树生长的自然区位因素。	
	③说明影响黔南毛尖茶产业发展的有利社会经济因素，并简析其“产业小”的原因。	
	④预测电商的兴起对黔南毛尖茶产业的有利影响。	
	⑤为解决黔南毛尖茶“品牌大，产业小”问题出谋献策。	

表 3–4 “农业区位因素与农业布局”第 2 课时问题清单

核心问题	子问题	素养指向
1. 贵州适合种玉米吗？	①影响农业布局的区位因素。	综合思维（要素综合）
	②评价贵州种植玉米的农业区位条件。	综合思维（要素综合）
2.2018 年以来贵州为什么要减种玉米？	①结合材料，分析贵州减种玉米的原因。	人地协调观（“人地协调”） 综合思维（要素综合）
	②讨论并推测贵州减种玉米后空出土地改种的作物。	人地协调观（“人地协调”）
	③根据材料，小组讨论分析并归纳贵州减种玉米后改种经济作物的原因。	人地协调观（“人对地”） 综合思维（要素综合、时空综合）
3. 了解贵州减种玉米的原因，分析并说出哪些因素的变化导致了贵州农业布局的变化。		综合思维（要素综合、时空综合）

◎ 教学资源

多媒体课件，视频，图片，导学案等。

◎ 教学过程

第 1 课时“农业区位因素”、第 2 课时“农业区位因素变化对农业布局的影响”的教学过程设计分别见表 3–5 和表 3–6。

表 3–5 “农业区位因素”教学过程设计

教学环节	教师导学	学生活动	设计意图
创设情境	【展示】展示学生在学校食堂收集的食品图片，如米饭、牛奶、蔬菜、鸡蛋、面条等。 【提问】我们的一日三餐来源于农业，那么什么是农业？农业又有何特征？	【思考】学生观察图片，相互交流。 【发言】农业：农业是利用动植物的生长发育规律，通过采集、捕捞、人工驯化、培育、种植、养殖等途径来获得产品的产业。 农业的特征：地域性、周期性、季节性。	选取生活中的例子，吸引学生进入地理课堂，激发学生的学习热情，让学生在探究农业区位因素之前，对农业有一定的认识。
引出主题	农业之所以会有这样的特征，是因为受到诸多因素的影响。本节课我们以“黔南毛尖茶产业”为例，探究影响农业生产的区位因素。 【板书】农业区位因素		采用案例分析法培养学生的区域认知能力，学习生活中的地理知识。

（续表）

教学环节	教师导学	学生活动	设计意图
新课讲授 合作探究	【发放】发放资料包。 【展示】展示茶园图片（现场冲泡黔南毛尖茶）。 【讲解】黔南毛尖茶，属于绿茶，是贵州三大名茶之一。外形条索紧结、纤细卷曲，色绿翠。香清高，味鲜浓，叶底嫩绿匀整明亮。又名“白毛尖”“细毛尖”“鱼钩茶”。 【展示】展示茶树生长习性资料和中国地形图。 材料一：茶树原产于我国西南部湿润多雨的原始森林中，在长期的生长发育进化过程中，茶树多生长于山坡及丘陵地带，形成了喜温喜湿、喜光、喜酸性或微酸性土壤、怕寒、怕晒、怕涝的生活习性，最适宜生长在年平均温度 13℃以上的地区，最适年降雨量约 1500 毫米。凡是在气候温和，雨量充沛，湿度较大，光照适中，土壤肥沃的地方采制的茶叶，品质都比较好。 【提问】 1. 读图描述黔南的地理位置。 2. 说明影响黔南茶树生长的自然区位因素。 【补充】茶叶主产区和古茶树区主要分布在海拔 1000—1200 米的丘陵地区，海拔较高处特别适合茶树生长；目前当地正推广的“茶园精准滴灌工程”与天然降水给茶树提供水源。 【评价】在学生讨论过程中给予适当引导，并及时对学生的回答进行反馈。 【板书】自然因素	【体验】品尝黔南毛尖茶。 【发言】问题 1：描述黔南的地理位置。介于 106° 12′—108° 18′ E，25° 04′—27° 29′ N，位于贵州中南部，地处云贵高原向广西丘陵的斜坡地带。 【小组探究】问题 2：影响黔南茶树生长的自然区位因素。 ①地形组：读“贵州省地形图”，黔南州地形以低山、丘陵为主，平均海拔 900 多米，最高海拔 1961 米，最低海拔 242 米。 ②气候组：读中国气候类型图、黔南气温曲线和降水量柱状图，黔南属典型的亚热带季风性湿润气候，雨热同期。气候温和，热量丰富，雨量充沛，昼夜温差大。平均气温 13.6—19.6 ℃，属于茶树生长最适温度范围，但日照率较低，多云雾。年平均降雨量 1200 毫米以上，降水集中于夏季。 ③土壤组：读中国土壤分布图，黔南土壤主要是黄壤，pH 值为 5—6.5，大部分呈弱酸性。土层深厚、湿润，有机质含量高，面积较大，连片集中。 【发言】地形以山地、丘陵为主，适宜茶树生长；热量充足，温度属于茶树最适生长范围，光照适中、不会太晒，降水适宜；土壤肥沃且呈酸性，适宜茶树生长。	在师生互动、生生互动的良好氛围中深入学习，教师不断在学生解决了一个小问题之后进行追问，学生不断在真实案例情境中探究、在讨论中意见不断碰撞，新的观点不断生成，有助于加深学生对农业区位因素的认识与理解，让学生在不断的问题思考中建构农业区位的自然因素，促进学生思维能力的提升。
过渡承转	正是因为黔南具备“天时、地利”的优势，毛尖茶的产量与品质才会在市场上遥遥领先。除此之外，这其中有“人和”的影响吗？		

（续表）

教学环节	教师导学	学生活动	设计意图
新课讲授 合作探究	【展示】展示黔南交通线路图（航空、公路、水路形成体系），2015—2017年贵州省茶叶产量分布图；播放制茶视频（制茶工序）。 材料二：黔南交通优势明显，有荔波旅游专线机场、都新高速公路、厦蓉高速公路、贵广动车、沪昆高铁及扩能改造的黔桂铁路等，水路有红水河，构成了完善的运输系统。 材料三：黔南毛尖茶生产历史悠久，自明代以来曾是历代皇室的贡茶，1915年在巴拿马万国食品博览会上获得金奖，2022年其制作技艺在摩洛哥入选人类非遗代表项目。近年来，在“绿水青山就是金山银山”和“牢守生态和发展两条底线”精神的引领下，当地政府将其产业发展摆在了战略性的高度，另外还进入电商平台大力推广、销售。但纵观全国茶叶品牌，黔南毛尖茶产业化水平较低、茶园机械化程度低，面临着“品牌大，产业小”的困境。 【提问】 1. 说明影响黔南毛尖茶产业发展的有利社会经济因素，并简析其“产业小”的原因。 2. 预测电商的兴起对黔南毛尖茶产业的有利影响。 3. 请为解决黔南毛尖茶“品牌大，产业小”问题出谋献策。 （角色扮演：政府、茶博士、茶农） 【评价】引导、反馈学生的发言。 【板书】社会经济因素、科学技术因素	【小组探究】小组合作分析影响黔南毛尖茶生产的社会经济因素与科学技术因素，并区分出有利因素与不利因素。 【发言】小组派代表对本组讨论的结果进行分享，并由其他组提出质疑、补充、评价等，生生互评。 【问题1】有利因素：交通运输便利，劳动力素质高，政策帮扶和引导力度大。 原因：市场竞争强，市场狭小，产量低，产业单一，科学技术水平低。 【问题2】利于及时获取和统计市场信息，根据市场调整产品，保证收益；利于扩大消费市场，增加销售途径，利于根据订单调整产量，直接面向消费者，降低成本；利于降低宣传费用，更利于提高知名度。 【问题3】 政府：广泛宣传黔南毛尖茶，开拓毛尖茶市场；招商引资，加强茶企业合作；加强电商平台合作等。 茶博士：对茶叶进行精加工和深加工，提高茶叶附加值；提高科学技术研究水平，生产有机茶。 茶农：广泛参加培训与学习，提高产茶的综合能力。 【归纳】影响农业的社会经济因素主要是：劳动力、政策、市场、交通运输、历史基础等。另外，科学技术因素对农业的影响也在增强。	仍选用黔南毛尖茶案例探究社会经济因素，将案例探究透彻，通过问题帮助学生理解，体现课标的具体要求。另外，采用案例探究的方式，学生的思维能得到进一步的提升，有利于提高学生的区域认知能力。 最后，利用角色扮演的活动活化课堂，将学生分为三类角色：政府、茶博士、茶农，让学生站在自己扮演的角色的立场为黔南毛尖茶产业发展出谋划策，增强学生的课堂参与感，提高学生解决实际问题的能力。

（续表）

教学环节	教师导学	学生活动	设计意图
课堂小结	农业区位因素： ①自然因素更多影响农作物的种类、数量、分布、熟制等。 ②科学技术因素可以改造自然因素的不足，影响社会经济因素。 ③社会经济因素：包括市场、交通、政策、劳动力、历史基础、饮食喜好等。 我们需要辩证地评价农业区位条件对农业生产活动的影响，发挥有利因素，改造不利因素。		
迁移应用	【展示】火龙果为热带、亚热带水果，喜光耐阴、耐热耐旱、喜肥耐瘠。贵州省罗甸县（附位置图）火龙果从2007年种植以来，广受消费者喜爱，当地政府不断加大资金扶持力度，2021年疫情期间，更是进入电商平台销售。 【提问】分析罗甸县种植红心火龙果的区位条件。	【合作讨论】利用所学的知识，自主或合作交流，完成问题。 【发言】热量适宜，光照充足，土壤肥沃，政策扶持，市场广阔等。	检验学生的学习成果，提高学生的实践应用能力。
实践调查	到学校附近的超市调查所销售的农产品及其产地，想一想，这些农产品的生产布局与哪些因素有关？		培养学生的地理实践力。
板书设计	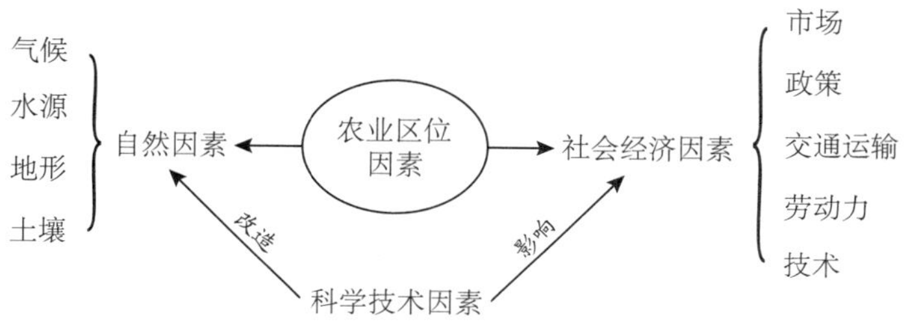 气候 水源 地形 土壤 自然因素 农业区位因素 社会经济因素 市场 政策 交通运输 劳动力 技术 改造 影响 科学技术因素		

表 3–6　“农业区位因素变化对农业布局的影响”教学过程设计①

教学环节	教师导学	学生活动	设计意图
创设情境	【提问】同学们，你们日常生活中吃得最多的主食是什么？你们的爷爷奶奶这一辈人在你们这个年纪的时候吃得最多的主食是什么？ 【展示】播放采访视频。（采访老一辈贵州人剪辑而成的视频） 【展示】展示 1960—2017 年贵州省稻谷及玉米播种面积变化图。	【观看】通过观看视频，了解爷爷奶奶这一辈贵州人的主食是玉米。 【阅读】读“1960—2017 年贵州省稻谷及玉米播种面积变化图”，得出贵州省自 1960 年以来玉米与稻谷种植面积相当，且在 2000 年后玉米种植面积超过稻谷种植面积，于 2017 年达到 1000 千公顷（1 公顷 =1 万平方米），以此了解玉米作为粮食作物在贵州是大面积种植的。	通过身边的案例创设情境，激发学生探究的兴趣。通过采访视频初步了解贵州以前的主要粮食作物是玉米，再通过具体数据验证采访结果。
前期铺垫	【承转】贵州适合种植玉米吗？下面我们来探讨一下。 【回顾】引导学生回顾上节课重点：影响农业布局的区位因素。 【展示】展示玉米生长习性资料，贵州省气候数据资料，贵州主要土地利用类型分布图。 【提问】问题 1：评价贵州种植玉米的农业区位条件。（引导学生从有利、不利角度考虑） 【展示】展示我国玉米主要产区分布图。 【讲解】贵州的自然环境能够种玉米，但与其他地区相比，贵州并不是玉米种植的优势区。	【发言】回忆上节课所学内容，并回答影响农业布局的区位因素。 【思考】阅读玉米生长习性资料，贵州省气候数据资料以及贵州主要土地利用类型分布图，思考并回答贵州种植玉米的农业区位条件。 有利条件：①贵州夏季高温多雨，雨热同期，水热充足；②山地多、平地少，缓坡、山脚旮旯等未利用土地多；③劳动力丰富。 不利条件：①平地少，玉米种植区域破碎；②机械化水平低，生产规模较小。	通过回忆上节课所学知识，巩固本节重点，同时让学生了解到农业布局问题要从“影响农业区位的因素”这个角度进行分析，形成农业布局问题分析的一般思路和方法。 通过评价贵州种植玉米的农业区位条件，让学生了解贵州能够种玉米，但并不是优势区，为后面贵州减种玉米做铺垫。让学生学会“评价类”问题的分析方法，培养学生的辩证思维能力。

①本案例获贵阳市2020年高中地理学科教学设计评比活动一等奖，获奖教师：罗卫（贵州师范大学附属中学）。

（续表）

教学环节	教师导学	学生活动	设计意图
转折过渡	【讲解】贵州并不是玉米种植的优势区域，现在继续大面积种植玉米显然是不太合理的。因此，2018 年，贵州省农业农村厅出台了《贵州省调减玉米种植三年行动方案（2018—2020 年）》，计划用 3 年时间，将贵州省当时的 1280 万亩（1 亩≈667 平方米）玉米调减到 250 万亩（展示贵州省农委调减玉米种植的文件）。		
提出问题	【设问】引出本节课的核心问题：为什么 2018 年以来贵州要减种玉米？	【思考】了解本节课的核心问题，根据已有知识形成简略答案。	这个问题是本堂课的主线，提出时不要求学生立刻得出准确答案，而是引出本节课内容。
解决问题	【提问】问题 2：结合材料一，分析贵州减种玉米的原因。 【小结】减种玉米一方面是为了适应市场环境，另一方面可以减轻水土流失，改善石漠化现象，这符合农业发展的市场导向原则及生态优先原则。	【阅读材料并发言】 农业科技的发展，使粮食产量提高，进而导致玉米市场过剩，供大于求。 同时，种植玉米需要毁林开荒，地表植被遭到破坏后，在贵州夏季多雨的气候影响下，表层土壤受暴雨冲刷导致水土流失，岩石裸露，进而发生石漠化。继续大规模种植玉米，会危及贵州的生态发展底线。	通过此问题体现市场、科技及生态变化对贵州减种玉米的影响，突出市场和环境因素对农业区位选择的重要性。 有利于培养学生提取有用地理信息的能力，同时让学生理解“人”与“地”是相互影响的，有助于学生形成正确的人地协调观。
提出问题	【承转】减种玉米后空出的土地怎样利用呢？ 【活动】问题 3：讨论并推测贵州一些地区减种玉米后空出的土地改种了什么。	【讨论并发言】一部分退耕，一部分改种了蔬菜、茶叶、食用菌、中药材、水果等经济作物。	通过此问题让学生知道减种玉米后改种了经济作物，为下一个问题的引出做铺垫。
合作探究	【任务】问题 4：根据导学案材料（表 3-7），小组讨论分析并归纳贵州减种玉米而改种其他经济作物的原因。 （从“为什么要种”和“为什么能种”这两个角度展开）	【合作讨论并分享】学生讨论合作，完成学案表格内容，并进行展示。 1. 市场：经济作物市场价格更高，且市场需求量大，能够提高农民收入。 2. 科技：农业技术、保鲜技术、销售技术等科技的发展。 3. 交通：交通条件的改善。 4. 政策：国家政策的支持（扶贫政策）。	通过此问题让学生了解市场、科技、交通等因素对贵州减种玉米的影响，培养学生的合作探究能力及综合思维能力。 通过对此问题的分析，让学生进一步理解“地对人”“人对地”以及“人地和谐”这三个维度，有助于学生形成科学又完整的以资源观、人口观、自然观、环境观、发展观等为基础的人地观念。
成果展示	【分享】请学生代表在黑板上写出小组讨论结果，并让其他小组补充，学生回答后教师进行归纳总结，并强调“扶贫政策”这一因素的重要性，培养学生的家国情怀。		

（续表）

教学环节	教师导学	学生活动	设计意图
提出问题	【提问】通过了解贵州减种玉米的原因，分析并说出哪些因素的变化导致了贵州农业布局的变化。 追问：这些人文因素产生变化的根本原因是什么？	【思考并发言】主要是人文因素如市场、交通、科技、政策等因素的改变，导致了贵州在不同经济发展阶段农业布局的变化。 经济的发展带动了农业区位中的人文因素发生变化，进而促使农业布局发生改变。	通过分析，了解本节课的重点内容，同时解决本节课的难点。 回顾课标要求，总结本节课的主干知识。
解决问题	【归纳】减种玉米，改种其他经济作物，既提高了农民收入，促进了经济发展，又改善了当地滥垦乱伐、水土流失问题，保护了自然环境，实现了人地和谐共处，守住了贵州发展和生态这两条底线。看来，既要金山银山，又要绿水青山并不是梦想。 【总结】在不同的经济发展阶段，我们发现农业区位因素中的自然因素几乎保持不变，而市场、交通、科技、政策等人文因素则处于不断的发展变化中，会促使农业布局发生巨大改变。由此可见，某地的农业布局会随着其区位条件的变化而变化，农业生产要遵循自然规律和经济规律，因地制宜，扬长避短。		通过总结归纳，进一步强调农业区位因素的变化会导致农业布局的改变，农业布局需要因地制宜、因时制宜，让学生逐步形成正确的人地协调观念。
迁移拓展	【拓展】 1. 探究人教版教材第 61 页活动“以花卉种植业为例，说明区位因素变化对农业发展的影响”。 2. 结合文献《清中叶至民国玉米种植与贵州石漠化变迁的关系》，并查找其他相关资料，思考并分析贵州以前大面积种植玉米的原因，下节课前做分享。		利用其他案例让学生将课堂所学知识进行迁移运用。 通过探究贵州以前大面积种植玉米的原因，培养学生了解家乡、热爱家乡的情感。
板书设计	**农业区位因素与农业布局（第2课时）** 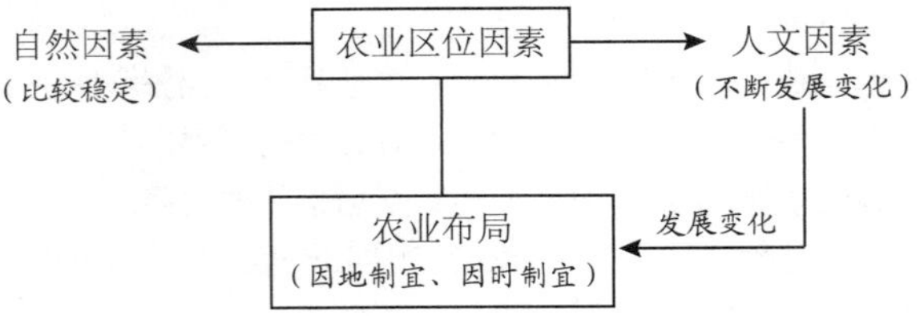 自然因素（比较稳定）← 农业区位因素 → 人文因素（不断发展变化） 农业区位因素 — 农业布局（因地制宜、因时制宜） 人文因素 —发展变化→ 农业布局		

表 3–7　“农业区位因素与农业布局”（第 2 课时）导学案

一、为什么 2018 年以来贵州要减种玉米？

材料一：过去，中国的粮食品种中稻谷是数量最大的，但近些年随着玉米产量的不断提高，玉米已经成为中国五个粮食品种中数量最大的一个，使得当前玉米的供求关系矛盾比较大，玉米库存不断提高。

玉米种植对石漠化的影响首先体现为其广泛的生物适应性，使得它可以在不适合种植其他作物的地方生长，这个特点让人们可以任意开辟原始森林和灌木丛来种植玉米。此外，玉米的种植扰动土壤，使得土层变松，土壤遇到雨水的冲刷极易流失。在喀斯特山区，当表层土壤逐渐流失殆尽，岩石随之裸露在外，就会产生石漠化现象。种植玉米带来的水土流失比种植其他作物更加严重。

材料二：贵州大方县的皱椒是地方优良品种，也是中国七大名椒之一。以前，大方县甘棠村的村民主要种植玉米、土豆等传统农业作物，辛苦不说，效益还很低下。甘棠村村主任何育说：“根据市场价估算，玉米每亩产值约 680 元，而种植中草药、蔬菜、食用菌的每亩产值分别是玉米的 9 倍、10 倍和 46 倍。现在甘棠村通过辣椒套种猕猴桃，产值提升了不少，农民的收入也跟着翻番。”

以前由于农业科学技术的落后，大方皱椒的种植受到天气、病虫害等的影响较大，同时品种退化严重，产量较低，品质有优有劣。现在，通过对大方皱椒种子进行提纯复壮，辅以人工改良土壤及水肥一体化滴灌技术，使得辣椒可以人工规模化种植，产品品质变得更加稳定，产量也得到了大幅度提高。随着冷藏保鲜技术的发展以及贵州交通运输条件的改善，大方县的皱椒采摘后能迅速出现在市场，凭借其优良的品质以及新鲜程度，深受广大消费者的喜爱。

材料三：从全省选派多名科技特派员和农业辅导员深入农村进行帮扶；县农业部门组织农产品销售，确保农产品定向销售直通渠道；加快农村“组组通”公路建设……在这一系列政府扶贫政策的帮扶下，贵州目前已发展蔬菜、食用菌、茶叶等 12 个农业特色优势产业，有效带动贫困人口脱贫增收。2020 年 11 月 23 日，贵州省宣布，晴隆、望谟、威宁、赫章、纳雍、榕江、从江、紫云、沿河 9 个县退出贫困县序列，省内所有贫困县全部实现脱贫摘帽。

二、通过了解贵州减种玉米的原因，分析并说出哪些因素的变化导致了贵州农业布局的变化。

◎ 作业设计

（2020 年 12 月贵州省学业水平考试）近期农业农村部在对云贵地区玉米结构调整的指导意见中指出，云贵地区结合落实国家退耕还林还草政策，调减山坡地和缺少灌溉保障地区的玉米种植，积极发展杂粮杂豆、茶叶、核桃、油茶、中药材等。力争到 2020 年底，调减玉米种植面积 500 万亩。据此完成 1~2 题。

1．云贵地区玉米种植范围较广，主要原因是（　　）。

A．山地丘陵广布，旱地面积广　　B．河流广布，利于灌溉

C．降水较少，气温日较差较大　　D．土壤肥沃，土层深厚

2. 根据农业农村部指导意见，云贵地区将调减玉米种植面积 500 万亩，主要原因是（　　）。

①玉米需求量减少　　②玉米品种没有得到改良

③当地生态环境脆弱　　④自然环境不再适宜玉米生长

A. ①③　　B. ②④　　C. ①②　　D. ③④

近年来，吉林、河南两省稳妥推进具有良好经济与生态意义的“粮改饲”工作，即在玉米产区规模化种植青贮玉米、甜高粱、苜蓿等饲料作物，以满足肉牛等发展需求。据此完成下面 3~4 题。

3. 导致两省玉米产区农业布局发生改变的主要因素是（　　）。

A. 气候　　B. 交通　　C. 劳动力　　D. 市场

4. “粮改饲”工作产生的经济意义是（　　）。

A. 增加饲料作物，实施圈舍养殖　　B. 调整农业种植，增进种植技术

C. 调整农牧结构，增加农民收入　　D. 减少玉米种植，推动生态改善

【参考答案】

1. A　　2. A　　3. D　　4. C

◎ 教学反思

【第 1 课时】

优点：本节课主要选取黔南毛尖茶这个案例进行案例式教学设计。在教学过程中，引导学生不断探究，让学生在一个真实的情境中，经历地理思维发展的过程。教学设计突出了以学生为本的教学理念，课堂形式变化多样，使用精彩的照片、图表、视频、素材材料，增强了学生的感性认知。让学生分析材料，在图表中获取需要的信息。整节课下来，教师只是起到了引导的作用，学生在一个完整的案例中，通过解决几个问题，轻松掌握了知识点，培养了思考能力和探究问题的能力，激发了学习的兴趣，提高了自主学习的能力。

不足：在教学中，对问题的设计不够严谨，问题的深度与衔接度不够、层次性与逻辑性不强，教学设计的内容也不够丰富，形式比较单一，创新性弱。

如果以后有条件，最好能够组织学生到周边著名的农业生产地进行现场研学考察，上一节走出教室的地理课。教师发布研学任务，学生通过查阅资料，分组从农业生产与自然条件、社会经济因素、科学技术融合等方面实地观察，汇报研学成果。以“研学—任务驱动”的方式来进行本节课的学习，转变传统的教学模式。

【第 2 课时】

亮点：第一，创设情境，引出核心问题。利用身边真实事件创设情境，有利于激发学生的学习兴趣。第二，分解核心问题，开展合作探究。借助材料对问题链进行自主学习及合作探究，分析并归纳出贵州 2018 年以来减种玉米的原因，最终得出导致农业布局发生改变的农业区位因素。在这一环节中，通过分析“地对人”“人对地”等方面的问题，让学生了解人地协调观的内涵，有利于学生形成正确的人地协调观念。第三，解决问题，进行拓展迁移。通过对“贵州玉米种植”这一案例的分析，让学生学会分析农业区位因素及其变化相关问题的正确思路，并能够运用在其他案例中，同时让学生探究贵州以前大面积种植玉米的原因，可以将课堂所学知识用于生活，激发学生的学习兴趣。

不足：一是由于时间限制，在回答问题环节只能对少数学生的探究结果进行评价；二是在具体实施过程中各环节探究时间不足，教学过程太过紧凑。这些情况在后期还需要改进。

点评

本节的主要教学目标是让学生结合实例说明农业的区位因素，分为两个课时。第 1 课时：结合学生的一日三餐引入主题，引导学生关注生活，学习生活中的地理。选取“黔南毛尖茶产业”为案例，利用真实的材料创设情境，结合教材中的理论知识提出问题，并在问题清单导引下，引导学生自主学习，合作探究，增强其区域认知能力。通过角色扮演，提升学生的责任意识，培养其表达能力以及分析、解决实际问题的能力。课后到超市“调查农产品”，既是对课堂的延伸，也提升了学生的地理实践力。第 2 课时：自制采访视频引入，并用数据加以验证，注重学习素材的科学、严谨。以“贵州玉米减种”的真实案例，创设情境，提出问题，引导学生在合作探究中进行知识建构，通过区域认知，认识因地制宜的农业布局原则，培养学生正确的人地协调观。注重“评价类”问题的评价方法，培养学生的辩证思维能力。渗入“扶贫政策”等思政内容，培养学生的责任感和家国情怀。本节教学设计体现了教师的创新精神和以生为本的新课程理念。

点评：张慧（原贵州省高中地理教研员）

三、乡土地理教学资源

贵州地处云贵高原，山地多、平地少，素有“八山一水一分田”之说。境内属亚热带季风气候，冬无严寒，夏无酷暑，同时降水较多，雨季明显，阴雨天多，日照较少。受大气环流及地形等因素的影响，贵州气候呈多样性，“一山分四季，十里不同天”。另外，贵州气候不稳定，灾害性天气种类较多，干旱、秋风、凝冻、冰雹等出现的频率高，对农业生产有一定影响。在多样的自然环境下，贵州多地形成了现代山地特色高效农业，并以此为基础发展了贵州省12大特色产业：茶产业、辣椒产业、油茶产业、食用菌产业、蔬菜产业、石斛产业、水果产业、竹产业、中药材产业、刺梨产业、生态畜牧业、生态渔业。

◎ 遵义辣椒

遵义朝天椒是贵州省遵义市的特产，2017年获得全国农产品地理标志，2020年入选全国十大名椒。贵州省近年辣椒种植面积突破500万亩，约占全国的六分之一。2016年，遵义市形成以虾子辣椒批发市场为中心，以遵义、绥阳、湄潭、凤冈、余庆、正安等县的重要产地镇乡集市为纽带的干（鲜）辣椒市场网络体系。2020年，贵州着力在辣椒产业原料上下功夫，加强优良品种推广；利用“两江一河”（南盘江、北盘江、红水河）低热河谷条件，建设春提早、秋延晚辣椒示范基地，加强基地建设；推广“稻－椒－菜”“菜－椒－菜”“椒－菌”等绿色高效种植模式，强化科技支撑。

◎ 贵州绿茶

2017年1月，“贵州绿茶”获得国家农产品地理标志登记保护。“贵州绿茶”聚合了“都匀毛尖”“湄潭翠芽”“石阡苔茶”“瀑布毛峰”等多个知名绿茶品牌，品牌集群已然形成。

第二节　工业区位因素与工业布局

教学设计：郭晓敏　蒲祖进

工业不仅影响着我们的日常生活，而且对经济发展至关重要。工业区位的选择，是区域认知的重要方面。科学合理的工业布局不仅能够提高资源的利用率，而且能促进行业内各企业共同发展，产生规模效益，进而推动区域内工业经济的持续和健康发展。

一、内容研读

◎ 内容要求

【2.5】结合实例，说明工业的区位因素。

◎ 认知内容

本节内容围绕“工业的区位因素”展开：主要包括自然因素和人文因素，同时突出工业区位因素的变化性和时代性特点，强调环境质量、产业集聚、信息化水平等成为现代工业区位的新因素。该条课标的认知内容需要学生学会结合实例具体分析工业的区位因素，从整体上把握工业的区位因素和工业布局的具体要求。

内容要求中强调“结合实例”，教师要运用案例分析的教学方法，让学生能够从给定的案例中归纳出主要的工业区位因素，注重联系生活，加深理解。案例分析要求学生具有一定的信息分析处理的能力，有助于培养学生的地理核心素养。

◎ 教材对比

两个版本教材内容都精心选取了国内外典型案例，具有时代感，教材中创设的情境，趣味性较强，有利于激发学生的学习兴趣，同时重视对学生地理核心素养的培养。人教版教材的文字描述性知识脉络清晰，符合高中生的认知规律，这样的特点也有利于教师对教材内容进行处理加工。湘教版教材的文字描述专业性强，知识面广，有利于教师对教材内容的取舍。两个版本教材的内容结构及主要插图的对比详见表 3–8 和表 3–9。

两版本教材插图多，类型齐全，使抽象内容可视化，方便学生从地理图文中获取地理信息。相比而言，湘教版教材插图数量较多，针对图片的问题设计跳跃性较大，有助于培养学生的地理思维能力。

表 3-8　人教版、湘教版教材“工业区位因素与工业布局”内容结构对比

教材版本	人教版	湘教版
内容页数	8 页	9 页
所属章节	第三章第二节 （工业区位因素及其变化）	第三章第二节 （工业区位因素与工业布局）
内容模块	一、工业区位因素 二、工业区位因素的变化	一、工业区位因素 二、工业布局
图表数量	图片 10 幅 表格 0 张	图片 13 幅 表格 0 张
活动与材料数量	活动（探究）2 个 阅读（案例）2 个	活动（探究）5 个 阅读（案例）2 个

表 3-9　人教版、湘教版教材“工业区位因素与工业布局”主要插图对比

教材版本	人教版	湘教版
主要插图	图 3.16　某汽车公司的汽车生产线 图 3.17　工业生产的一般过程 图 3.18　工业主要区位因素 图 3.19　宝山钢铁厂位置示意 图 3.20　吉林省抚松县某泉眼及泵站 图 3.21　上海某石油化工厂选址方案示意 图 3.22　广东顺德家具生产专业镇联系示意 图 3.23　日本主要钢铁工业分布 图 3.24　某新型服装公司的生产、销售流程示意 图 3.25　首钢搬迁示意	图 3-17　美墨边境两侧景观（左侧为墨西哥） 图 3-18　美墨边境两侧的城镇分布 图 3-19　原料指向型工业（果脯厂） 图 3-20　市场指向型工业（面包厂） 图 3-21　动力指向型工业（轧钢厂） 图 3-22　廉价劳动力指向型工业（服装厂） 图 3-23　法国钢铁工业布局的变化 图 3-24　工业与环境协调发展 图 3-25　风向频率与工业区、居住区的布局示意 图 3-26　世界主要工业区分布 图 3-27　美国本土主要工业区分布示意 图 3-28　该公司飞机零部件产地示意 图 3-29　该公司欧洲生产网络示意

◎ 教学建议

在教学过程方面，建议选取学生感兴趣或熟悉的某一工业企业为案例，通过展示大量的文字、视频、图片等资料，增强学生的感性认识，引导学生理性地分析影响工业的区位因素，从而促进学生更好地理解教材内容，培养学生的综合思维和区域认知素养。同时，增强学生关注家乡经济建设的责任感，树立工业发展应兼顾可持续发展的思想，培养学生的人地协调观素养。如果条件允许，可以组织学生开展一次以“工

业区位”为主题的社会调查实践活动。

建议本节内容的教学使用 1 课时。

二、教学设计

◎ 学情分析

认知基础：从知识储备来看，学生在初中阶段已学过工业基础知识和中国工业分布。对于高一下学期的学生而言，经过对必修一的学习，其对自然地理要素有了一定的了解，形成了基本的地理思维。同时已经完成了农业区位因素与农业布局、城市区位的学习，对区位的相关概念有了一定的理解，具备了一定的分析区位因素的能力。

不足条件：因工业涉及的地理背景知识较多，相较农业区位更加复杂，又因学生欠缺相关的生活体验，对工业区位选择的认识和理解不够深入系统，故学习难度较大。

◎ 教学目标

1. 通过实物和视频的展示、贵州铝厂案例分析，理解工业、工业区位、工业布局的概念。

2. 结合贵州铝厂案例，分析工业区位的主要区位因素及其发展变化，能够进行合理的区位选择。

3. 从环境角度合理布局工业，树立可持续发展的思想。

4. 开展以“工业区位”为主题的社会调查，学会具体分析影响工业的区位因素。

◎ 重点难点

1. 教学重点：结合案例，分析工业区位因素及其发展变化。

2. 教学难点：结合案例，分析工业区位因素的发展变化，能够进行合理的区位选择。

◎ 教学方法

案例分析法。围绕“贵州铝厂”案例，通过展示实物和播放视频，帮助学生认识和理解工业、工业区位和工业布局的概念；以贵州铝厂的发展历程为线索，从 1958 年落户贵阳市白云区到 2017 年“退城进园”转移至清镇市铝工业园区，展开工业区位因素的分析到区位因素的发展变化的层层探究，综合、动态分析工业区位因素及其变化，提高学生从材料中获取地理信息的能力和理论联系实际的能力，有利于学生地理核心素养的培养。

◎ 教学资源

湘教版教材，多媒体课件，视频。

◎ 教学过程

本节教学过程设计详见表 3–10。

表 3–10 “工业区位因素与工业布局”教学过程设计

教学环节	教师导学	学生活动	设计意图
导入	【创设情境】展示实物：易拉罐、瓶盖、铝箔纸。 【设问】同学们，你们知道我手里的物品是用什么制成的吗？ 【追问】除了这些，你还知道有哪些日常生活用品也是用铝制成的？ 【播放】播放视频：铝与我们的生活。 【归纳】可见，正是铝的轻便、耐腐蚀和容易加工的特点，使它成为除钢铁之外的第二大类金属。今天，就让我们一起来认识它！	【观察】观察实物，引起关注。 【发言】学生自由发言，其他学生补充。 【倾听】师生交流后给出的答案：铝。 【发言】行李箱、铝合金门窗和厨房用品等。 【观察】观看视频，知道铝也是制造飞机、高铁、汽车、火箭、超高压电线电缆、包装建筑材料等的重要材料。同时认识到铝在日常生活、生产中应用的广泛性和重要性。	利用身边的真实情境，激发学生的学习兴趣。 认识工业产品与我们的生活息息相关，拉近学生对工业的感性认识。
新课教学——识工业	【讲解】同学们，你们可知道这些铝制品的雏形其实是一块块笨重的铝锭。 【展示】展示铝锭的图片。 【提问】一块铝锭是怎样诞生的呢？ 【展示】铝的生产过程：铝土矿→氧化铝→电解铝→铝型材。 【板书】工业 【展示】展示工业生产的一般过程示意图。 【提问】结合示意图和铝的生产过程，说出什么是工业生产活动。 【归纳】工业是指在自然界开发、收集原料，并通过一定的工艺，把它们加工成产品的活动。特别要关注，工业生产还会产出“三废”，这对工业的选址提出了更高的要求。	【观察】观察图片。 【思考】思考铝锭的生产过程。 【观察】观看铝的生产过程。 【观察】观察工业生产的一般过程示意图。 【发言】铝的诞生需要投入：铝土矿（原料）、能源（电力）、土地、劳动力、资金、技术等生产要素，并且通过一定的工艺加工成产品。	通过观察工业的生产过程，结合铝锭的生产，归纳工业生产活动的概念，培养地理实践力和归纳描述的能力。 对工业生产需要投入的生产要素进行分析，为工业区位因素的学习做铺垫。

（续表）

教学环节	教师导学	学生活动	设计意图
新课教学——析区位	【承转】铝锭由炼铝厂生产，下面我们一起来认识家门口的炼铝厂——贵州铝厂。 【展示】播放视频“历史上的今天：贵州铝厂”。 【展示】展示贵州铝厂位置示意图、厂房图片。 【讲解】贵州铝厂位于贵州省贵阳市西北郊的白云区，地处川黔铁路和公路西侧。贵州铝厂始建于 1958 年，原名贵州铝业公司，1965 年更名为三〇二厂，1966 年 9 月至 12 月，贵州铝厂一期铝电解工程局部建成，1972 年更名为贵州铝厂。 【探究】根据图文材料和教材内容，说明贵州铝厂（原址）选择建在贵阳市白云区的有利区位条件。 材料 1：1956 年，贵州省地质局在修文、息烽、清镇、开阳等县，找到了大储量的铝土矿，有工业价值的约 3500 万吨。此外可供生产氧化铝溶剂用的石灰石矿储量丰富。 材料 2：贵州有丰富的煤炭和水能资源，建设火电厂和水电站有得天独厚的优势。 材料 3：当时的乌当区白云乡（1959 年设白云区）鸡场一带有大面积的开阔平地。靠近水源丰富的乌江支流猫跳河。距离铝土矿开采地较近，并紧靠川黔公路。铁路专用线可与正在建设的川黔铁路就近接轨进厂。 材料 4：贵州省地处我国西南地区，境内有湘黔线、川黔线、黔桂线、贵昆线四条铁路，基本覆盖全省的资源产地，有通往广西、四川、湖南和云南的公路，交通便利。	【倾听】知道探究情境。 【观察】从时间尺度，了解贵州铝厂的建设和发展历程。 【看图】从空间尺度，熟悉贵州铝厂在白云区的大致位置和实景。 【探究】以小组为单位，完成“深入贵州铝厂”主题探究任务。 探究 1：说明贵州铝厂（原址）选择建在贵阳市白云区的有利区位条件。 【阅读】阅读图文资料和教材第 65 页“工业区位因素”内容。 【讨论】讨论贵州铝厂（原址）选择建在贵阳市白云区的有利区位条件。 【分享】分小组分享讨论结果，其他小组认真聆听并评价。 从材料 1 中提取工业区位因素：原料。靠近原料产地。 从材料 2 中提取工业区位因素：能源。电力充足。 从材料 3 中提取工业区位因素：土地、水源、地理位置。地形平坦开阔；水源丰富；地理位置优越，接近原料、交通干线。 从材料 4 中提取工业区位因素：交通。陆路交通便利，有利于原料的运入和产品的运出。	读贵州铝厂位置示意图，增强学生的读图能力，培养区域认知。 依托图文材料中蕴含着的学科内容，培养学生的信息提取和总结概括能力，理解工业的区位选择往往是多种因素综合作用的结果。在进行工业区位选择时，需要根据实际情况，综合多种因素，做出合理选择。培养学生的区域认知和综合思维。

（续表）

教学环节	教师导学	学生活动	设计意图
新课教学——析区位	材料5：在国家计委和冶金部的支持下，从全国各地（如鞍山、武汉、沈阳、太原等）调来的建设队伍、军队转业官兵和新招工人大约2万多人。 材料6：随贵州铝厂的建设，从北京和沈阳两地迁入的贵阳铝镁设计研究院，是当时国内大型综合有色冶金甲级设计单位，技术力量强，人才众多。 【评价】对学生的回答进行表现性评价。 【板书】工业区位因素 【归纳】工业区位概念：指工业企业的经济地理位置，以及工业企业在生产过程中与相关事物的联系。 【展示】展示农业主要区位因素示意图与工业主要区位因素示意图。 【讲解】影响工业的区位因素和农业的区位因素有相同之处，都要考虑自然因素和人文因素。但相比于农业区位，工业区位较为侧重对经济、环境、政策法规等人文因素的考虑。 【板书】自然因素、社会经济因素、科学技术因素 【点拨】引导学生学会从材料中获取和解读信息，并结合工业主要区位因素展开描述。 【展示】展示参考答案：贵州铝厂的主要区位因素。 【讲解】1966年，贵州铝厂第一电解铝厂建成投产，标志着贵州铝工业正式起步，经过半个世纪的探索、实践及发展，铝工业已成为贵州省重要的优势产业，是全省工业重要经济支柱之一。	从材料5中提取工业区位因素：政策、劳动力。国家政策的支持；劳动力丰富。 从材料6中提取工业区位因素：技术。技术力量强、人才众多。 【倾听】认真学习教师系统讲解的工业区位的概念。 【思考】影响工业的区位因素和农业的区位因素的异同。 【倾听】在教师的引导下，从自然因素和人文因素两方面，结合课件展示的材料，学习如何正确获取有用的信息以及怎样规范描述用语。 【阅读】阅读参考答案：贵州省是国内唯一同时拥有丰富的铝土矿资源、能源及水资源的地区，具备发展铝工业得天独厚的自然条件，国家政策、技术、资金的支持，白云区地理位置的优越性等，吸引贵州铝厂在此落户。	通过对比农业和工业的区位因素，帮助学生理解区位因素。 依托真实案例进行工业区位因素分析，帮助学生树立因地制宜的思想。

（续表）

教学环节	教师导学	学生活动	设计意图
新课教学——寻变化	【播放】播放视频“贵州铝厂的变迁：2017 年‘退城进园’”。 【探究】根据图文材料和教材内容，完成探究问题。 材料 1：为配合贵阳市建设全国生态文明示范城市规划，加快推进贵州铝厂“退城进园”，2017 年贵州铝厂搬迁至清镇市工业园，在发展铝深加工、延长铝产业链、加快推进贵州铝工业转型升级中迈出了实质性步伐。 材料 2：清镇市为贵阳市卫星城。目前清镇市已探明的矿产就有 30 多种，是我国南方铝土矿储量最为丰富的地区；煤炭资源丰富，与无烟煤基地“织纳煤田”（在织金、纳雍两县内）山水相连，是贵州省三大煤化工工业基地之一。清镇市火电、水电发展迅速，已建成 20 多个各型火电厂、水电站。清镇市现已形成“采矿业—矿产品加工—氧化铝—铝冶炼—铝型材加工—铝镁合金产品制造”的炼铝及铝制品加工主导产业，同时综合利用工业废渣，大力发展建材耐火材料、陶瓷等辅助产业，积极打造生态循环铝工业示范基地。 【设问】 1. 讨论促使贵州铝厂搬出白云区的主要原因。 2. 说明在清镇市工业园区建造铝厂的优势条件。 【评价】对学生的回答进行表现性评价。 【板书】区位因素不断发展变化 【归纳】影响工业区位的因素并不是一成不变的，随着社会经济的发展、科学技术水平的提高和市场需求的变化，工业区位因素也在不断变化。	【观察】关注视频内容，了解探究情境。 【探究】完成“深入贵州铝厂”主题探究任务。 【思考】阅读图文资料，思考问题。 【发言】学生自由陈述观点。 结合材料，分析影响工业的区位因素。 1. 促使贵州铝厂搬出白云区的主要原因：①城市化发展，郊区变为市区，污染环境；②产业结构调整的需要。 2. 在清镇工业园区建造铝厂的优势条件：①临近铝土矿、煤炭、水能，原料和能源丰富；②交通便利；③可利用土地资源多；④政策支持；⑤市场广阔；⑥上下游企业协作能力好；⑦信息化水平的提高；⑧基础设施较为完善。	以贵州铝厂为例，增强学生的民族自豪感和国家认同感。 通过问题的探讨，树立学生正确的人地协调观。理解在绿色发展的道路上，如何将青山矿山变成了金山银山。 培养学生学会用动态的视角看待事物的发展，认识影响工业区位的因素是不断变化的。

（续表）

教学环节	教师导学	学生活动	设计意图
新课教学——寻变化	【设问】哪些因素的影响逐渐减弱？哪些因素的影响日益增强？出现了哪些新的因素？ 【板书】环境质量、信息化水平、集聚 【设问】贵州铝厂搬迁后，原来的厂址可以用来做什么呢？ 【展示】展示贵州铝厂工业遗址文创产业园的设计图。 【归纳】过去60年的峥嵘岁月里，白云区因铝而生，因铝而兴，贵州铝厂是白云工业发展的时代记忆。如今，已从“一铝独大”的传统工业区蜕变成产业结构“多点开花”的大数据生态区。 【讲解】讲解并布置课后任务。	【思考】思考逐渐减弱的因素、日益增强的因素和新的因素，并找出影响贵州铝厂“退城进园”的新的区位因素，进行简单的说明。 【分享】分享推进“退城进园”的工业区位因素：环境质量、信息化水平、集聚…… 【活动】请与同桌交流。（请两位同学谈谈自己的想法。） 【观察】从设计图中了解贵州铝厂搬迁后，对工业遗产的保护开发：改造成公园、工业景观，发展旅游业等。 【调查】以小组为单位，调查学校所在地主要工厂的布局特点及其主要影响因素。	帮助学生树立正确的人地协调观，同时认识到工业遗产是人类优秀的文化成果，在城市现代化建设的同时，对工业遗产的保护是我们共同的责任。 培养学生运用地理知识解决地理问题的学以致用的精神。
小结	同学们，本节课主要学习了工业区位因素，我们一起对贵州铝厂的区位因素进行了分析，事实证明择优选择工业的区位，才能推动贵州铝厂从传统工业迈向现代工业，铝厂工业化大生产又带动了区域经济持续健康地发展。贵州铝厂的完美蜕变，为贵州工业强省提供了一个极佳的示范，贡献了智慧。作为青年一代的我们更要积极响应习近平总书记在中国共产党第二十次全国代表大会上的号召，“敢于有梦、勇于追梦、勤于圆梦”，为全面建设社会主义现代化国家、全面推进中华民族伟大复兴而奋斗。		
板书设计	**第二节 工业区位因素与工业布局** 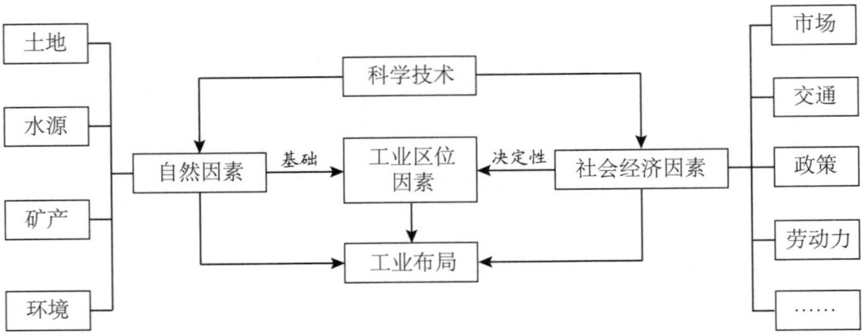 土地、水源、矿产、环境 → 自然因素 科学技术 → 自然因素；科学技术 → 社会经济因素 自然因素 —基础→ 工业区位因素 ←决定性— 社会经济因素 市场、交通、政策、劳动力、…… → 社会经济因素 自然因素 → 工业布局；工业区位因素 → 工业布局；社会经济因素 → 工业布局		

◎ 作业设计

（2022 年 7 月贵州省学业水平考试）石墨烯是已知世界上最薄、最硬的材料。被誉为“黑金”“新材料之王”，广泛应用于电子产品、新能源电池、航空航天、医疗等领域。我国江苏常州大力发展石墨烯产业。目前，以石墨烯为代表的新型碳材料产业集群跻身国家先进制造业集群，“世界石墨烯看中国，中国石墨烯看常州”。完成 1~2 题。

1. 影响常州石墨烯产业发展的主要因素是（　　）。

A. 交通　　B. 技术　　C. 劳动力　　D. 市场

2. 与石墨烯材料相关的多家企业在江苏常州某地发生集聚，是为了（　　）。

①加强企业间技术协作　　②共同利用基础设施

③集中处理全部污染物　　④降低生产建设成本

A. ①②③　　B. ①②④　　C. ①③④　　D. ②③④

【参考答案】

1.B　　2.B

◎ 教学反思

亮点：1. 关注家国情怀。以“贵州铝厂”为主题，以其发展历程为主线，以分析贵州铝厂落户白云区的条件和贵州铝厂“退城进园”的区位变化为探究情境，让学生感悟社会经济的发展、科学技术的提高会使影响工业的区位因素发生变化，同时落实本节教学的重难点。2. 关注学生主体。研读课标、教材，分析学情，收集主题素材，设计问题链并贯穿教学始终，培养学生的综合思维能力及小组的合作能力。

不足：由于课堂时空有限，很难将研究对象及其发展讲清楚。因考虑教学对象是高一的学生，他们所储备的地理知识和解决地理问题的能力有限，所以在处理区位条件分析的内容方面，主要由教师提供材料，学生只是粗浅地提取有用信息。

再教设计：发挥学生的主动性，收集和调查相关案例素材，在教师引导下，学生自主对工业区位进行分析，对图文材料编辑的能力需要提升。

点评

本节的主要教学目标是让学生结合实例说明工业的区位因素。通过实物展示、播放视频，拉近了学生与工业的距离。以“贵州某铝厂发展历程及搬迁”为案例，让学生在真实情境中发现问题、提出问题，并通过自主学习、合作探究，提升学生分析和解决问题的能力。问题的设置依托情境，围绕教学的核心内容，注重知识的内在关联，利于学生发现未知，符合学生的认知规律。问题整合形成可操作的学习链，层层深入，给学生提供了探究的空间，利于学生创造性地解决问题。对“知识结构化、结构问题化、问题情境化、情境生活化”进行了有益尝试，符合新课程理念。

点评：张慧（原贵州省高中地理教研员）

三、乡土地理教学资源

◎ 贵州北极熊：饮用水行业第一个“贵州省名牌产品”

贵州北极熊实业有限公司成立于1997年，总部位于贵州省贵阳市，桶装饮用水市场占有率在50%以上。长寿泉是其水源地，位于距市中心约17千米的花溪区。花溪区全区以山地和丘陵为主，地处长江、珠江分水岭和南明河上游，森林覆盖率达到63%，是生态区和贵阳市的重要水源保护区。水源来自深达200余米始于侏罗纪至第三纪晚期喜马拉雅造山运动形成的砂砾岩层中。此水清澈甘甜，水量充沛，水中富含偏硅酸、锶、锌、锂、硒等多种对身体有益的矿物元素，其中锶的含量高达0.20—4.5 mg/L，远远超过GB 8537—2018饮用天然矿泉水标准。

第三节　服务业的区位选择

教学设计：杨成琴　雷　灿

服务业是继农业和工业的又一大产业，是一种非实物性的产业，是国民经济的主要部分，在当前我国国民经济构成中占比较大，且比重正在逐渐提高。它是促进我国经济发展的主要动能之一，其发展水平是衡量现代社会经济发达程度的重要标志。服务业行业数量众多，但总体上有三种，生产性服务业、生活性服务业和公共服务业。在不同的地区，服务业区位选择也有不同，而且随着经济社会的发展，影响服务业区位选择的各种因素也会变化。

一、内容研读

◎ 内容要求

【2.5】结合实例，说明服务业的区位因素。

◎ 认知内容

课标 2.5 的行为动词为“说明”，对学生的能力要求较高，要达到理解的程度，需要能够说出影响服务业的区位因素，阐明这些影响因素如何影响区位选择，需要学生运用综合思维能力解决问题。

虽然学生比较熟悉“服务业”，但是服务业涵盖范围广，学生不一定能完整了解，可能会局限于生活中常见的服务业。服务业还有与生产、商务等有关系的行业，所以需要将服务业的定义和分类界定清楚。

课标要求“结合实例”，所以本节课可以分别从某一类服务业入手，选择合适的案例进行区位因素分析，借助这一类服务业延伸到其他服务业，进而了解服务业区位因素的变化。

根据内容要求和各版本教材的情况，学生通过本节的学习应主要掌握以下知识：

1. 服务业的分类；
2. 服务业的区位因素；
3. 服务业区位因素的变化。

◎ 教材对比

贵州省高中地理教学所使用的教材主要为人教版和湘教版，针对这两个版本的教材，可以从下列角度进行对比分析，详见表 3-11 和表 3-12。

表 3-11 人教版、湘教版教材“服务业的区位选择”内容结构对比

教材版本	人教版	湘教版
内容页数	6 页	10 页
所属章节	第三章第三节 （服务业区位因素及其变化）	第三章第三节 （服务业的区位选择）
内容模块	一、服务业区位因素 二、服务业区位因素变化	一、服务业概述 二、生产性服务业——以金融服务业为例 三、生活性服务业——以商业服务业为例
图表数量	图片 9 幅 表格 1 张	图片 8 幅 表格 4 张
活动与材料数量	活动（探究）2 个 阅读（案例）0 个	活动（探究）6 个 阅读（案例）4 个

从知识结构来看，只有湘教版教材有“服务业概述”这一内容模块，人教版教材选择在第一部分“服务业区位因素”中阐述服务业的概念、特征以及分类；只有人教版教材明确讲述了“服务业区位因素变化”。

从内容编写来看，湘教版教材通过案例式探究归纳服务业的区位因素，两个案例分别是：以金融服务业为例探究生产性服务业的区位因素，以商业服务业为例探究生活性服务业的区位因素。与湘教版教材相比，人教版教材对该部分的知识内容表达更为简洁，直观呈现了课标要求的内容。

从服务业区位因素的阐述来看，湘教版教材按类型进行服务业区位因素的阐述，例如生产性服务业选择大城市，主要是由于大城市具有地理位置、基础设施、科技、经济、制度与环境、人才和市场等区位优势；商业服务业与交通、市场、行政等因素密切相关。人教版教材直接列举了不同的区位因素，市场、交通运输、劳动力、政策、集聚、历史文化等，讲述商业性服务业的区位因素。影响因素因为区位主体不同而存在差异。

表 3–12　人教版、湘教版教材“服务业的区位选择”主要插图对比

教材版本	人教版	湘教版
主要插图	图 3.26　手机购物 图 3.27　商业性服务业的主要区位因素 图 3.28　陕西省西安市钟楼十字街路口 图 3.29　交通干道旁的大型购物商城 图 3.30　大型购物商城 图 3.31　上海浦东陆家嘴金融贸易区 图 3.32　某文化创意园内部景观 图 3.33　某物流公司快递分拣场景 图 3.34　食品外卖配送流程示意	图 3-30　网络购物流程示意 图 3-31　世界主要金融中心分布 图 3-32　世界主要金融中心交易时间 图 3-33　六边形中心地等级体系 图 3-34　北京主要商业中心的演变 图 3-35　2010 年北京主要商圈分布示意 图 3-36　2017 年北京地铁线路示意 图 3-37　O2O 电子商务示意

图表是地理知识内容的主要载体。从主要插图来看，湘教版与人教版教材插图数量相当，并且都以网购作为课程的引入。湘教版教材主要以呈现世界主要金融中心探究生产性服务业的区位因素，同时以中心地等级体系和北京商业中心的演变来探究生产性服务业的区位因素。人教版教材的图表则直观地呈现了服务业的各种区位因素。

◎ 教学建议

从湘教版教材的单元结构来看，本节内容是继学习农业和工业的区位选择之后，对服务业的区位选择进行深入探究，三节内容的关系既有并列，又有递进。

教材内容紧扣课程内容，案例选择贴近学生生活和现代社会实际，但因其分类较多、部门繁杂，知识处理具有一定难度。在教学中建议采用案例式知识设计，通过金融业或科技服务业案例探究生产性服务业的区位因素，通过大家熟知的商业性案例服务业探究生活性服务业的区位因素。结合新课程教学理念，紧扣学生知识获得效度，将教学重心落在结合实例说明服务业的区位因素。

本节内容的教学，建议多使用多媒体课件和视频等素材，结合实地考察，可以让学生更好地了解服务业时间和空间尺度的变化，有助于分析服务业的区位因素。

建议本节内容的教学使用 1 课时。

二、教学设计案例一[①]

◎ 学情分析

认知基础：此时的高一学生对城市空间结构有了一定的认识，并且已经在前两节农业和工业的区位选择学习中，对区位因素有了基本的认识。学生通过前面两节的学习掌握了应用区位因素进行分析的方法，但知识迁移的能力有待进一步加强。

不足条件：关于服务业的概念和分类，这部分内容理论性较强，学生生活经验较少；关于服务业的区位因素及变化，学生对生活性服务业有所了解，但对生产性服务业比较陌生。

◎ 教学目标

1. 结合资料，归纳服务业的概念与分类。
2. 结合实例，说出服务业的区位因素。
3. 结合实例，说明服务业区位因素的变化。

◎ 重点难点

1. 教学重点：服务业的区位因素。
2. 教学难点：服务业区位因素及变化。

◎ 教学方法

案例探究法，自主学习法，小组合作法。

◎ 教学资源

多媒体课件，教学视频，图文资料，导学案等。

---

①本案例为2022年5月贵阳市公开课课例，授课教师：杨成琴（贵阳市第四十中学）。

◎ 教学过程

“服务业的区位选择”教学过程设计案例一详见表 3–13。

表 3–13 “服务业的区位选择”教学过程设计案例一

教学环节	教师导学	学生活动	设计意图
情境导入	【展示】展示中国 2010—2019 年三大产业构成统计图。 【问题】中国三大产业的构成呈什么变化趋势？ 【小结】服务业是国民经济的重要组成部分，其发展水平是衡量现代社会经济发达程度的重要标志。由此可见，我们已经进入服务经济时代。	【识图并回答】中国三大产业构成的变化趋势：1. 第一产业比重总体偏低，并且在近十年还出现了略微下降的趋势。2. 第二产业在最初的比重最大，在这十年陆续下降。3. 第三产业比重逐年上升。在 2012 年超过了第二产业的比重，在 2015 年超过了 50%。	数据对比，发现规律，导入“服务经济时代”的概念，进行新课学习。
知识链接	【展示】展示服务业景观示例图片：银行、便利店、学校等。 【提问】 1. 什么是服务业？ 2. 一般情况下，服务业是怎样分类的？ 【扩展】根据服务的商业性质来划分，生活性服务业和生产性服务业属于商业服务业，公共服务业属于非商业服务业。	【回答】 1. 服务业即为社会生活和生产服务的产业。 2. 服务业可划分为三类。第一类为生活性服务业：直接向居民提供物质和精神生活消费产品及服务的行业。第二类为生产性服务业：为生产、商务等活动提供服务的行业。第三类为公共服务业：政府或公共组织为服务社会大众而提供的产品或服务。	知识统领，强化概念；多版本教材整合，培养综合思维。
环节一：生活性服务业区位因素案例分析	【提问】同学们，你们接触过哪些生活性服务业？ 【引入】这些生活性服务业的区位选址是有要求的，接下来我们选择大家熟知的案例探究生活性服务业的区位因素。	【回答】服务业让我们的生活更美好。获得过大型购物商场和便利店、住宿、餐饮、KTV 等服务行业的服务。	以家乡十分有名的商圈为素材，探究服务业的区位因素，结合学生身边的例子，不但可以弱化学生对学习新知识的陌生感，感受到服务业就在我们身边，还能借此熟识生活性服务业区位因素，强化综合思维、区域认知、地理实践力。
	【展示】材料一：喷水池商圈是贵阳市形成最早的商圈之一，位于贵阳市的中心地带，地铁 1 号线和 2 号线在此交会，三十多条公交线路贯穿于此。整个商圈以喷水池为中心，以中华路商业街、延安路商业街道为轴线向外辐射，聚集了零售、餐饮、娱乐、金融、住宿等服务业，吸引了大量的人流。		

（续表）

<table>
<tr><th>教学环节</th><th>教师导学</th><th>学生活动</th><th>设计意图</th></tr>
<tr><td>环节一：生活性服务业区位因素案例分析</td><td>【展示】展示贵阳市喷水池商圈图（局部）。
【搜索】列举喷水池商圈内的主要服务行业。
【思考】说明这些服务业选址喷水池的原因。
【展示】展示大型购物商场和便利店景观图。
【提问】大型购物商场和便利店在区位选择上有什么不同?
【归纳】展示：六边形中心地等级体系。从区域总体来看，高级中心地的服务职能覆盖低级中心地的服务职能。服务等级越高，服务范围越广，同等级的数量越少。</td><td>【寻找】寻找喷水池周边的零售、住宿、餐饮、娱乐、银行等服务业。
【分析】喷水池商业服务业的区位条件：
交通便利：中华路、延安路、轨道交通 1 号线与 2 号线交会于此。
市场广阔：大批量的人流和客流。
集聚效应：有众多购物中心集聚在此。
历史久远：是贵阳市形成最早的商圈之一。
【回答】大型商场：人们光顾的频次低，营利所需的顾客数量多，需选择在服务范围较广的市中心或区域中心。便利店：人们光顾的频次高，盈利所需的顾客数量少，一般分散在居民区。</td><td></td></tr>
<tr><td rowspan="2">环节二：生产性服务业区位因素案例分析</td><td>【提问】同学们，你们是否能说出一些生产性服务业的例子呢?
【引入】这些生产性服务业在发展过程中又受到了哪些区位因素的影响呢？接下来我们选择一个案例进行探究。</td><td>【回答】银行、保险、物流、科技、信息、商务等。</td><td rowspan="2">用我国比较成熟的中关村科技园生产性服务作为案例，不但能培养学生对生产性服务业区位分析的能力，强化综合思维、区域认知、地理实践力，还能使学生了解我国服务业的发展现状，树立学生的家国情怀。</td></tr>
<tr><td colspan="2">【展示】材料二：中关村科技园，是中国第一个国家级高新技术产业开发区。1988 年 5 月，国务院批准成立了北京市高新技术产业开发试验区。已聚集以百度、联想为代表的高新技术企业近两万家。中关村自 2012 年起，不断完善政府资金与社会资金、产业资本与金融资本。
中关村的技术交易额达到全国的三分之一以上，其中 80% 以上输出到北京市以外的地区。园区覆盖了北京市科技、智力、人才和信息资源最为密集的区域，以中国科学院为代表的各级各类科研机构有 213 家，拥有以北京大学、清华大学为代表的高等院校近 41 所。
中关村科技园管委会致力于园区的基础建设，加速建设中国科学院科学城、北大科技园和清华科技园等。</td></tr>
</table>

（续表）

<table>
<tr><th>教学环节</th><th>教师导学</th><th>学生活动</th><th>设计意图</th></tr>
<tr><td>环节二：生产性服务业区位因素案例分析</td><td>【讲解】中关村科技园区是我国科教智力和人才资源最为密集的区域。习近平总书记指出，中关村已经成为中国创新发展的一面旗帜，面向未来，要加快向具有全球影响力的科技创新中心进军。
【提问】分小组讨论：百度、联想等企业纷纷选址中关村科技园的原因。
【归纳】与科技服务业的区位选择相似，金融、信息、商务等生产性服务业也往往选择在大城市。
【归纳】服务业的主要区位因素。
【思考】除了这些区位因素，还有哪些因素影响服务业的区位选择呢？
【小结】服务业的区位选择受自然因素的影响较小，大部分服务业主要受到人文因素的影响。</td><td>【分析】百度、联想等企业集聚在中关村的原因有：
市场：需求量大，市场广阔。
交通：地理位置优越，交通便利。
劳动力：众多的高素质专业人才。
科技：科研机构多，科技力量雄厚。
政策：国家政策的支持。
资本：资本充足。
集聚：高新技术企业集聚多。
通信：信息网络通达，基础设施完善。
【整理】服务业的主要区位因素：市场、交通运输、劳动力、政策法规、集聚、历史文化等。
【回答】还有科技、政策、基础设施、资本、通信等区位因素。</td><td></td></tr>
<tr><td rowspan="2">环节三：服务业区位因素的变化</td><td>【引入】以前人们都在实体店购物，如今，人们还可以通过电脑、手机等电子设备随时随地进行网上购物。
【提问】同学们有过网购的经历吗？除网购外，利用互联网还能获得哪些服务？
【承转】大家获得的这些服务都是服务经济时代发展的产物。接下来，我们一起来探究服务业区位因素的变化。</td><td>【回答】网购服装、书籍、学习用具等。利用互联网还能获得快递送餐、共享单车等服务。</td><td rowspan="2">新时代的学生，能够快速接受新事物，以O2O电商新型模式为案例开展教学，既贴近学生的认知，又能激发学生的兴趣。</td></tr>
<tr><td colspan="2">【展示】材料三（湘教版教材第80页阅读材料）：电子商务改变商业模式。O2O（Online To Offline）是电子商务的一种新型模式，O2O电子商务即商家通过免费开网店，将商家信息、商品信息等展现给消费者，消费者通过线上筛选服务，线下比较和体验后有选择地消费，这样既满足了消费者个性化的需求，也节约了消费者的费用。</td></tr>
</table>

（续表）

教学环节	教师导学	学生活动	设计意图
环节三：服务业区位因素的变化	【提问】我们知道，服务时代的变革中，各种O2O模式层出不穷，如：上门送餐、超市配送生鲜、网络约车等。同学们，为何O2O模式越来越受到人们青睐？ 【播放】播放视频片段《辉煌中国》。 【提问】现代服务业的区位选择发生了什么变化？ 【讲解】中国快递业的智能分拣工作中，大数据设备可以更高效地分拣、装箱和配送包裹。科技大大地提高了工作效率，不仅快速深刻地改变了中国人的生活方式，更为企业插上了腾飞的翅膀。	【回答】一是节约时间：现在的人们生活节奏都很快，没有足够的时间和精力线下选购。二是选择面广：网购时，可以仔细对比款式、价格等。三是服务周到：如卖家服务态度好，快递服务到家等。 【欣赏】欣赏视频片段《辉煌中国》。 【回答】结合视频探究，思考回答：科技、通信、网络、劳动力素质等因素在逐渐增强，劳动力的数量在逐渐减弱，现代服务业更多地要求劳动力的素质。 【归纳】随着社会的不断进步，服务业的不断发展，以及服务群体需求的不断变化，服务业的区位因素也在不断地发生变化。	
	【展示】材料四：银海元隆广场，地处贵阳市核心地段北京路，扼守新老城区交通咽喉。曾因主销服装类商品一度陷入困境，经过3年时间的打磨升级，终于焕新开业再出发。银海元隆广场项目为贵阳核心区超大规模城市综合体，项目融合超市、餐饮、娱乐、购物、电影院、写字楼、星级酒店等多元化模式于一体。 材料五：板桥艺术村位于花溪田园大道，是国家AAA级旅游景区。20世纪60年代，几家从上海、天津等地支援“三线”建设的国有企业在此，遗留下大量机器设备、大烟囱、红厂房、涂鸦墙等，成为怀旧者的寻梦园、探索者的“富矿区”、娱乐者流连忘返的销魂地、艺术家交流与创作的精神家园。今天的板桥艺术村，聚集了学术基地、艺术机构、时尚店铺、特色餐厅及咖啡店等。		用身边的案例说明区位因素的变化，不但培养了学生的综合思维能力，还能使学生关心家乡事物的变化，更加热爱家乡。

（续表）

<table>
<tr><th>教学环节</th><th>教师导学</th><th>学生活动</th><th>设计意图</th></tr>
<tr><td>环节三：服务业区位因素的变化</td><td>【展示】展示银海元隆广场图片。
【提问】贵阳市银海元隆广场的再度兴起，目的是促进自身发展，满足更多消费者的需求。那么，银海元隆广场作为现代服务业，有哪些优势？是通过哪些方面进行完善的呢？
【展示】展示花溪板桥艺术村图片。
【提问】板桥艺术村将废旧厂房改变成了今天贵阳人休闲旅游的一个好地方，从哪些方面做出了努力？
【归纳】现代社会，服务业的发展日新月异。一方面，传统服务业结合现代技术不断改造和提升，如 O2O 电商模式；另一方面，一些新兴的服务行业不断涌现，如板桥艺术村的文化创意设计。</td><td>【分析】今天银海元隆广场的优势是服务项目增多，融合超市、餐饮、娱乐、购物、电影院、写字楼、星级酒店等多元化模式于一体，服务更完善。
它主要通过以下方面进行完善：基础设施的完善；加大了资金投入；服务项目的增多；知名度的扩大；等等。
【分析】板桥艺术村引进各种类型的创意产业，如摄影、艺术、学术、餐厅等，改造成为文化创意设计园区。创意改造使原本废弃的工厂变得生机盎然，再度体现了它的价值所在。</td><td></td></tr>
<tr><td rowspan="2">课堂小结</td><td>【小结】结合课件，梳理本节课知识点思维导图，主要从服务业的区位因素及变化进行课堂小结。</td><td>【师生】共同对本节课所学知识进行梳理和回顾。</td><td>强化大概念，进行知识主题总结。</td></tr>
<tr><td colspan="2">【作业布置】收集相关资料，分析上海建设国际金融中心的优势区位条件。</td><td>学以致用，知识强化。</td></tr>
<tr><td>板书设计</td><td colspan="3">第三节 服务业的区位选择

服务业的区位因素
市场　交通　劳动力　科技　政策　集聚　历史文化　基础设施　资本　通信
变化中</td></tr>
</table>

◎ 教学反思

亮点：1. 教材知识处理得当。对于本节内容，教材采用案例式知识设计，通过金融服务业探究生产性服务业的区位因素，通过商业服务业探究生活性服务业的区位因素，有利于学生进行知识迁移与创新生成。2. 利用情境创设，努力激发学生学习的兴趣。如展示“近十年中国三大产业构成统计图”、播放《辉煌中国：创新活力》视频等，创设情境，激发学生的学习兴趣。3. 利用图表分析，积极引导学生。通过产业分布图，使学生知道了服务业的重要性；通过服务业景观图，让学生快速认识服务业的分类；通过中关村和喷水池的景观和地图，使学生对案例的认识更深刻。4. 从家乡到国家的尺度，培养学生的空间概念。依据情境与问题的教学模式，参考人教版教材的“服务业的区位因素及变化”的设计主线，以案例探究为导向进行教学生成。在案例选择上，根据由家乡到中国再到家乡，从小尺度到大尺度再到小尺度，与学生忽近忽远的原则，精选了贵阳喷水池商圈、中国的中关村科技园、O2O 新型电商模式、贵阳银海元隆广场及花溪板桥艺术村等素材，让学生既胸怀祖国又热爱家乡，强化课程思政与核心素养。5. 采用案例探究式学习方法，以学生为主体。主要采用案例探究式学习方法，分别对贵阳喷水池商圈、北京中关村的科技服务业进行区位因素的探究，对 O2O 新型电商模式以及贵阳银海元隆广场进行区位因素发展变化的探究。学生在探究中可以有思想的火花碰撞，培养了学生动脑思考的能力，同时也培养了学生合作探究的能力，还逐步培养了学生的综合思维能力。

不足：课堂活动环节较为单一，未能更好地激发学生的学习积极性；未进行服务业的实践探究，对学生地理实践力的培养稍有欠缺；在调动学生学习积极性方面也略有欠缺。

再教设计：两种商业性服务业探究的课堂活动设计需要多样化，使课堂活动效果更优。找准学生兴趣点，努力调动学生的积极性。

三、教学设计案例二①

◎ 学情分析

认知基础：学生在第二章“城市空间结构”的学习中了解过区位的概念，在“农业”和“工业”部分学习了区位因素和区位选择的方法。从知识内容上来看，学生在生活中能够接触生活性服务业，能够分辨服务业与工农业的区别，身边也会有很多从事服务业的人，体验过服务业提供的服务，所以学生对服务业更了解。这可以降低学生学习的难度，提高学生学习的兴趣。

不足条件：服务业与工业、农业相比，行业众多，区位选择灵活多变，需要教师进行引导和强化。

---

①本案例为2022年5月贵阳市公开课课例，授课教师：雷灿（贵阳市清华中学）。

◎ 教学目标

1. 调查学校附近的服务业，能说出服务业的概念，并进行分类。

2. 结合花溪区商业服务业发展的案例，说明影响服务业区位选择的因素。

3. 结合资料，说明服务业区位因素的变化。

◎ 重点难点

1. 教学重点：服务业区位选择的影响因素。

2. 教学难点：服务业区位选择的影响因素及其变化。

◎ 教学方法

实地调查法，对花溪区十字街附近商业服务业的情况进行调查，培养学生的实践能力；案例教学法，以十字街商业服务业的发展为案例进行教学。

◎ 教学资源

湘教版教材，多媒体课件，花溪区十字街商圈服务业调查表。

◎ 教学过程

“服务业的区位选择”教学过程设计案例二详见表 3–14。

表 3–14 “服务业的区位选择”教学过程设计案例二

教学环节	教师活动	学生活动	设计意图
教学导入	【问题】同学们，你们周末的休闲方式有哪些？ 【讲解】同学们日常生活所涉及的这些衣食住行游购与我们今天学习的主题服务业相关。服务业指为社会生产和生活提供服务的产业。 【展示】展示我国 2021 年三大产业增加值占国内生产总值比重饼状图。 【提问】读图，说出服务业在国民经济中处于什么地位？ 【过渡】服务业发展水平是衡量现代社会经济发达程度的重要标志。在课前已经安排了各小组开展调查活动，本节课请各小组应用调查材料展示调查成果。	【回答】看电影，逛街，吃美食，点外卖，网络购物，刷视频网站…… 【回答】从图表中可以看出服务业增加值占了国内生产总值的 53.3%。服务业在国民经济中属于重要组成部分。	提问导入，用生活中的服务业导入，拉近与学生的距离。用直观的饼状图说明服务业的重要性。

（续表）

教学环节	教师活动	学生活动	设计意图
新课教学——服务业的区位选择影响因素	【展示】第一组、第二组在课前针对十字街清溪路和民主路的服务业行业进行了调查，请针对问题 1 和问题 2 进行汇报。 【提问】 1. 花溪区十字街商圈内有哪些服务行业? 2. 将这些服务行业进行归类，说明归类理由。 【补充】我们还可以根据服务的商业性质将生活性服务业和生产性服务业归为商业性服务业，将公共服务业归为非商业性服务业。 【展示】展示花溪区十字街商圈附近交通图。 【提问】 3. 结合材料，说明这些店铺选址在花溪十字街商圈的原因。 4. 除了这些因素，可能还有哪些因素影响服务业的区位选择? 【补充】公共服务业受政府或者公共组织的影响大，以宏观调控为主，以均衡化为主要原则，受其他因素影响小。 【展示】课前，第三组对花溪区十字街商圈附近的综合性商场万宜广场进行了调查，第四组对十字街商圈附近小区的便利店进行了调查。请针对两类商业中心的服务种类、级别、范围、人流量等情况进行汇报，并思考如下问题。 【问题】 1. 万宜广场的集聚效应会给商家带来哪些利弊? 2. 结合教材六边形中心地理论知识，列表从以下角度比较综合商场和便利店的差异：商品和服务总类、服务级别、服务范围、维持商业经营所需的人流量、同一区域商业网点数量。	【展示】展示小组调查图。 【回答】 1. 餐饮业（小吃、奶茶、火锅等），商店（便利店、服装店、鞋店、饰品店等），酒店，娱乐（健身房、KTV、电影院等），大型综合商场，银行，学校等。 2. 这些服务行业可以分为三类：生活性服务业（直接向居民提供物质和精神生活消费产品及服务），生产性服务业（为生产、商务等活动提供服务），公共服务业（政府或公共组织为服务社会大众提供的产品或服务）。 【回答】讨论回答影响服务业区位选择的因素：市场（人流量）、交通条件、集聚、地价、劳动力、政策法规、历史文化以及居民生活和消费习惯等其他因素。自然因素、科学技术等。 【展示】万宜广场调查组和便利店调查组分别分享对两类商业的服务种类、级别、范围、人流量等的调查结果。 【回答】 1. 利：不同商家可以共享基础设施，降低交易成本，获取信息，彼此带动，扩大知名度和影响力。减少消费者的交通费用，最大限度地吸引消费者，提高经济效益。弊：形成竞争。 2. 不同等级的商业服务业的特点：商业中心等级越高，服务种类越多，服务级别越高，服务范围越广，维持商业经营所需人流量越多，商业网点数量越多，且高等级商业中心的服务职能覆盖低等级商业中心。	通过学生调查情况掌握服务业的分类和服务业的特点。培养学生的区域认知能力和地理实践力。 通过活动让学生分析服务业的区位因素，培养学生的综合思维能力。 对集聚效应的利弊分析，有利于培养学生的辩证思维。 对比的形式能让学生更清晰地理解不同等级商业服务业的特点，降低学习难度。

（续表）

教学环节	教师活动	学生活动	设计意图
新课教学——服务业区位选择影响因素的变化	【展示】材料二：2021 年花溪区社会消费零售总额完成情况表（部分）。 材料三：2009—2020 年 XX 网购平台“双十一”成交额统计情况图。 【提问】 1. 图示数据显示 2021 年花溪区商业社会的消费零售发生了什么变化？ 2.2009—2020 年，某网购平台“双十一”成交额统计数据发生了什么变化？ 3. 从以上两组数据推测，消费者的消费习惯会发生什么变化？为什么？ 4. 除了网络购物，还有哪些服务行业会受网络信息技术的影响而发生变化呢？ 【过渡】从同学们的答案可以看出，现代服务业区位选择的影响因素在不断变化。那么花溪区的这些实体店该何去何从？ 【角色扮演】请四个小组分别在综合大商场、餐饮店、服装店、小区便利店商家中，选择其中一种角色扮演。假如你是商家，在实体店销售额下降的情况下，你会选择如何拯救你的店铺？	【回答】 1. 比前一年下降。 2. 逐年上升。 3. 消费者实体消费减少，但是网络购物变多。因为网购可以节约时间，扩大选择范围。 4. 远程教学、现代物流、网络约车、远程医疗、文化创意、游戏娱乐、健康养老、软件服务、科技咨询等。 【发言】 综合大商场：可以走实体店和网店相结合的路线，且不局限于商店；还可以引进不同类型的店铺，例如培训机构、儿童乐园等。 餐饮店：利用外卖平台开展线上销售。 服装店：开展直播带货，迁到地价便宜的地方等。 小区便利店：开展小区团购模式。	通过阅读材料对比线下与线上销售的差别，说明区位因素的变化，锻炼学生的综合思维能力。现代服务业的崛起正处于“00 后”的时代，这是学生能理解、能感受的现实，影响服务业的区位因素随着时代变化发生变化，服务业的区位选择是灵活多变的。
课堂小结	【视频】播放花溪区十字街开街宣传视频。 【结语】作为商业街的十字街也在寻求突破和改变，进行创意开发，变成旅游文化商业步行街。花溪区服务业的发展和变化告诉我们：服务业的区位选择是灵活的，影响服务业的区位因素也是不断变化的。	【观看】观看视频，感受花溪十字街商业服务业的变化。	通过视频让学生感受花溪商业服务业的变化，唤起学生对家乡的热爱，培养学生的人地协调观。

（续表）

教学环节	教师活动	学生活动	设计意图
板书设计	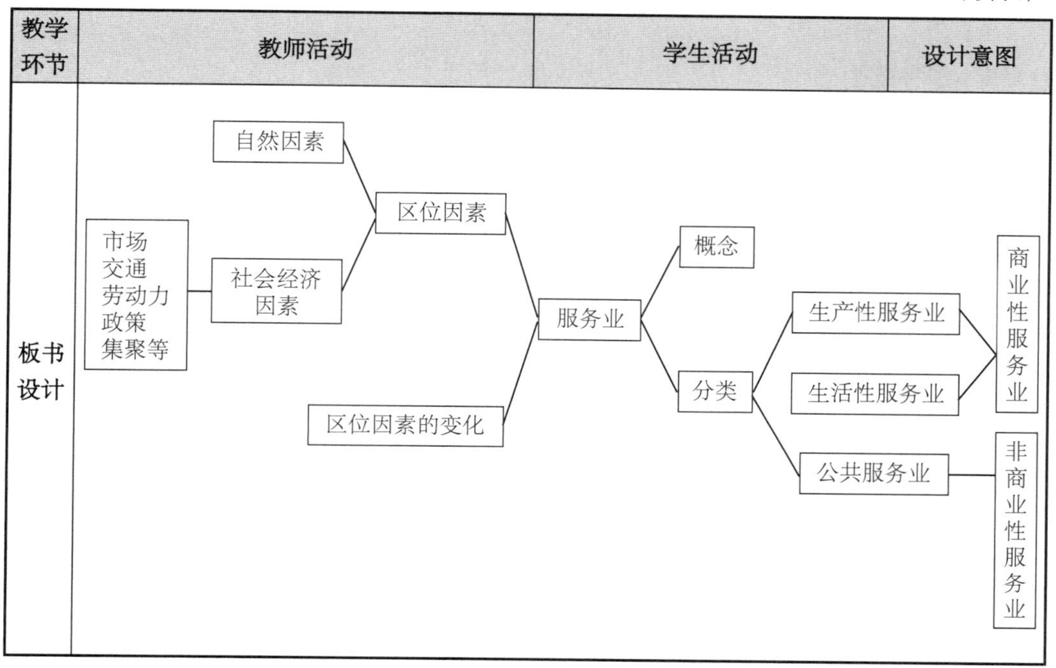		

◎ 作业设计

（2022年6月贵州省学业水平合格性考试）我国很多大城市都有一条著名的美食街，如重庆磁器口、武汉户部巷、成都宽窄巷子等。美食街的存在让繁华的都市平添几分烟火气息。据此完成1~2题。

1. 与小城镇相比，大城市能够支撑美食街发展的主要优势是（　　）。

A. 廉价的劳动力　　B. 庞大的人口规模

C. 优惠的政策扶持　　D. 闲置土地面积广

2. 餐饮业集聚于美食街，可以（　　）。

①共享基础设施　②扩大知名度　③减缓交通拥堵　④提高经济效益

A. ①②③　B. ①②④　C. ①③④　D. ②③④

成立于2001年的永辉超市，是中国500强企业之一，是中国大陆第一批将生鲜农产品引进现代超市的流通企业之一，被百姓誉为“民生超市、百姓永辉”。2010年10月，永辉超市贵州首家门店贵阳市世纪金源购物中心店隆重开业，标志着永辉正式启动黔北经济区扩张战略。截至2021年6月底，“永辉生活”线上购物App已覆盖近千家门店。据此完成3~4题。

3. 永辉超市在贵州首选贵阳的主要因素是（　　）。

A. 交通运输　B. 土地租金　C. 信息通达度　D. 区域购买力

4. 与普通便利店相比，永辉超市（　　）。

A. 服务种类比较少　　B. 门店数量比较多

C. 服务范围比较广　　D. 服务等级比较低

历时约20天，新丝绸之路上的中欧班列从宁波出发，到达M公司所在国家葡萄牙。M公司是世界某知名品牌服装生产和销售公司，被誉为快时尚中的代表。快时尚以“快、准、狠”为主要特征，模仿和吸收当前流行的元素和款式，吸引消费者，以创造更低库存、更多款式，最大限度地满足普通消费者需求为经营原则。图1示意M公司经营模式。据此完成5~6题。

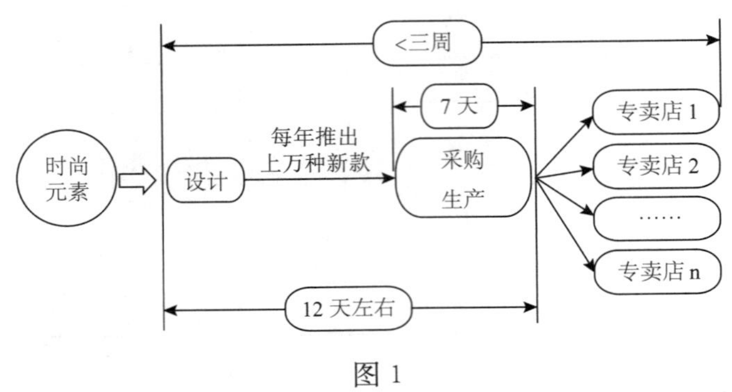

图1

5. 对M公司发展影响最重要的因素是（　　）。

A. 信息和物流　　B. 动力与原料　　C. 技术和人才　　D. 劳动力数量

6. 除更新换代速度快之外，M公司产品还具有的特点是（　　）。

A. 上乘的用料质量好　　B. 亲民的价格市场广

C. 批量的生产数量多　　D. 立足原创求新异

【参考答案】

1.B　　2.B　　3.D　　4.C　　5.A　　6.B

◎ 教学反思

备课难点：在备课的时候，对湘教版和人教版两个版本教材内容的取舍与整合是一件较难的事情。在教材处理上，我强化了服务业区位因素的变化，对湘教版教材中的中心地理论进行了简化处理，因为我认为这一节的重点不是中心地理论，这个知识可以在其他章节（例如城市部分）得到更好的体现。

乡土案例材料的搜集与运用也比较困难，要求学生搜集、运用身边熟悉的商业素材，这就意味着切入点较小。同时，还需要对材料进行加工处理，如果处理不好会使教学效果打折扣。

本节课强调用发展和变化的眼光看待服务业的区位因素，除了变化，没有什么是一成不变的，学生要能够具体问题具体分析。从学生身边的服务业出发，让学生亲自调查身边的服务业，这个教学环节可以锻炼学生的地理实践力。

不足之处：实践调查的设计比较简单，导致学生仅仅对服务业进行了粗浅的调查，与有深度的调查还有距离。

点评

服务业的区位因素是新课标增加的内容。本节选取了两个教学设计案例，是贵阳市2022年5月公开课中的同课异构课例。教学设计案例一：从学生身边熟悉的服务业实例引入，让学生感受到服务业与日常生活息息相关。采用案例探究法，选取乡土典型案例如“贵阳喷水池商圈”“贵阳板桥艺术村”“贵阳银海元隆广场”，并结合教材案例如“北京中关村科技园”“O2O模式”，引导学生围绕服务业区位因素进行深入分析。层次清晰，素材丰富。重视问题式教学，问题设置以学生的认知水平和知识基础为起点，设计了不同梯度的问题，符合学生的认知规律。重视图表分析，注重方法引导。教学设计案例二：从“调查所在学校附近商业中心”的活动展开，让学生感受身边的服务业及其区位因素，重在对学生地理实践力的培养。课堂教学以“贵阳花溪十字街和万宜广场”案例为主线，问题的设置围绕服务业的区位因素，引导学生理解原理，并尝试建立与问题相关的知识结构，学会分析实际生活中的问题，学以致用；注重培养学生收集和处理信息的能力，从图文材料中获取和解读地理信息的能力，重视培养学生的辩证思维能力。教学过程中鼓励学生合理表达自己的观点，符合新课程理念。

点评：张慧（原贵州省高中地理教研员）

四、乡土地理教学资源

◎ 贵州金融城

地处贵阳市观山湖区的贵州金融城，占地面积约200万平方米，总建筑面积约780万平方米，是在2012年国发2号文件等政策指导下，“引金入黔”战略的核心工程，也是推动贵州省金融业提速发展和将贵阳建设成为中国西部地区有重要影响力的区域性金融中心的切实载体，当前正朝着打造成为高级大数据金融中心加速前进。贵州金融城也是贵州省“十三五”重点打造项目。项目分为四期开发建设，包含中央商务区、银行核心区、商业中心区、后台服务区和配套住宅区“五区一体”的完善金融体系。地处贵阳市观山湖区长岭北路与金朱东路交会处，交通便捷，地理位置优越。贵州金融城项目已签约入驻单位为中国农业银行贵州省分行、中信银行贵阳分行、浦发银行贵阳分行、光大银行贵阳分行等银行。

◎ 贵阳市物流业规划总体布局

贵阳市物流业的发展格局是“一核两翼主枢纽、一环五射主通道、六区多中心全覆盖”。“一核”是贵阳改貌现代物流园和双龙航空港；“两翼”是贵阳综合保税区和扎佐商贸物流园；“一环”是贵阳绕城高速环线；“五射”，指通向成渝地区、北部湾、粤港澳、长三角地区、滇中地区；“六区”是贵阳市六个区。

贵阳市物流业以建设陆港型、空港型、生产服务型、商贸服务型国家物流枢纽布局和建设为统领，完善物流基础设施体系，建立物流通道和网络，连接贵阳产业，辐射目标市场，打造物流与产业聚集融合发展功能区，推动贵阳现代物流业发展。

第四章　“区域发展战略”教学研究与案例设计

内容研读：秦　江　王利亚

区域差异大，发展不平衡，是我国的基本国情。随着我国经济持续快速发展，我国的区域发展呈现出多样化的发展态势。为了促进区域协调发展，实现区域经济可持续发展，通过不断探索，党中央研究形成了新的区域发展总体战略。党的十九大报告对区域协调发展、城市群建设、陆海统筹、点轴开发、老少边穷地区建设等，都有前瞻性和科学性的精辟论述，并将区域、城乡、陆海等不同类型、不同功能的区域纳入国家战略层面统筹规划、整体部署，推动区域互动、城乡联动、陆海统筹，形成了东西南北纵横联动发展新格局。

湘教版必修二教材从人文地理要素的角度，分析人类各种社会经济活动与地理环境的关系，旨在帮助学生了解社会经济活动的空间特点，树立绿色发展、共同发展、人地协调发展的观念。教材第四章名为“区域发展战略”，内容分三节，涵盖了四条课标：2.6 结合实例，说明运输方式和交通布局与区域发展的关系；2.7 以国家某项重大发展战略为例，运用不同类型的专题地图，说明其地理背景；2.8 结合实例，说明我国海洋权益，海洋发展战略及其重要意义；2.9 运用资料，说明南海诸岛是中国领土的组成部分，钓鱼岛及其附属岛屿是中国的固有领土，中国对其拥有无可争辩的主权。

从总体上看，本章内容知识容量不大，学习的难度也不大，旨在让学生分析区域地理背景，了解区域发展的影响因素，明确区域发展的战略布局，为学生全面学习区域地理奠定基础。从地理核心素养的角度看，在教学活动中应突出地理区域认知、综合思维和地理实践力的培养，进行人地协调观的渗透，教材设置了阅读、探究、活动等模块，以培养学生自主、合作、探究多元化的学习方式。

在高中地理学业水平考试和地理核心素养培养目标下，本章要达到的目标如下：

1. 人地协调观：通过学习，认识到交通运输发展要与区域发展相适应，二者才能相互促进、协调发展，树立正确的人地协调观；能够从人地关系、区域联系的角度，分析某项重大发展战略在实施的过程中可能产生的生态环境问题；能够认识到海洋的战略意义，增强海洋保护意识。

2．综合思维：通过案例探究，了解某区域交通运输发展变化的原因，分析该区域交通运输发展布局与区域发展的关系，培养综合思维能力；能够运用不同类型的专题地图，分析长江经济带、京津冀协同发展战略的地理背景；结合实例，说明维护我国海洋权益的重要性。

3．区域认知：运用交通专题地图，了解某区域或某城市交通方式和布局的特点以及不同时期交通运输的发展变化，提升区域认知能力；能够说出长江经济带、京津冀的地理位置、范围，并认识其基本概况；运用资料，说明钓鱼岛及其附属岛屿是中国的固有领土，中国对其拥有无可争辩的主权。

4．地理实践力：通过实地调查，了解某区域或城市周边交通线或站点布局，并做出评价，设计改进方案，提升地理实践力；能够通过查阅或搜集相关资料，全面认识长江经济带、京津冀协同发展战略的基本概况，进而认识我国的宏观发展格局；通过网络、报刊书籍等方式查阅相关资料，交流我国新时期建设海洋强国的发展战略。

根据本章的教学目标，建议采用 8 个课时完成教学，其中第一节“交通运输与区域发展”2 个课时，第二节“我国区域发展战略”3 个课时，第三节“海洋权益与我国海洋发展战略”3 个课时，使学生能达到学业质量“水平 2”的要求。

第一节　交通运输与区域发展

教学设计：徐艺容　谭　朗

交通运输是区域发展的基础，交通运输对区域发展的促进作用主要表现在聚落发展和区域经济进步等方面。陆大道院士提出的“点轴理论”，很好地诠释了交通轴线与区域发展的相互关系。交通线对周围区域有很强的经济吸引力和凝聚力，能够推动社会经济的发展。区域发展之后会反过来促进交通运输方式和布局的优化与完善。

一、内容研读

◎ 内容要求

【2.6】结合实例，说明交通运输方式和交通布局与区域发展的关系。

◎ 认知内容

学生在本节将学习交通运输方式、交通运输布局的原则和影响因素、交通运输对区域发展的影响、区域发展对交通运输的影响。其中，交通运输与区域发展的相互促进、相互制约关系是本节的核心内容。通过本节的学习，学生能够比较主要交通运输方式的优缺点并结合具体情境选择适当的交通运输方式，结合实例说明交通运输点和线的布局原则，分析影响交通运输布局的因素，并结合典型案例说明交通运输方式和交通布局与区域发展之间的相互关系。

◎ 教材对比

本节主要针对人教版和湘教版这两个版本的教材进行对比分析，详见表 4−1 和表 4−2。

表 4−1　人教版、湘教版教材“交通运输与区域发展”内容结构对比

教材版本	人教版	湘教版
内容页数	15 页	8 页
所属章节	第四章第一、二节 （交通运输布局与区域发展）	第四章第一节 （交通运输与区域发展）
内容模块	一、区域发展对交通运输布局的影响 二、交通运输布局对区域发展的影响	一、交通运输方式和布局 二、交通运输对区域发展的影响
图表数量	图片 17 幅 表格 1 张	图片 11 幅 表格 2 张
活动与材料数量	活动（探究）2 个 阅读（案例）3 个	活动（探究）4 个 阅读（案例）2 个

人教版教材从人文地理要素的视角来安排内容，将交通运输作为单独的一章，与人口、城市、产业、环境等并列，且根据课程内容要求分为两节，清晰地阐明了区域发展与交通运输方式、交通布局的关系。教材中采用了更多的文本、图片等进行展示，并且多选取学生较为熟悉的案例，更加贴合学生的生活实际。湘教版教材从区域发展的视角来安排教学内容，“交通运输”被安排在第四章“区域发展”的第一节，侧重于把交通运输作为区域发展的一个组成要素。教材文本较为简练，采用更多的活动来促进学生深入思考，部分活动题难度较大。

图表是描述交通运输方式和布局与区域发展关系的良好方式。从插图上看，人教版教材插图较多，以区域的交通运输方式和交通布局示意图、景观图为主，包含国内外多个实例，有助于学生理解；湘教版教材插图相对较少，以交通线路分布图、区域交通运输方式和交通布局示意图为主，景观图较少。

表 4–2　人教版、湘教版教材“交通运输与区域发展”主要插图对比

教材版本	人教版	湘教版
主要插图	图 4.1　义乌机场航站楼 图 4.2　区域交通运输布局的一般原则 图 4.3　京沪高速铁路站点分布示意 图 4.4　上海虹桥综合交通枢纽平面示意 图 4.5　非洲铁路分布示意 图 4.6　青藏铁路的热棒 图 4.7　沪昆高速铁路贵州段景观 图 4.8　北京首都国际机场三号航站楼景观 图 4.9　吐鲁番附近的铁路线 图 4.10　京杭运河与扬州 图 4.11　广西凭祥交通位置示意 图 4.12　我国中长期铁路网规划示意 图 4.13　小村镇种植的大蒜 图 4.14　“一带一路”示意 图 4.15　新加坡在国家航海线路中的地理位置示意 图 4.16　新农村风貌——河南许昌鄢陵县前陈村 图 4.17　快速公交及其专用道	图 4.1　郑州交通网络分布 图 4.2　交通运输方式变革引起的时空压缩示意 图 4.3　我国 2016 年市辖区 300 万人口以上城市和主要交通线路分布 图 4.4　我国南方内河航线和主要内河港口城市分布 图 4.5　京沪高铁和京杭运河沿线城市分布 图 4.6　扬州瘦西湖 图 4.7　交通运输与区域经济发展的关系示意 图 4.8　陇海—兰新经济带 图 4.9　日本群岛高速公路分布 图 4.10　京杭运河与扬州 图 4.11　由东京至福冈（博多）不同交通方式随距离增加所占份额的变化

◎ 教学建议

本节知识环环相扣、紧密相连，建议从整体出发设计本节教学内容的教学策略。教师可整合多个版本教材的知识内容，梳理出完整的知识结构，再通过选取当地典型案例，根据真实情境创设学习问题，设计学习任务与活动，逐步完成教学目标。教学方法建议采用案例分析法，教师既可以运用各教材中扬州、石家庄、株洲等典型城市的案例进行教学，也可以收集乡土的交通运输发展案例。教师应重视地理实践力的培养，设计探究问题。如：人教版教材“问题探究：城市交通如何疏堵”，湘教版教材“调查本校所在城镇的东、南、西、北 4 个方向交通线路和站点的布局情况，设计合理的交通线路和站点布局方案”。如果有条件，建议教师组织学生开展社会调查活动，利用课余时间进行实地调查，收集资料来完成教材中的实践活动，以培养地理实践力。建议本节内容的教学使用 2 课时。

二、教学设计

◎ 学情分析

认知基础：对于交通运输，学生具备基本的生活经验，随着近年来贵州交

通运输的快速发展，学生可以直观感受到贵州交通发展对人们生产生活的影响。在教学过程中，教师可从学生熟悉的内容出发引出交通运输业的基本知识。学生结合生活经验和初中地理基础，能够简单描述交通运输方式的优缺点，并可以在不同场景中选择合适的交通运输方式。学生通过农业、工业及服务业的学习，掌握了区位理论的基本内涵及区位分析的基本方法，区域发展与交通运输之间的关系本质上仍是区位理论学习与应用的延续，学生能够在认知基础上进一步深化理解。

不足条件：学生虽然学习过交通运输，但由于大部分学生外出经历有限，可能对各运输方式的认知不够全面，对自身所处区域的交通运输布局不够熟悉，而且由于高一学生的区域认知能力、综合分析思维还处于发展中，对区域的整体认识比较缺乏，难以将区域各要素与交通运输建立联系，综合分析区域发展与交通运输之间的关系比较困难。

◎ 教学目标

1. 结合图文资料，分析区域交通运输方式和布局的变化，说出现代交通运输的发展趋势。

2. 结合案例及图文资料，分析影响区域交通运输布局的主要因素，说明区域交通运输布局的一般原则。

3. 结合案例，运用交通专题地图，分析区域交通运输方式和布局与区域经济发展、城市发展之间的关系，说明区域交通运输对区域发展的影响。

4. 通过实地调查、网络查询等方式，提升对家乡交通运输发展、经济发展的了解，厚植乡土情怀。

◎ 重点难点

1. 教学重点：区域交通运输方式和布局的发展变化及其对区域发展的影响。

2. 教学难点：分析影响区域交通运输布局的主要因素，理解区域经济发展过程中，以交通干线为主轴，以城市为依托，构建区域经济发展空间格局。

◎ 教学方法

案例教学法，合作探究法。

◎ 教学资源

多媒体课件，图片及视频。

◎ 教学过程

“交通运输方式”第 1 课时和第 2 课时教学过程设计详见表 4–3 和表 4–4。

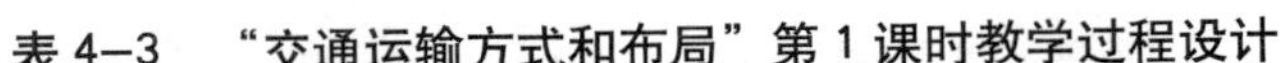
表 4–3 “交通运输方式和布局”第 1 课时教学过程设计

教学环节	教师导学	学生活动	设计意图
课堂导入	【提问】你如何理解交通运输的含义？你熟悉的交通运输方式有哪些？ 【展示】播放视频：《看十年：从 2 万座桥梁看贵州交通发展新路》。	【发言】结合问题观看视频，思考交通运输的含义和类型，简要总结贵州省十年来的交通发展成果。	通过视频创设情境，引入本课学习内容，使学生直观感受家乡的发展。
新知讲解	【讲解】结合学生的回答，从“空间位移”“点、线布局”等关键词讲解交通运输、交通运输布局的概念，讲解“航空、公路、铁路、水运、管道”五种交通运输方式及其特点。 【展示】展示船舶装载量变化示意图、综合交通运输网络示意图、交通运输方式变革引起的时空压缩示意图。 【设问】结合以上图片，联系生活，归纳现代交通运输的发展趋势。	【听讲】从“人和物的空间位移”“线路、站点布局”等理解交通运输及交通运输布局的概念，归纳现代主要交通运输方式及其特点。 【发言】结合图名、图例，提取各示意图的主要信息，归纳现代交通运输的发展趋势主要为高速化、大型化、专业化及网络化等。	通过教师讲解，促进学生理解核心概念。 运用图片直观展示现代交通运输的发展，学生通过读图归纳，锻炼信息提取能力及归纳能力。
自主探究	【讲解】结合图片及数据，简要讲述贵州省主要交通运输方式的发展历程。 【提问】过去十年，贵州省的交通运输方式和布局发生了哪些变化？ 【展示】展示贵州省高速公路分布图、贵州省高速铁路分布图。 【提问】贵州省高速公路、高速铁路的布局有何特点？	【发言】观察图片及数据中的运输方式及其变化特点，指出贵州省交通运输方式和布局的变化。 【发言】读分布图，从线路的长度、密度、走向等方面描述贵州省高速公路、高速铁路的布局特点。	结合真实事例、数据等，直观感受贵州交通运输方式和布局的变化。 通过读图分析，促进学生掌握描述地理事物空间布局特点的方法。
课堂小结	【总结】交通运输方式和布局具有很强的空间集聚性。现代运输方式及其形成的交通运输网络，提高了运量、运速，降低了运输成本，缩短了交通时间，增强了原材料、产品和人口的流动性。	【听讲】现代交通运输方式和布局的特点，现代运输方式的变化及交通运输网络的形成所带来的影响。	通过教师讲解，促进学生理解现代交通运输方式和布局的发展及意义。
课堂承转	【提问】贵州省的交通运输布局受到了哪些因素的影响？	【思考】思考影响贵州省交通运输布局的因素。	承上启下，通过设问引导学生思考。

（续表）

教学环节	教师导学	学生活动	设计意图
合作探究	【展示】播放视频：《坐着高铁看中国——贵广高速铁路》。 【组织活动】将学生分为三个学习小组：需求论证组、线路规划组、工程考察组，结合有关贵广高速铁路的文字材料，贵广高速铁路站点分布图，我国南方地区矿产、城市及铁路分布图，我国南方地区地形图等资料，各组分别围绕“为什么修？如何布局？能不能修？”三个核心问题展开小组合作探究。	【观看】观看视频，了解贵广高速铁路的基本信息。 【探究】结合材料，各小组围绕以下问题展开思考及讨论：①分析贵州、广东、广西三省修建贵广高速铁路的原因。②贵广高速铁路在进行线路布局时需要考虑哪些因素？③在修建贵广高速铁路的过程中可能会遇到哪些自然障碍？如何克服？	以贵广高铁为例探究影响交通运输布局的区位因素。 以小组合作的形式开展自主探究，结合文字材料，针对问题进行具体分析，锻炼学生提取、归纳、解读及表达信息的能力，培养学生的综合思维。
课堂展示	【评价】倾听各小组的讨论成果，组织其他小组对各发言小组的成果进行评价及补充完善。	【发言】某一小组展示讨论成果，其他小组倾听及补充完善。	采取学生互评的方式，促进学生积极思考、充分讨论。
课堂小结	【提问】通过对以上三个问题的探究，影响区域交通运输布局的因素主要有哪些？ 【总结】区域交通运输布局要根据经济、社会发展的需要，立足于现有的经济水平和技术等条件，考虑地质、地貌、气候、水文等自然条件的影响，做到因地制宜。	【归纳】主要有地形、地质、气候等自然因素，以及区域运输需求、科技水平、资金等社会经济因素。 【听讲】认真听区域交通运输布局考虑的主要因素，体会因地制宜的交通运输布局原则。	通过对交通区位因素的归纳总结，促进学生梳理知识体系，提升对交通运输区位的理解，培养要素综合的思维。
课堂承转	【讲述】曾经的贵州“连峰际天，飞鸟不通”，十年间，贵州在一座座高桥和隧道的连通下，已经山地变平原，天堑变通途。 【承转】这十年，全国的交通运输有何变化呢？	【听讲】通过教师的讲述，感受贵州省的交通运输变化，思考全国交通运输的发展和变化。	从贵州过渡到全国，通过区域尺度的扩大，拓宽视野，培养家国情怀。
自主探究	【展示】播放视频：《这十年——流动的中国》（片段）。展示我国2016年市辖区300万人口以上城市和主要交通线路分布图。 【设问】从交通运输线的长度、密度等方面，分析我国东西部交通运输方式和布局差异的原因。	【观察、探究】从交通运输方式，交通运输线的长度、密度等，解读视频及分布图，描述我国东西部交通运输方式和布局的差异，并结合我国人口与城市分布图、地形分布图等，从自然及社会经济因素出发分析原因。	学生结合所学的知识与方法，对更大尺度区域的交通运输布局特点及差异进行自主探究，促进自主思考，学以致用。

（续表）

教学环节	教师导学	学生活动	设计意图
课堂展示	【组织学生发言、评价】组织学生自主展示，组织其他学生倾听并对发言人的内容进行评价和补充。	【发言、评价】学生自主表述自己思考的结果，其他学生进行评价和补充。	采取学生互评的方式，促进学生积极思考、充分讨论。
课堂总结	【讲述】从贵州到全国，交通的巨变不仅改变了我们每一个人的生活，也给各区域的发展创造了前所未有的机遇。	【思考】交通运输的发展给区域的发展带来了哪些影响？	为第 2 课时的学习内容做铺垫。
板书设计	第四章第一节 交通运输与区域发展 交通运输方式和布局： —交通运输的概念 —交通运输的发展 —影响交通运输布局的因素		

表 4–4 “交通运输方式和布局”第 2 课时教学过程设计

教学环节	教师导学	学生活动	设计意图
情境导入	【创设情境】以贵州过去的交通情况和经济发展引入，提出贵州人的“交通梦”。 【数据展示】1978 年，贵州公路通车里程仅 3.06 万千米，1978 年，贵州桥梁数量仅为 2932 座。 【设问】交通视角下，贵州经济发展落后的原因是什么？ 【讲述】贵州地处云贵高原，高原面破碎，地形崎岖，虽然水系发达，但地势起伏很大，航运价值极低。地处中国西南，不沿边、不沿海、不沿江，缺乏经济发展机遇，省内、省外的人流、物流、信息流沟通不畅。 【过渡】今天让我们一起探索贵州交通的过去、现在和未来。让我们一起感受贵州交通的天堑变通途，一起展望贵州交通的未来。	【听讲】贵州交通近年来变化的数据对比。 【回答】学生已经学习过区位分析的方法，应该可以提出几个关键点：贵州地处西南、地形崎岖，交通线路难以修建等。	以本省交通情况作为分析案例，落实地理实践力，培养乡土情怀。用数据和图片结合的形式，更能生动地呈现贵州曾经的交通状况。

（续表）

教学环节	教师导学	学生活动	设计意图
探究分享	【设问】根据查阅的资料，请简要介绍贵州交通的现状。 【展示】展示贵州交通发展的黄金十年，公路、铁路、水运、航空等交通方式的运输能力都有了质的飞跃。 【讲述】介绍 2022 年国发 2 号文件中对贵州交通的定位：内陆开放型经济新高地；畅通对内对外开放通道；巩固提升贵州在西部陆海新通道中的地位；加快主通道建设。 【设问】通过课前查阅的资料，举例说明交通对贵州经济发展的促进作用。 【指导】教师加入课堂小组，关注学习过程。 【讲解】教师从农业、工业、旅游业中各选择实际案例说明。	【回答】学生对贵州交通的介绍可能较为片面，需要教师补充。特别提到 2022 年国发 2 号文件，让学生明白国家对贵州交通发展的定位。 【讨论】举例说明“交通对贵州经济的促进作用”。（开展小组讨论，每组派一位代表上台分享小组讨论结果。） 【发言】学生可以根据生活经历提出交通促进经济发展的案例。	学案中设计了三个任务，充分调动学生查阅贵州交通相关知识，在这个过程中培养学生查阅资料、筛选资料、整合资料的能力，同时也践行了地理实践力。设计本活动是为了突破教学难点，让学生切实结合材料和生活经验，剖析交通对贵州经济的促进作用。
深化知识	【讲解】介绍本节课核心知识：交通运输如何促进区域经济发展。分析“交通运输与经济发展”的关系图。交通运输会缩短时空距离，使得经济要素流动越快，效率越高，实现的产值越大。与此同时，交通运输线路建设的过程中拉动原材料、能源、建筑等行业的发展，进而带动区域经济发展，而区域经济发展又为交通运输提供资金等支持。这就是交通运输与区域经济发展之间的相互带动、螺旋上升的过程。 【过渡】贵州近二十余年的 GDP 统计，展现贵州经济近年来的增长。随后引出陆大道院士的“点轴理论”。	【听讲】进一步深入理解交通与经济发展的关系。	深入剖析交通运输如何带动区域经济发展，突破教学难点。
实践探索	【解析】点轴理论认为：在国家和地区发展过程中，大部分社会经济要素都在“点”上聚集，点与点之间由线状基础设施联系而形成“轴”。轴线对附近区域有很强的经济吸引力和凝聚力，同时轴线上集中的社会经济设施通过产品、信息、技术、人员等向附近区域扩散，能够推动社会经济发展。 【讲解】交通线即是“轴线”，城市即是“点”，很多“点”因“轴线”的带动而发展。	【听讲】理解“点轴理论”。	

（续表）

教学环节	教师导学	学生活动	设计意图
实践探索	【提问】郑州如何从一个小县城发展成省会城市？ 【解析】扬州、开封等城市的兴起均和水运有关，解析城市发展与交通运输线路的关系。展示知识结构图。 【案例学习】从交通视角分析江苏省经济发达的原因。 【讲解】如果把江苏单独列为一个经济体，江苏的经济总量已经超过澳大利亚、西班牙等发达国家，排在全球第 12 位。介绍江苏省经济空间发展格局：三圈四带。 【设问】结合“点轴理论”和贵州交通状况，规划贵州经济发展的空间格局。 【讲解】贵州省规划构建“两圈、九组”的经济发展格局，即贵安都市圈、遵义都市圈，九个次级区域发展中心，以高速铁路、公路、水运为轴线，北上进入长江经济带，南下融入珠江经济带。通过阅读教材，学生明白区域发展的轴线是交通运输干线，有沿路型、沿河型、沿海型、复合型四种，学生可以根据贵州交通情况设计经济带，同时也可以指出贵州省的核心城市为区域经济增长极。	【回答】铁路线交会促进城市发展。 【听讲】了解江苏的经济发展状况和交通布局。 【讨论】结合“点轴理论”和贵州交通，规划贵州经济发展的空间格局。 【发言】开展小组讨论，每组派一位代表上台分享小组讨论结果。对学生呈现的思考：本题无准确答案，学生回答有理即可。	江苏省经济发展轴线非常典型，因此将其作为案例给学生们分析，引出点轴理论，让学生在后面的贵州经济空间发展格局的实践中有落脚点。 培养学生将理论运用到实践的能力。 学生在规划的过程中，思考贵州经济发展的城市增长极和交通干线经济带，就是对区域经济发展的深入认知。
总结提升	【播放视频】最后让我们通过一段视频，一起感受今天的贵州交通。纵然地势崎岖，山脉纵横，在历代筑路人的坚持与努力之下，贵州天堑变通途，黔道不再难，也终于跨越山川通达四方，实现了那个通江达海的梦想，实现了走出大山的梦想。未来的贵州，“黔”力无限！	【观看视频】感受贵州交通近年来发生的变化。	让同学们感知贵州的今天，怀着强烈的奋进之心，今后建设更美好的家乡。
板书设计	**第一节 交通运输与区域发展** 城市 ↑促进 ↓制约 交通运输网 ↓促进 ↑提供资金 区域经济发展		

◎ 作业设计

内陆港，位于内陆腹地，与海港存在一定距离但又保持联系的综合交通运输枢纽。内陆港可以通过多种大容量运输方式与海港（口岸）连接，在城市和区域物流集散体系和供应链网络中承担重要作用，具备货物转运平台、海关管理机构和完善的物流运输设施等，包括内河港口和各类交通运输枢纽。据此完成1~3题。

1．与海港相比，内陆港（　　）。

A．运量更大　　B．功能更全　　C．管理方便　　D．效率更高

2．内陆港设立可以（　　）。

A．提升港口竞争力　B．提高生产成本　C．减少就业机会　D．弱化海港功能

3．针对大型货物，内陆港交通运输更适宜选择（　　）。

A．铁路运输　　B．公路运输　　C．海运　　D．管道运输

【参考答案】

1．D　　2．A　　3．A

◎ 教学反思

【第1课时】

优点：以教材为基础，结合贵州省交通运输发展实例，通过视频、图片等形式调动学生的学习积极性与自主性，较为充分地说明了区域交通运输方式和布局的发展以及影响区域交通运输布局的主要因素。

不足：未对教材进行深入挖掘，在教学中缺乏对学生活动的全面指导与评价，缺乏社会调查等实践活动，可让学生在课前或课后通过实地调查、访谈、查询资料等形式深入了解家乡交通运输的变化。

再教设计：为培养学生自主学习能力，可让学生在课前通过网络查阅资料，了解更多的贵州交通发展情况，提高课堂效率，提升学生的区域认知能力。在案例分析过程中，要加强实时评价与反馈，更多地锻炼学生获取信息的能力，并且培养他们的问题意识，鼓励学生发现问题、提出问题。

【第2课时】

优点：一是教学有深度。通过介绍“点轴理论”，让学生规划贵州经济空间发展格局，而不是将教学停留在交通线路带动经济的个案分析上。这个设计除了能够培养学生的综合思维、地理实践力、区域认知等素养外，还能引导学生积极关注国家战略发展规划，理解认同国家战略规划，同时为下一节介绍国家战略规划做铺垫。二是教学有温度。贵州在中国一直是贫穷的代表，这种固化印象不知不觉浸染着青年一代的

内心。作为未来优秀青年，客观理性看待事物的真相是基本能力。通过本节课的学习，学生能知道贵州的贫穷很大程度上是由于区位劣势。先天不足需要后天努力。在国家的帮助下，在自身的努力下，贵州近十年发生了翻天覆地的变化。这一案例的运用能够增强学生的乡土情怀，根植建设家乡的信心和决心。

不足：一是教学所在班级的学生性格活泼、知识面广，在分享过程中侃侃而谈，教师对学生回答的点评稍有欠缺，仅做到了点出回答中存在的问题，如果能够进一步深入点评更好。二是对课堂时间把握不足，学生分享人数较多，考虑到不宜打断学生发言，使得教学略有超时。

再教设计：进一步深入论证交通运输对区域经济发展的带动作用。本课通过案例分析，让学生举例说明交通运输对区域经济发展的影响，但个人觉得处理得还不够好。可以针对一个案例，更加深入地剖析，而不是浅尝辄止。

点评

本节课的课标要求为“结合实例，说明交通运输方式和交通布局与区域发展的关系”，两位老师在教学设计中都关注了学生的实际，从乡土地理出发，课前做了充分的准备工作，收集大量的文字资料、图片和视频，创设情境，引导学生学习身边有用的地理知识，培养学生学习地理的积极性，增强学生的乡土情怀。

第1课时“交通运输方式和布局”，充分利用视频、图片和文字资料创设情境，从贵州交通状况的实际出发，引导学生思考贵州省交通运输方式和布局的发展以及影响贵州省交通运输布局的主要因素，进而说明交通运输方式和交通布局与区域发展的关系，重在方法指导，学生参与度高，学习目标达成较好。但教师在授课过程中还是存在将学生的思路引导到自己预设的教学思路上来的痕迹，教学过程有待进一步优化。

第2课时交通运输与区域发展，从贵州经济落后到近年来经济飞速发展的实际出发，创设情境，引导学生分析贵州经济发展与交通运输的关系，激发学生热爱家乡、建设家乡的热情，课程思政的亲和度高，教学活动设计多样化，充分考虑学生实际，学生积极性高、参与面广，教师掌控课堂的能力强，能及时给予学生方法指导和评价，教学目标达成度高。但“点轴理论”的引入对于大多数学生来说难度较大，使教学容量增加，占用了不少教学时间，建议在教学设计中结合学情慎重考虑。

点评：王利亚（贵阳市第一中学）

三、乡土地理教学资源

◎ 贵广高速铁路

于2008年10月13日正式开工建设，2014年12月26日正式通车运行，工程总投资900多亿元，全线长857千米，沿线共设21个主要客运站点，是贵州省开通的第一条高速铁路。贵广高速铁路经过广东、广西和贵州三个省份，开通运营后将贵阳到广州的乘车时间由22小时缩减为4小时左右。贵广高铁不仅让在珠三角地区务工的贵州、广西人有了新集散通道，还吸引大量东部资源向内陆转移配置，促进沿线贫困县大力发展制造业以及旅游景区开发、旅游城镇建设、温泉度假酒店等服务业。

◎ “世界桥梁博物馆”

截至2021年，贵州共有桥梁2万余座，其中世界高桥前100名中有45座在贵州，前10名中有5座在贵州。贵州突破了山区千米级悬索桥、大跨径斜拉桥、连续刚构桥等关键技术，数量多、创新多、样式多，堪称“世界桥梁博物馆”。例如，北盘江特大桥，号称“世界第一高桥”；坝陵河特大桥，是目前亚洲山区钢桁梁最长的悬索桥；鸭池河特大桥，是目前国内最大跨径的钢桁梁斜拉桥；黔春立交桥，共有11条匝道，8个出入口，最大垂直落差55米，5层立体交叉，是贵州最复杂的立交桥。

◎ 构建高速铁路网

为深入贯彻中共中央、国务院印发的《交通强国建设纲要》《国家综合立体交通网规划纲要》，加快建设现代化高质量综合交通运输体系，中共贵州省委、贵州省人民政府结合贵州实际，于2021年10月21日印发了《贵州省推进交通强国建设实施纲要》（以下简称《纲要》）。《纲要》提出，构建便捷顺畅的高速铁路网。加快建设贵南、盘兴等高铁，提升贵广高铁运行时速，规划建设新渝贵、铜吉、泸遵、六威昭、都凯、水盘等高铁，研究规划贵阳至兴义至河口、兴义至百色、贵阳至铜仁至武汉、遵义至铜仁、毕节至六盘水等高速铁路。充分利用高铁干线富余能力打造城际轨道交通公交化服务体系，适时布局建设贵阳—贵安—安顺和遵义都市圈城际轨道交通，形成有效覆盖的城际交通网络。

◎ 强化贵州特色，推动产业发展

贵州省实施“黔货出山”计划，大力开拓国内外市场。贵州特色产品丰富，六盘水“凉都三宝”猕猴桃、刺梨与茶叶，遵义朝天椒，关岭黄牛，威宁火腿，玉屏箫笛，湄潭翠芽，赤水乌骨鸡，都匀毛尖茶，正安吉他等。

2021年10月12日，贵州省文化和旅游厅印发了《贵州省“十四五”文化和旅游发展规划》（以下简称《规划》）。《规划》中提出要打造擎动全省五大旅游带。依托仁怀、习水、赤水等酱香酒生产基地，建设世界名酒文化旅游带；以平塘天眼、天坑、天桥为核心，建设国际天文科普旅游带。以乌江水道和乌江文化为纽带建设千里乌江休闲度假旅游带。以长征国家文化公园“1+3+8”标志性工程和重大遗址重要节点为依托，打造红色文化旅游带。依托少数民族村寨核心景区、历史文化名城名镇名村等，建设特色民族文化旅游带。

贵州是全国矿产资源大省，有42种矿产储量排名全国前十位，尤以煤、铝、磷、锰、金、重晶石、水泥原料等最具优势。贵州磷矿集中于开阳、织金等地，锰矿集中分布于遵义与松桃等地。贵州是中国率先发现具工业价值微细粒浸染型金矿的省区，也是该新型金矿探明储量最多的地区，主要分布于黔西南地区。

第二节　我国区域发展战略

教学设计：刘明娅　皇甫蕊璇

我们生活在一定的区域之中，时刻影响和改造着区域。我国在推动东部、西部、中部、东北地区“四大板块”协调发展的基础上，相继提出了“一带一路”倡议、长江经济带和京津冀协同发展等重大战略，以及陆海统筹加快建设海洋强国的战略举措。发展战略的制定需要综合考虑区域内自然、社会、经济、文化等基础条件，能对优化国土空间结构起到积极的促进作用。吾辈应存敬畏之心，怀青云之志，高瞻远瞩，科学谋划区域格局，绘就未来壮美宏图。

一、内容研读

◎ 内容要求

【2.7】以国家某项重大发展战略为例，运用不同类型的专题地图，说明其地理背景。

◎ 认知内容

内容要求运用不同类型、不同尺度的专题地图，通过对国家某项重大发展战略制定的地理背景的认识、分析与说明，对区域发展战略定位的谋划与制定，增进学生对我国各区域的区域认知，在分析说明重大区域发展战略的地理背景中培养学生的地理综合思维，提升区域认知能力。为了达到课标要求，教师应该对专题地图进行分析和补充，确保能够指导学生完成区域地理背景的分析。根据课程内容要求、多版本教材的特点和贵州实际，学生通过本节的学习应主要掌握以下知识：

1. 我国宏观发展格局；
2. 长江经济带发展战略；
3. 京津冀协同发展战略。

◎ 教材对比

针对新课标中关于本内容的课程设置，人教版、湘教版教材分别将其放在了第五章和第四章。两个版本的教材有不同的特色和优势，教材内容主体构成模块有较大不同。教材内容结构对比见表 4–5，主要图表对比见表 4–6。

综合对比两个版本教材，湘教版教材中长江经济带发展战略部分的内容更加翔实，而人教版教材中没有涉及京津冀协同发展战略。两个版本都采用了大量的阅读、图表、活动等材料呈现方式和教学组织形式，加强学生对此知识的掌握的同时，也拓宽了学生的视野。在内容表达上很灵活，留给教师把握的空间更大，有利于教师在课标的要求下根据个人优势组织教学内容，选择适宜的教学方法。

从主要插图来看，湘教版教材插图相对较多，且多为专题图，符合地理课程标准“运用不同类型的专题地图”的要求，能够更好地帮助学生进行区域认知，为学生的综合思维发展搭建脚手架。

表 4–5 人教版、湘教版教材“我国区域发展战略”内容结构对比

教材版本	人教版	湘教版
内容页数	11 页	11 页
所属章节	第五章第三节 （中国国家发展战略举例）	第四章第二节 （我国区域发展战略）
内容模块	一、建设主体功能区 二、推动区域协调发展 三、拓展蓝色经济空间 四、维护海洋权益	一、我国宏观发展格局 二、长江经济带发展战略 三、京津冀协同发展战略
图表数量	图片 10 幅	图片 13 幅 表格 1 张
活动与材料数量	活动（探究）1 个 阅读（案例）1 个	活动（探究）5 个 阅读（案例）3 个

表 4–6　人教版、湘教版教材“我国区域发展战略”主要图表对比

教材版本	人教版	湘教版
主要插图	图 5.17　浙江吉余村风光 图 5.18　我国主体功能区建设的地理背景 图 5.19　中国主体功能区分类示意 图 5.20　中国主体功能区分布示意 图 5.21　长江经济带的范围示意 图 5.22　长江经济带发展战略示意 图 5.23　中国的主要海洋资源分布 图 5.24　有关海洋权益的几个概念 图 5.25　三沙市及市政府所在地 图 5.26　钓鱼岛的位置	图 4-12　“渝兴欧”国际铁路联运大通道示意 图 4-13　我国改革开放的时空发展战略示意 图 4-14　我国四大地区分布 图 4-15　长江经济带范围示意 图 4-16　长江经济带地形和矿产资源分布 图 4-17　长江经济带交通网络分布示意 图 4-18　长江经济带产业分布 图 4-19　长江经济带空间格局示意 图 4-20　京津冀地形分布 图 4-21　京津冀交通分布 图 4-22　京津冀人口密度分布 图 4-23　京津冀协同发展定位 图 4-24　雄安新区地理位置
主要表格		表　我国四大地区发展基本情况（2019 年）

◎ 教学建议

本模块内容站位高远而宏大，知识内容较为宽泛，学生对本模块的认识有着细枝末节的接触，但却没有宏观格局上的认识和了解，怎样让国家层面的重大发展战略“落地”，让学生真正地认识国家重大发展战略的地理背景，成为教学需要考虑的重点。在教学中建议以不同类型、不同尺度的专题地图的展示为主，设计活动帮助学生进行探究合作学习，设计好问题链帮助学生进行递进式探究。

进行本节内容的教学之前，教师可以让学生收集长江经济带建设发展、京津冀协同发展的相关视频资料，在课堂上与同学们分享。教师也可以在网络上搜集与长江经济带、京津冀协同发展相关的新闻报道，查找京津冀协同发展过程中的重大事件、典型事件作为课堂引入或强化知识的案例。建议参考其他版本教材，如人教版、中图版教材的相关内容，找到适合自己和当地学生的内容，丰富课堂教学内容。此外，准备相应的练习题，有利于该部分知识内容的随堂巩固。

本节内容的教学，建议充分使用多媒体课件、地理图册，更好地呈现各类专题地图。教学过程方面，建议从区域发展条件、区域发展问题、区域发展措施三个渐进的主要问题开展合作探究学习。

在教学过程中，还可以结合乡土地理知识，如针对贵阳市区的学生，可以查找收集贵阳市在长江经济带中的位置以及在发展中做出的努力和取得的成就；或是对黔中经济圈进行相关的拓展，激发学生的学习兴趣，更加深入地认识家乡，认识国家重大发展战略的重要意义。建议本内容的教学使用 3 课时。

二、教学设计

◎ 学情分析

知识基础：学生具备长江经济带区域、京津冀地区自然地理环境和人文环境的部分知识。

能力基础：学生已经知道如何进行区域学习，但仅限于对区域自然环境和人文环境的简单认识，不能对区域发展做出评价分析。也就是学生具有部分区域认知能力，但综合思维能力较弱。通过对长江经济带区域发展、京津冀协同发展的全面分析，可帮助学生提升区域认知和综合思维能力。

生活经验：学生在生活中可通过网络了解长江经济带、京津冀协同发展的热点咨询或者视频。但认识比较局限，格局也比较小，思维比较片面。

◎ 教学目标

1. 能够分析我国宏观发展格局的时空变化和地理背景。

2. 能够说出长江经济带、京津冀的地理位置和范围，并认识其基本概况。

3. 能够运用不同类型的专题地图，分析我国重大发展战略如长江经济带发展战略、京津冀协同发展战略等的地理背景。

4. 能够通过查阅或搜集相关资料，全面认识长江经济带发展战略、京津冀协同发展战略的基本概况，进而认识我国的宏观发展格局。

5. 能够从人地关系、区域联系的角度，分析某项重大发展战略在实施的过程中可能产生的问题，并制定可持续发展战略。

◎ 重点难点

1. 教学重点：运用不同类型的专题地图，分析长江经济带发展战略、京津冀协同发展战略的地理背景。

2. 教学难点：能够从人地关系、区域联系的角度，分析某项重大发展战略在实施的过程中可能产生的问题，并制定可持续发展战略。

◎ 教学方法

讲授法，案例教学法，合作探究法。

◎ 教学资源

湘教版教材，地理图册，多媒体课件，新闻视频。

◎ 教学过程

第1课时“我国的宏观发展格局”、第2课时“长江经济带发展战略”、第3课时“京津冀协同发展战略”教学过程设计分别见表4–7、表4–8和表4–9。

表4–7　第1课时“我国的宏观发展格局”教学过程设计①

教学环节	教师活动	学生活动	设计意图
新课导入	【展示】展示“渝新欧”国际铁路联运大通道示意图，播放“渝新欧”铁路相关视频。 【设问】“渝新欧”国际铁路联运大通道的建设给我国西南地区带来了怎样的影响？ 【过渡】建立“渝新欧”国际铁路联运大通道是我国出口贸易的重大发展战略，除此之外，我国还在不同地区规划了不同的发展战略，这些发展战略对国家经济、社会、生态产生了重大影响。今天我们就一起走进我国区域发展战略。 【板书】我国区域发展战略	【观看】观看“渝新欧”铁路相关视频。 【思考】“渝新欧”国际铁路联运大通道的建设给我国西南地区带来的影响。	课堂引入，激发学生的学习兴趣，引出学习主题。
提出问题	【设问】什么是区域发展战略？ 【讲解】区域发展战略的概念及特征。 【板书】一、区域发展战略 1. 区域发展战略的概念 2. 区域发展战略的特征 【过渡】区域发展战略的制定需要尊重自然规律，按经济规律办事，那我们国家是如何制定我们的区域发展战略的呢？	【听讲】区域发展战略的概念及特征。	以教师讲解为主，明确基本概念、特征，为后面的学习打基础。
新课学习	【过渡】我国的基本国情是人口数量多，区域差异大，发展不平衡。 【设问】请同学们阅读教材第92页内容，找到我国发展战略变化的时间节点及变化方向。 【讲解】从时间、空间两个角度，总结我国发展战略的变化。 【过渡】我国幅员辽阔，不同区域的地理背景不同，面临的发展问题也不同。所以在制定发展战略时，需要因地制宜地考虑。	【发言】阅读课文，回答问题。	通过阅读课文，培养学生获取地理信息的能力。

①本案例为2022年贵阳市新课程新教材新高考改革主题研讨活动“三新改革推动常态教研 促进普通高中教育高质量发展”展示课，授课教师：刘明娅（贵阳市第二中学）。

（续表）

教学环节	教师活动	学生活动	设计意图
问题探究	【任务】分四个小组分别代表我国东部地区、中部地区、西部地区、东北地区，根据教材第 92—94 页的阅读、活动材料以及补充的京津冀地形图、京津冀交通图、京津冀人口分布图、中国气候分布图，完成教材第 94 页活动的第 1 题。 【总结】四大地区的自然地理环境差异、社会经济发展差异及其发展优势、劣势及发展方向。	【讨论】合作探究四大区域发展的地理背景。 【交流发言】分组交流四大区域发展的地理背景。	通过分组讨论提高学生的学习兴趣。通过对专题图表的分析，培养学生的地理综合思维和区域认知。通过对四大区域绿色发展道路的探讨，培养学生的人地协调观。
归纳总结	【讲述】区域发展战略是一个战略性、长期性的发展规划。区域发展战略的制定，需要综合考虑区域的地理背景和发展过程中出现的问题。因地制宜的可持续发展战略才能够实现国家的整体发展。	【听讲】理解区域发展战略制定的方法和重要性。	通过归纳总结，凝练区域发展战略的学习方法和思想，为后续的学习打下基础。
板书设计	一、区域发展战略 1. 区域发展战略的定义 2. 区域发展战略的特点 二、我国宏观发展战略格局 东部地区、中部地区、西部地区、东北地区 —— 自然环境差异、社会经济差异、发展优势、劣势 ⇨ 不同发展方向、战略		

表 4–8 第 2 课时“长江经济带发展战略”教学过程设计

教学环节	教师导学	学生活动	设计意图
情境导入	【视频】播放习近平主席关于长江经济带发展的一些重要讲话和会议视频。 【设问】习近平主席为什么如此重视长江经济带的发展？长江经济带发展的区位优势有哪些？ 【承转】这一节课，我们共同探究长江经济带发展的区位条件、存在的问题和发展的措施。 【板书】长江经济带	【观看】观看视频，了解长江经济带发展战略的相关信息，初步了解长江经济带发展战略。	利用时事热点，帮助学生了解地理来源于生活，创设问题，激发学生的探索欲望和学习兴趣。

（续表）

教学环节	教师导学	学生活动	设计意图
问题探究	【展示】展示长江经济带范围示意图。 【设问】长江经济带属于哪一种类型的经济带？它包括了哪些省区？ 【讲解】介绍长江经济带的基本情况。 【板书】长江经济带发展的地理背景 【设问】长江经济带的发展具有哪些区位优势？ 【展示】展示长江经济带地形和矿产资源分布、长江经济带交通网络分布示意、长江经济带产业分布。 【任务】阅读教材第 95 页“活动”材料，全班分为两个大组，分别完成以下探究： 1. 结合长江经济带相关专题地图，讨论分析长江经济带发展在自然方面具有哪些优势。 2. 结合长江经济带相关专题地图，讨论分析长江经济带发展在社会经济方面具有哪些优势。 【过渡】长江经济带发展具有诸多的区位优势，这些成为长江经济带发展战略制定的重要背景。长江经济带在发展的过程中也存在着一些问题，这些问题制约着长江经济带的发展。 【设问】议一议，长江经济带发展的限制性因素主要有哪些？ 【讲解】长江经济带发展过程中主要存在这四大问题：一、生态环境压力大；二、产业同质化；三、基础设施联通不够；四、协调体制机制滞后。 【过渡】基于长江经济带发展的区位优势和限制性因素，为了更好地发挥长江经济带的区位优势，同时解决在发展过程中存在的问题，我国提出了长江经济带发展战略。	【发言】回顾经济带的概念，并判断长江经济带的类型，说出长江经济带包含的省区。 【探究】小组合作，探究长江经济带发展的区位优势。 【发言】学生从自然和社会经济区位两方面分析长江经济带发展的区位优势。 【讨论】结合教材第 95 页“活动”材料和长江经济带产业分布图，讨论分析长江经济带发展中在环境和产业上存在的问题。 【发言】环境污染严重，生态环境破坏，如：水质恶化，湿地面积缩减，森林覆盖率下降，生物多样性减少等。产业相同，没有特色。	通过看图说出长江经济带包含的省区，提升学生的区域认知。 通过合作探究分析长江经济带发展的区位优势，培养学生的区域认知和综合思维素养。通过分享表达，锻炼学生的语言表达能力，培养学生共享共建的意识。 通过讨论长江经济带发展中存在的问题，加深学生的区域认知，培养学生的辩证思维，提升学生的区域认知和综合思维素养。

（续表）

教学环节	教师导学	学生活动	设计意图
归纳总结	【视频】播放视频：长江经济带发展战略。 【展示】展示长江经济带发展战略示意图。 【设问】长江经济带发展规划提出的“一轴、两翼、三极、多点”的空间规划是什么？ 【总结】推动长江经济带的发展，是新时期优化我国发展空间格局，实现区域协调发展的重大战略部署，这也是由长江经济带在我国总体发展格局中的地位、优势及其存在的紧迫问题决定的。 【设问】阅读教材96—98页正文部分，归纳长江经济带的战略定位。 【总结】长江经济带的战略定位的主要立足点为长江黄金水道，上中下游地区的比较优势，区位优势，生态环境压力。	【观看】了解长江经济带发展战略空间规划和战略定位。 【发言】思考并回答教师提问。 【阅读】自主学习了解长江经济带的战略定位。 【发言】思考并回答教师提问。	通过观看视频，初步了解长江经济带发展战略。 通过自主阅读，进一步了解长江经济带发展战略。在了解长江经济带发展战略定位的思考中再次回顾长江经济带发展的地理背景。
问题探究	【过渡】贵州省作为长江经济带的组成部分，在长江经济带发展中如何立足本区的区位优势和发展问题，找到自身发展的特色产业，积极参与到长江经济带协调发展之中去呢？ 【任务】合作探究以下问题： 1. 贵州省可以基于哪些区位优势发展什么样的特色产业？ 2. 贵州省在发展的过程中面临的主要问题有什么？针对这些问题如何做到生态优先、绿色发展？ 【总结】贵州省发展的区位优势、主要产业、面临的问题及发展措施。 【视频】播放视频“东数西算”。 【设问】“东数”为什么要“西算”？ 【总结】区域协调发展需要激活区域内部各个要素，充分考虑区域中各组成部分的实际情况，加强区域联系和互动，建立经济共同体和生命共同体，问题共解决，经济共发展，富裕共谋求。	【探究】小组合作探究贵州省发展的区位优势、主要产业、面临的问题及发展措施，并进行分享。 【观看】观看“东数西算”工程的介绍视频。 【发言】思考并回答教师提问。	通过贵州省区域发展地理背景的学习，培养认识家乡、了解家乡、热爱家乡的乡土情感。 通过案例分析，了解我国区域发展战略制定要遵循因地制宜、扬长避短的原则，促进区域认知，发展综合思维，树立人地协调观。
归纳总结	本节课我们学习了长江经济带发展战略，长江经济带指的是由长江流域中11个省区组成的沿河型经济带。长江经济带发展战略的制定充分考虑了经济带的自然资源条件、对外开放程度、社会经济基础、发展环境问题，总的来说，长江经济带发展战略的制定，是尊重自然、生态优先，因地制宜、扬长补短的现实需求。长江经济带发展战略规划形成了“一轴”“两翼”“三极”“多点”的发展格局，把长江经济带发展成为绿色、包容、开放、共享、共建的具有全球影响力的内河经济带作为使命坚持。		

（续表）

教学环节	教师导学	学生活动	设计意图
板书设计	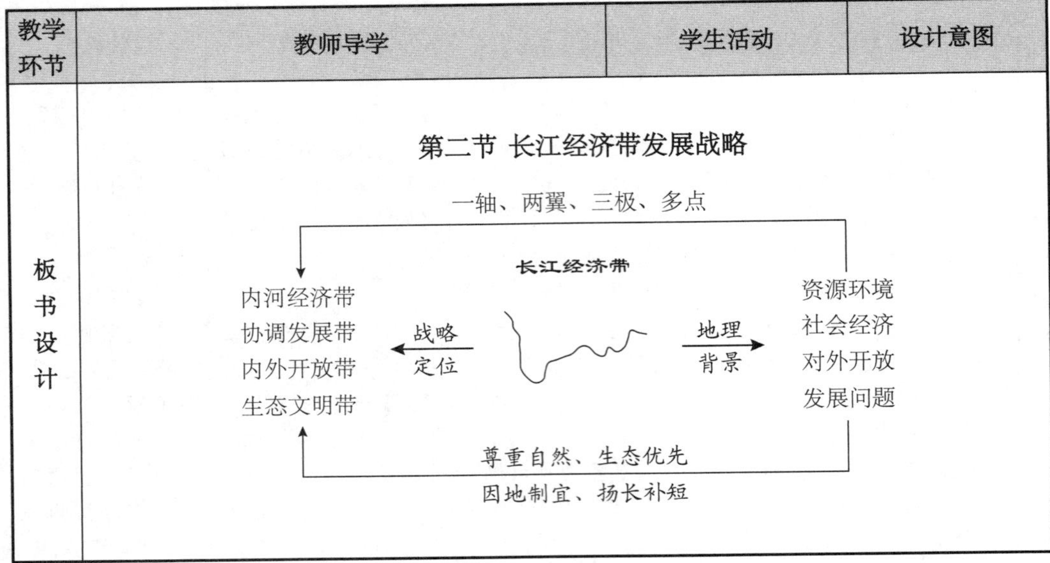		

表 4–9　第 3 课时“京津冀协同发展战略”教学过程设计

教学环节	教师活动	学生活动	设计意图
创设情境	【视频】播放北京冬奥会申奥宣传视频。 【设问】为什么北京冬奥会还会在河北张家口设立赛区？如何实现两地的赛事对接？ 【过渡】冬奥会的成功举办离不开京津冀协同发展战略的推进，今天我们一起走进京津冀协同发展战略。	【观看】了解北京冬奥会的举办地。 【发言】思考并回答问题。	用冬奥会引入京津冀协同发展，激发学生的学习兴趣，同时培养学生的爱国情怀。
问题探究	【展示】展示京津冀地区范围示意图。 【介绍】介绍京津冀协同发展战略的基本情况。 【提问】为什么要进行京津冀协同发展？ 【讲解】北京作为首都，多种职能给北京带来了交通、污染等压力。为缓解这些压力，北京需要把自己承担的非首都职能疏解出去，凸显自己的政治功能。因此，京津冀协同发展战略应运而生，其主要目的就是疏解北京的非首都功能，实现三个地区的共同发展。	【观察、发言】思考并回答问题。	从北京的现实情况出发，让学生了解京津冀协同发展的原因及意义。

（续表）

教学环节	教师活动	学生活动	设计意图
合作探究	【提问】京津冀为什么可以实现协同发展？ 【活动】请同学们阅读教材第 99 页的三幅图及老师提供的中国气候类型图、京津冀产业类型图、京津冀三省市人均地区生产总值及三次产业比重数据表，从自然和社会经济两个角度分析京津冀地区的地理背景。 【讲解】京津冀地区的自然地理背景和社会经济地理背景。 【过渡】想要同时发展京津冀，必须针对它们的优缺点来制订计划。请同学们根据我们刚才所说的地理背景，总结北京、天津、河北各自的优势和劣势。 【活动】分三个小组分别扮演北京人、河北人、天津人，归纳总结本地区所具有的优势和劣势。 【总结】总结京津冀各自的优势、劣势及面临的问题。	【思考】阅读教材图片及补充资料，梳理京津冀地区的自然地理背景和社会经济地理背景。 【阅读】了解京津冀地区的地理背景。 【交流】分三组进行角色扮演，总结京津冀三地的优缺点。	以教材为基础，补充相关信息，让学生进行综合分析，培养学生的综合分析能力和区域认知能力。用活动的形式进行归纳总结，提高学生的学习兴趣。
合作探究	【过渡】京津冀有良好的协同发展基础，但如何发挥各自的优势，解决各自的问题呢？这就来到了第三部分，如何开展京津冀协同发展。 【展示】播放“京津冀共建朋友圈”视频。 【提问】通过视频的讲解，你找到了哪些京津冀协同发展的措施？ 【展示】展示京津冀协同发展特种邮票图。 【讲解】从视频和邮票中我们可以发现，京津冀协同发展的措施主要围绕交通一体化、生态一体化、产业一体化三个方面。 在发展过程中紧紧围绕可持续发展的思路，确保经济、社会、生态的可持续，让京津冀地区成为以首都为核心的世界级城市群。	【观看、思考】观看视频，思考并回答问题。	通过视频、图片等资源讲解京津冀协同发展采取的措施，强调发展的可持续，培养学生人地协调的思维方式。
归纳总结	【板书】带领学生通过板书总结本节课的知识点。 【总结】今天我们学习了京津冀协同发展，同学们一定要理解，区域的协调发展应是在可持续发展的前提下取长补短、因地制宜，实现区域的整体发展。		归纳总结本节主要知识，指明主旨思想。
板书设计	京津冀协同发展 　原因 　地理背景：自然背景；社会背景 　发展措施：交通一体化；产业一体化；生态一体化 　（地理背景、发展措施）→ 统筹协调、统一决策、取长补短		

◎ 作业设计

2017 年 9 月，中共中央、国务院发布关于对《北京城市总体规划（2016 年－2035 年）》的批复，提出首都功能更加优化、深入推进京津冀协同发展等发展目标。图 1 为京津冀区域空间格局示意图。读图，回答 1~2 题。

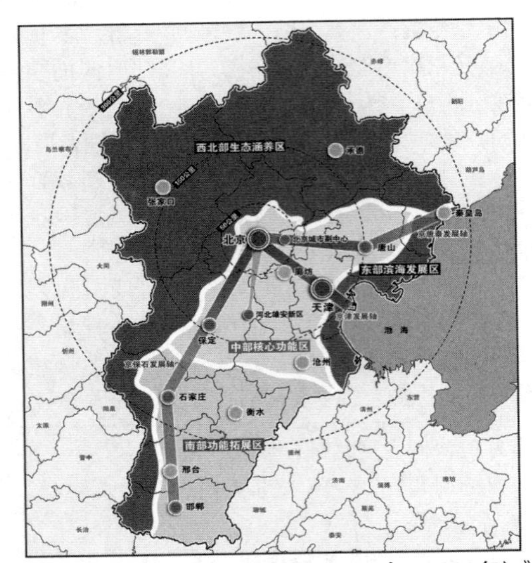

图片来源：《北京城市总体规划（2016 年—2035 年）》

图 1

1．优化首都功能应采取的措施是（　　）。

A．西城区大量拆除古老院落　　B．东城区扩建物流仓储设施

C．海淀区提升科技创新水平　　D．密云山区发展现代制造业

2．设立北京城市副中心和河北雄安新区的目的有（　　）。

①疏解北京非首都功能　　②调整优化京津冀城市布局和空间结构

③缓解河北省的交通压力　　④根治京津冀城镇化进程中的环境问题

A．①②　　B．①③　　C．②④　　D．③④

【参考答案】

1．C　　2．A

◎ 教学反思

优点：第 1 课时，分组探究中国四大地区地理背景，任务明确，针对性强；第 2 课时，“共识长江经济带—共建长江经济带”的设计主线相对明确；第 3 课时，“京津冀共建朋友圈”的情境设计新颖有趣，能提高学生的课堂参与度和教学的有效性。

总的来说，教学注重合作探究学习，将知识结构化为地理背景和战略定位两大模块，利用问题式教学引导学生合作探究长江经济带的地理背景，在探究分享中共建知识系统，促进区域认知，发展综合思维。注重主题回归，区域重大发展战略的制定是尊重自然、生态优先、因地制宜、扬长补短的综合考虑。帮助学生更加深入地认识家乡和国家的发展，培养家国情怀，注重情感升华，帮助学生树立正确的价值观念。

不足：在学生发言时，教师没有做到及时到位地点评和小结，导致学生对国家重大发展战略地理背景的必备知识的掌握不扎实、不系统；没有更好的办法让学生真正从国家层面、眼光和格局上去看待和思考国家发展战略的地理背景，导致课堂氛围不够活跃。

再教设计：课堂活动的主题应该围绕学生，充分利用学生在生活中对国家重大发展战略的生活经验，或者给学生补充生活经验，可以采用习近平主席关于国家重大发展战略的新闻作为导引。然后抓住时间节点主线，设计问题链，引导学生重点探究国家重大发展战略制定的地理背景，做到放眼世界、格局宽广、思考深入，让学生进行深层次的学习和思维锻炼。

点评

本节课程内容是教材的新增内容，概念较多，涉及的区域地理知识也较多，而多数学生不具备相应的区域地理知识，在教学资源的整合、教学方法的运用以及学生活动的设计等方面给教师带来一定的难度。

第1课时“我国宏观发展战略”，教师用“渝新欧”国际铁路联运大通道的视频引入，直观性强，方便学生理解我国重大发展战略，教学中设计了分组探究中国四大地区地理背景的活动，并归纳四大地区的自然地理环境差异，社会经济发展差异，及其发展优势、劣势和发展方向，帮助学生理解国家重大发展战略制定的地理背景。在教学中，教师充分关注学生的学情，在学生分组讨论时能加入其中，给予方法的指导和知识的铺垫，教学基本功扎实，多媒体使用娴熟。但学生活动设计略显单一，学生分四个大组，人数较多，不好管理，部分学生参与度不高。建议在课前制作微课，对中国四大地区的自然地理和人文地理知识进行铺垫。

第2课时“长江经济带发展战略”，以这一发展战略为案例来说明其制定的地理背景。教学设计以“共识长江经济带—共建长江经济带”为主线，重点突出，结构合理，中间还加入了乡土地理的内容，注重家国情怀的培养，学生活动组织有序，板书设计简洁明了，语言流畅，教学目标达成度高。但在教学过程中对学生的评价不够及时，评价语言单一，对教学节奏的把握也有待加强。

第3课时“京津冀协同发展战略”，以这一发展战略为案例来说明其制定的地理背景。以北京冬奥会作为引入，能快速引起学生的注意力，学生学习的积极性较高，对视频、图片及文字资料的运用较好，在教学过程中注重读图能力的培养，活动设计多样，学生参与面较广。不足之处在于，教学设计不够大胆，资料收集等准备工作可以交给学生在课前完成，且学生在上节课中已经学习了长江经济带发展战略的地理背景的说明方法，这节课应放手让学生自主完成。

点评：王利亚（贵阳市第一中学）

三、乡土地理教学资源

◎ 贵安新区

贵安新区是2014年批准设立的国家级新区，位于贵阳市和安顺市接合部、黔中经济区核心地带，是全省地势最为平坦开阔、用地条件最好、开发建设成本较低的地方。新区生态环境优美。田园风光秀美，河流湖泊纵横，空气清新怡人，纬度、高度、温度、湿度、风度无与伦比，拥有万亩樱花园、红枫湖、月亮湖、云漫湖、星月湖等风景名胜20余处，是贵州黄金旅游带的重要组成部分。

◎ 黔中经济区

黔中经济区包括贵阳市全部和遵义市、毕节市、安顺市、黔东南州、黔南州部分地区，划分为贵阳环城高速公路以内的核心圈，距贵阳环城高速50千米以内的带动圈，距贵阳环城高速约100千米的辐射圈。

黔中经济区处于全国“两横三纵”城市化战略格局中沿长江通道横轴和包昆通道纵轴交会地带，国家规划的多条高速铁路穿区而过，加之高速公路的建设，整个区域将逐步形成较完善的交通路网。此外，经济区内矿产资源分布相对集中，工企业基础较好，在全省生产力布局中居重要战略地位。贵州将力争把黔中经济区建设成为全国重要的能源原材料基地、以航天航空为重点的装备制造业基地、烟草工业基地和南方绿色食品基地，西南连接华南、华东地区的陆路交通枢纽和全国的商贸物流中心。

第三节 海洋权益与我国海洋发展战略

教学设计：胡亚梅 王炳福

近年来我国辽宁舰、山东舰接连入海，中国海军赴亚丁湾执行维和任务，21 世纪海上丝绸之路逐步开放，蛟龙号开展深潜调查任务，海洋话语权逐步提升。有人说 21 世纪是海洋的世纪，要想成为世界强国必然要先成为海洋强国。而培养国民的海洋意识，是高中地理教学不可或缺的一环。

一、内容研读

◎ 内容要求

【2.8】结合实例，说明国家海洋权益、海洋发展战略及其重要意义。

【2.9】运用资料，说明南海诸岛是中国领土的组成部分，钓鱼岛及其附属岛屿是中国固有领土，中国对其拥有无可争辩的主权。

◎ 认知内容

课标第 2.8 条的要求偏重国家权益与海洋空间安全的部分，目的在于从国家安全的高度培养学生的家国情怀。课标 2.9 的要求偏重于国家海洋安全，对于这部分内容的学习，教师要结合时事进行分析，引导学生形成正确的观念，寻求解决问题的恰当途径，维护我国合法权益。根据课程内容要求、各版本教材的特点，学生通过本节的学习应掌握以下知识：

1. 海洋权益的概念及内涵；
2. 我国海洋发展战略；
3. 维护海洋权益的重要意义。

◎ 教材对比

以下主要针对人教版和湘教版教材进行对比分析，详见表 4−10 和表 4−11。

湘教版教材将“海洋权益”单独列为一节，采用更多的阅读、图表等进行展示，用大量的活动题加强学生对此知识的掌握的同时，培养了学生的家国情怀，让学生从地理学的角度认识海洋安全。

从插图来看，人教版教材插图较少，主要为地图与示意图，展示了海域位置等内容；湘教版教材插图相对较多，增加了我国目前海洋经济发展相关的图片。

表 4—10 人教版、湘教版教材“海洋权益与我国海洋发展战略”内容结构对比

教材版本	人教版	湘教版
内容页数	5 页	7 页
所属章节	第五章第三节 （中国国家发展战略举例）	第四章第三节 （海洋权益与我国海洋发展战略）
内容模块	一、拓展蓝色经济空间 二、维护海洋权益	一、海洋权益 二、我国新时期海洋发展战略 三、建设海洋强国的战略布局
图表数量	图片 4 幅	图片 5 幅
活动与材料数量	活动（探究）0 个 阅读（案例）1 个	活动（探究）4 个 阅读（案例）2 个

表 4—11 人教版、湘教版教材“海洋权益与我国海洋发展战略”主要插图对比

教材版本	人教版	湘教版
主要插图	图 5.23 中国的主要海洋资源分布 图 5.24 有关海洋权益的几个概念 图 5.25 三沙市及市政府所在地 图 5.26 钓鱼岛的位置	图 4-25 各类海域分布示意 图 4-26 钓鱼岛及其附属岛屿地理位置 图 4-27 山东半岛蓝色经济区示意 图 4-28 南海永暑礁俯瞰 图 4-29 我国南海地理位置

◎ 教学建议

本节聚焦我国的海洋权益与海洋强国战略，教材中涉及的概念比较多，理解难度大，建议多结合图片和真实案例帮助学生理解和掌握。

建议本节内容的教学使用 3 课时。第 1 课时学习海洋权益；第 2 课时聚焦于我国海洋安全，认识南海问题与钓鱼岛问题，并进行知识巩固；第 3 课时学习海洋发展战略。

二、教学设计

◎ 学情分析

认知基础：本节授课时学生已经进入高一下学期后半段，具备阅读材料、提取信息、处理信息、分析问题的能力，可以通过图例信息分析读图。

不足条件：贵州的学生对“海洋”不熟悉，对抽象的海洋权益的内涵等知识理解起来有一定难度。

◎ 教学目标

1. 结合各类海域分布示意图，辨识和理解海洋权益。

2. 通过案例分析，明确维护海洋权益的意义。

3. 结合实例，知道和了解新时期海洋发展战略的意义和建设海洋强国战略布局。

4. 增强国家海洋安全意识，树立主权意识、领土意识。

5. 倡导和引导学生关注国家海洋发展战略，主动参与维护国家海洋权益和建设海洋强国战略的公益活动。

◎ 重点难点

1. 教学重点：辨识和理解海洋权益及其内涵；说出维护海洋权益的意义；增强国家海洋安全意识；理解我国新时期海洋发展战略。

2. 教学难点：分析案例，说出维护海洋权益的意义；结合案例分析国家海洋发展战略。

◎ 教学方法

讲授法、活动探究法、问题式教学法，问题清单详见表 4–12。

表 4–12 “海洋发展战略”问题清单

核心问题	子问题
我国的海洋发展战略是什么？	我国的海洋发展战略是什么？
建设海洋强国的战略布局有哪些？	建设海洋强国的战略布局有哪些？
南海如何进行战略布局？	南海该如何实现海陆统筹发展？
	南海该如何推动海洋经济发展？
	南海该如何实现创新海洋科技？
	南海该如何保护海洋生态环境？
	南海该如何维护海洋权益？
	南海该如何全面参与全球海洋治理？

◎ 教学资源

湘教版教材，多媒体课件，视频。

◎ 教学过程

本节教学过程分别见表 4–13、表 4–14 和表 4–15。

表 4-13 “海洋权益”第 1 课时教学过程设计①

教学环节	教师导学	学生活动	设计意图
情境导入	【讲述】河流是文明的缔造者，它创造了繁荣而辉煌的中华文明。海洋同样塑造了文明，然而近百年来，却成为中华民族进步的枷锁。2001 年 4 月 1 日上午的南海上空发出了这样一条语音。 【展示】播放“81192 事件”视频。 【讲解】讲解“81192 事件”。	【观看并思考】观看“81192 事件”视频，思考：美军的侦察与挑衅行为是否侵犯了我国的海洋权益？未来如果我们再次面对这样的挑衅，该如何解决？	以真实情境导入，激发学生的学习兴趣。
承转过渡	【设问】海洋权益有哪些？	【思考】思考哪些属于海洋权益。	点明学习主题：海洋权益与海洋发展。
认识海洋权益	【案例】以案例的形式认识我国的海洋权益。 【讲解】三沙市的设立体现了我国在海洋上拥有海洋主权与管辖权。 【设问】请同学们结合材料，列举我国具体的海洋权益。 【讲解】在不同的海域，我们拥有不同的权益，美军飞机在我国哪一海域飞行？侵犯了我国哪些海洋权益？首先请同学们根据联合国海洋法公约绘制各类海域分布示意图。	【探究】海洋权益的内涵有海洋政治权益、海洋经济权益、海上安全权益、海洋科学权益等。 【发言】我们在海洋上拥有海洋政治权益、海洋经济权益、海上安全权益、海洋科学权益等。 【探究】填图：各海域分区及权益示意图。 【发言】美军侦察机的位置位于我国毗连区上空。	回顾基础知识，运用知识解决问题。
	【设问】我国在毗连区拥有哪些海洋权益？请同学们将各海域与其权益连接起来。 【设问】美军在我国毗连区上空进行侦察和挑衅的行为侵犯了我国哪些海洋权益呢？请大家用一分钟的时间组织语言，请一位同学发言。	【探究】连接各海域与其享有的权益。 【发言】在 200 海里专属经济区内，其他国家可以自由通行，但不能做危害沿海国主权和安全的活动。侦察我国沿海军事部署已经威胁到我国安全，侵犯了我国海上安全权益。	通过连线，回顾基础知识。结合情境，理解、运用基础知识。

①本节课为贵阳市市级示范课，授课教师：胡亚梅（贵阳市第一中学）。

（续表）

教学环节	教师导学	学生活动	设计意图
我国海洋强国战略	【展示】展示北极争夺战、英国阿根廷马岛之争、新马白礁中岩礁南礁岛争端、南海之争相关资料。 【设问】为什么海洋权益越来越受重视？请同学们结合材料，说出我国维护南海权益有哪些重要意义。	【探究】海洋是国防的前沿阵地，也是国土的重要组成部分，维护国家海洋权益，才能为国民经济发展提供和平的环境，同时维护和平的国际环境。此外还具有经济发展意义、资源供应意义、交通运输意义、科学研究意义等。	利用案例，引导学生思考维护海洋权益的重要意义。
	【设问】请同学们根据国际案例，说一说如何维护我国海洋权益。	【探究】从国民海洋意识、增强军事外交实力等角度进行探究。 【发言】畅所欲言。	畅所欲言，培养学生的综合思维。
	【讲解】向海而兴，背海而衰。为了更好地捍卫我国海洋权益，同时也为了开发海洋、利用海洋，党的十八大、十九大都明确提出要建设海洋强国。我国正在建设海洋强国的路上。	【听讲】我国海洋强国的建设之路。 【思考】我国海洋强国建设之路的战略措施。	引出下一课题：我国的海洋发展战略。
情感升华	【展示】播放战机驱逐视频。 【升华】六百多年前郑和下西洋，传播了中华文明，为世界航海事业甚至人类文明进步做出了巨大贡献。而今，中国这艘巨轮重新整装，再次扬帆起航！	【观看】观看战机驱逐视频。	结合真实案例，树立并坚持正确的历史观、民族观、国家观、文化观，树立爱国主义情怀。
板书设计	**第三节　海洋权益与我国海洋发展战略** 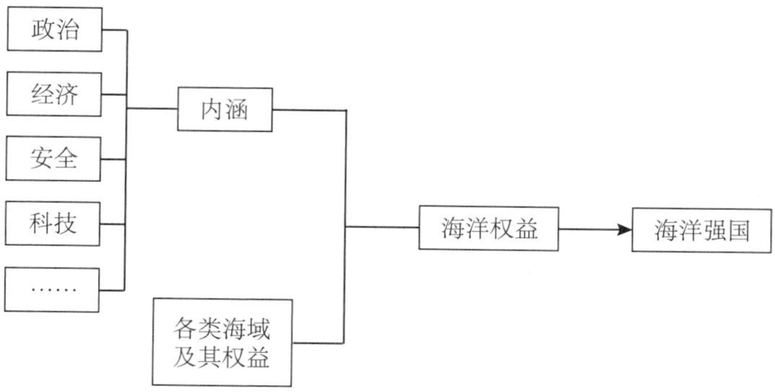 政治 经济 安全 科技 …… 内涵 各类海域及其权益 海洋权益 → 海洋强国		

表 4–14 “海洋权益”第 2 课时教学过程设计

教学环节	教师导学	学生活动	设计意图
情境导入	【展示】播放视频，国防部发言表明“南海诸岛自古以来就是中国领土”。 【导入】国防部发言人霸气发言，为我国在南海诸岛的建设正名，但也有少数境外势力提出质疑。有哪些资料可以为国防部发言人的发言提供佐证？今天我们一起来模拟一次有关南海问题的记者会，看看如何为国防部发言人建言献策。	【观看、思考】观看视频，思考有哪些证据可以证明南海诸岛自古以来就是中国领土，如何为国防部发言人建言献策。	以模拟新闻发布会为情境，激发学生的学习兴趣。
准备环节	【任务】请同学们以小组为单位，整理针对这一言论，记者们可能提出的相关问题。 【收集】收集各小组记录的问题。 【活动】筛选问题。 【展示】展示问题。 【交流】请各小组利用已经收集好的资料，整理发言。 【任务】请各个小组选择一位专家评审，对模拟记者会进行评审与打分。	【思考】我国表示南海诸岛自古以来就是我国的固有领土，针对这一问题，思考记者可能提出何种问题。 【探究】小组成员独立思考，小组讨论，整理问题并记录。 【活动】探究问题的可回答性，筛选问题进行模拟发言。 【探究】小组讨论，整理答案并记录。 【选取】选取专家评审。	以准备记者会的形式，引导学生整理资料、组织语言。
承转过渡	【主持】本次模拟记者会正式开始。各位记者朋友大家下午好，欢迎出席今天的记者会，本次记者会将会有 5 个问题，请做好发言准备。请专家评审入座，请发言人上台，请记者朋友们提问。	【准备】整理思路，梳理各类材料，精简语言。	代入情境。
模拟环节	【总结】南海诸岛是中国最早发现并命名的。	【问题 1】南海诸岛自古以来就是中国领土，如何定义“自古”？ 【发言】西汉时期，中国先民就发现了南海诸岛，并对其进行命名。 【列举】列举史料。	以模拟记者会的形式，帮助学生提升语言组织能力。

（续表）

教学环节	教师导学	学生活动	设计意图
模拟环节	【总结】南海诸岛是中国最早纳入管辖和巡海管控的。历代中国政府都为维护南海诸岛的主权进行了坚决的斗争。	【问题2】中国在发现与命名南海诸岛后是否对这些岛屿进行了有效利用与管理？ 【发言】中国历代史籍都记载了中国先民在南海和南海诸岛进行的开发生产活动。 【列举】列举史料。	引导学生了解我国对南海诸岛的发现、命名、利用等，以历史资料作为佐证，认识我国在历史时期对南海诸岛的主权。
	【总结】中国对南海诸岛的主权和在南海的相关权益，是在漫长的历史发展过程中确立的，我国拥有南海诸岛主权，具有承前启后的完整历史链接。	【问题3】中国政府是否有历史资料证实自古以来对南海诸岛有实际控制权？ 【发言】早在北宋时期，中国海军就海巡至西沙群岛，设置广州海军指挥使，并建立广南巡海水军，以保障海域安全和海上贸易、航行和生产。 【列举】列举史料。	
	【总结】新中国成立前后，我国政府都曾多次向全世界宣示中国对南海诸岛拥有主权。	【问题4】中国是否将南海诸岛的归属问题进行公示？ 【发言】南海诸岛隶属中国版图实无疑义。 【列举】列举史料。	
	【总结】日、法、美、菲等国的大量文献资料，证明南海诸岛是中国的领土。	【问题5】是否有其他国家的文献记载作为佐证？ 【发言】日本、法国、英国、美国、越南等国都曾在出版物中明确指出南海诸岛属于中国政府管辖范围。 【列举】列举史料。	
会后总结	【总结】综上所述，我国对南海诸岛及其附近海域拥有无可争辩的主权。本次记者会到此结束。	【活动】专家评审评选本次模拟记者会的最佳发言人。	点明主题：南海诸岛自古以来就是我国的领土。
课堂小结	【讲述】随着社会不断进步，陆地资源开发程度接近饱和，人们逐渐将目光投向了大海，这片蓝色的空间逐渐硝烟四起。	【思考】拥有南海岛礁的主权意味着在南海有着稳定的效益。	引发学生的共鸣，树立爱国主义情怀。
作业布置	【拓展】除了南海诸岛，我国钓鱼岛及其附属岛屿也是海洋争端热点地区，请同学们查找资料，说明钓鱼岛及其附属岛屿是我国固有领土。	【思考】收集钓鱼岛争端相关的资讯与报道，挖掘有关资料。	围绕我国海洋争端，正确认识我国的海洋权益。
板书设计	模拟记者会 ——南海诸岛自古以来就是我国的固有领土		

表 4–15　第 3 课时“海洋发展战略”教学过程设计[①]

教学环节	教师导学	学生活动	设计意图
认识我国海洋发展战略	【展示】播放世界海洋视频。 【讲解】海洋不仅美丽而且富饶，有人说海洋是能量的源泉，也有人说海洋是未来的粮仓。我国陆地资源的开发已趋于饱和，所以，海洋的开发已然成为我国重要的发展战略。今天，我们继续学习海洋权益与我国海洋发展战略。	【观看】观看世界海洋视频。 【听讲】海洋不仅美丽而且富饶，有人说海洋是能量的源泉，也有人说海洋是未来的粮仓。我国陆地资源的开发已趋于饱和，所以，海洋的开发已然成为我国重要的发展战略。今天，我们继续学习海洋权益与我国海洋发展战略。	以真实情境导入，激发学生的学习兴趣。
	【展示】展示横版地图与竖版地图。 【提问】横版地图与竖版地图的区别在哪里？	【观察】观察展示的横版地图与竖版地图。 【思考】思考横版地图与竖版地图的区别。	对比寻找差异，激发学生探索问题的兴趣。
	【组织活动】组织学生进行讨论，并指导他们做好分享。	【讨论】讨论相关问题，并做好分享准备。 【分享】横版地图当中，南海区域使用比同图更小的比例尺进行制作并放在地图右下角；而竖版地图中的南海区域使用的是与同图相同的比例尺进行制作。	通过横版和竖版地图的直观对比，形成对海洋的直接关注，通过讨论分享，让学生形成海洋发展的认识。
	【总结】横竖版地图各有千秋，不存在美丑之分，也不存在对错之别。通过这样的对比，我们需要认识到海洋的重要性，需要对祖国的海洋发展战略有所认识。 【讲解】党的十八大和十九大中明确提出了我国海洋发展战略。 党的十八大：提高海洋资源开发能力，发展海洋经济、保护海洋生态环境，坚决维护国家海洋权益，建设海洋强国。 党的十九大：坚持陆海统筹，加快建设海洋强国。	【听讲】党的十八大和十九大中明确提出了我国海洋发展战略。 党的十八大：提高海洋资源开发能力，发展海洋经济、保护海洋生态环境，坚决维护国家海洋权益，建设海洋强国。 党的十九大：坚持陆海统筹，加快建设海洋强国。	通过总结，引导学生关注我国海洋发展战略。 通过讲解，引导学生清楚认识我国建设海洋强国的发展战略。

①本节课为贵阳市市级示范课，授课教师：王炳福（贵阳市第六中学）。

（续表）

教学环节	教师导学	学生活动	设计意图
建设海洋强国的战略布局	【展示】播放视频《建设海洋强国》。	【观看】观看视频《建设海洋强国》。	让学生对建设海洋强国的战略布局形成感性认识，并激发学生的学习兴趣。
	【提问】《建设海洋强国》视频中展示了我国需要从哪些方面建设海洋强国？	【发言】根据视频内容进行总结归纳，视频中包含政治、经济、科技、生态、管理、军事等方面。	通过学生归纳总结和发言，强化学生对建设海洋强国的认识。
	【板书】听取学生的发言内容，引导学生理清思维，并提炼出关键词进行板书。	【观看】观看教师写在黑板上的关键词。	板书建设海洋强国的主要方面，加上学生的认识。
	【承转】教材介绍了我国建设海洋强国的六大战略布局，它们分别是：①坚持海陆统筹发展；②推动海洋经济发展；③创新海洋科技；④保护海洋生态环境；⑤维护海洋权益；⑥全面参与全球海洋治理。 【分组】将学生分成七个小组，其中六个小组分别对应六大战略布局，一个小组作为评委小组。 【提问】运用教材相关内容，每个小组认真学习与本组对应的战略布局内容，高度概括本组战略布局要义，并用自己的语言进行描述。	【自学】认真学习与本组对应的战略布局内容。 【发言】用自己的语言描述与本组对应的战略布局的要义。	学生通过自学，培养自学能力。运用教材，引导学生使用教材，深入学习我国建设海洋强国的六大战略布局。总结发言，加深学生对我国建设海洋强国战略的认识。
	【总结】结合同学们的认识，可以总结出这样的特点：我国建设海洋强国的战略，已经从陆地走向海洋，从传统产业迈向新兴产业，一边传承一边创新，一边保护一边开发，我们既要维护祖国的权益，也要参与维护世界的和平。 【板书】陆地—海洋，传统—新兴，传承—创新，保护—开发，权益—和平，中国—世界	【听讲】我国建设海洋强国的战略，已经从陆地走向海洋，从传统产业迈向新兴产业，一边传承一边创新，一边保护一边开发，我们既要维护祖国的权益，也要参与维护世界的和平。	深入分析并板书建设海洋强国战略的内容，帮助学生正确掌握我国建设海洋强国的战略布局。

（续表）

教学环节	教师导学	学生活动	设计意图
南海建设战略布局	【提问】聚焦南海，阅读教材107—108页中关于南海的内容；运用六大战略，每组学生选择与本组组号对应的问题进行探究，并把探究结果写在卡片上，为南海的发展献计献策。 ①探究南海实施海陆统筹发展的措施。 ②探究南海推动海洋经济发展的措施。 ③探究南海创新海洋科技的途径。 ④探究南海保护海洋生态环境的措施。 ⑤探究维护南海权益的途径。 ⑥探究南海全面参与全球海洋治理的途径。	【探究】根据合作探究要求，结合南海具体情况，各小组进行深入讨论，合作探究。 【记录】将本小组合作探究的结果记录在卡纸上。	通过合作探究，结合真实的情境，在讨论、探究和运用当中深入理解我国建设海洋强国的战略布局。
	【展示】将每个小组合作探究的记录结果（已经书写在大白卡纸上）展示在黑板上，供各个小组进行学习和讨论。	【分享】每个小组选择一名学生代表分享本组的合作探究结果，其他学生可以补充。 【听讲】认真听取各个小组的成果分享。 【思辨】思考并辨别各个小组的分享是否正确。	通过成果展示，增强各小组成员的获得感；通过讨论分享，在思辨中深入认识南海发展问题。
回归主题：我国海洋发展战略	【总结】通过合作探究南海发展的战略布局，我们更进一步认识了我国建设海洋强国的战略布局，需要从时间、空间、思维等方面加以布局。 【板书】时间、空间、思维	【听讲】通过合作探究南海发展的战略布局，我们更进一步认识了我国建设海洋强国的战略布局，需要从时间、空间、思维等方面加以布局。	通过总结和板书进行提炼，强调运用地理思维理解建设海洋强国的战略格局。
	【讲解】初期，郑和率领浩大船队七下西洋，将中华文化和发明创造送给友邦。近代，封建王朝故步自封，实施海禁，严重阻碍了中华民族发展海洋事业，泱泱大国逐渐沦为贫穷落后的半殖民地半封建国家。改革开放以来，我国海洋事业取得了长足进展，“蓝色国土”得到了前所未有的开发利用。现在，我们需要加快建设海洋强国，关心海洋、重视海洋和建设海洋。	【听讲】初期，郑和率领浩大船队七下西洋，将中华文化和发明创造送给友邦。近代，封建王朝故步自封，实施海禁，严重阻碍了中华民族发展海洋事业，泱泱大国逐渐沦为贫穷落后的半殖民地半封建国家。改革开放以来，我国海洋事业取得了长足进展，“蓝色国土”得到了前所未有的开发利用。现在，我们需要加快建设海洋强国，关心海洋、重视海洋和建设海洋。	通过讲述我国海洋发展的历史，引导学生进一步关心海洋、重视海洋和建设海洋，力争为建设海洋强国奉献力量。

（续表）

教学环节	教师导学	学生活动	设计意图
板书设计	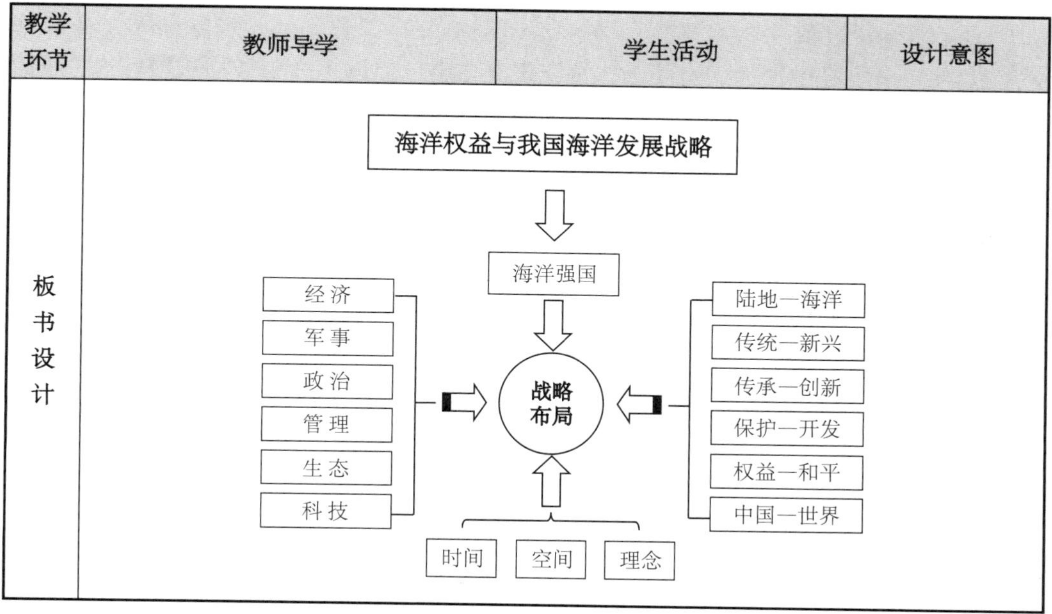		

◎ 作业设计

一、单项选择题

图 1 为某海域划分示意图。读图，完成 1~2 题。

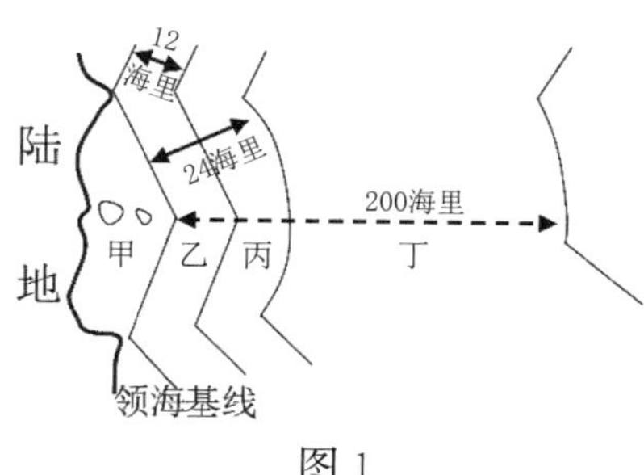

图 1

1. 图中甲乙丙丁海域分别对应（　　）。

①内水　②领海　③毗连区　④专属经济区　⑤公海

A. ①②③⑤　B. ①②④⑤　C. ②③④⑤　D. ①②③④

2. 沿海国在乙海域享有的权益是（　　）。

A. 享有主权

B. 防止和惩处在其领土或领海内违反法律和规章事项的管制权

C. 勘探、开发、养护和管理自然资源的主权权利和管辖权

D．享有勘探、开发包括海床、底土的矿物和其他非生物资源

二、综合分析题

3．南海诸岛是中国的固有领土，海洋资源丰富。但许多岛礁被周边国家占领（越南侵占29个，菲律宾侵占8个，马来西亚侵占5个），严重损害了我国的海洋权益。结合图2，回答下列问题。（12分）

（1）据图分析，南沙群岛容易被他国侵占的原因是什么？（4分）

（2）渔政船巡查南海、南海岛礁建设等活动显示了我国维护海洋权益、加强海洋管理的能力和决心。我国维护南海权益、加强海洋管理的地理意义有哪些？（8分）

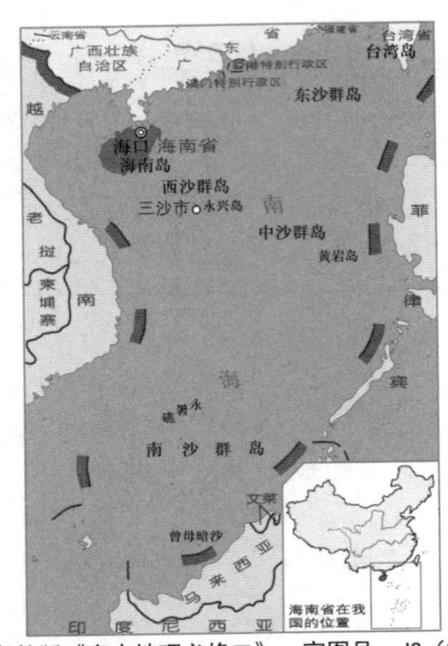

本地图来源：湘教版《高中地理必修二》　审图号：JS（2019）01-040号

图2

4．查找资料，说明钓鱼岛及其附属岛屿是我国固有领土。

【参考答案】

1.D　　2.A

3.（1）远离我国大陆，补给困难；海岛面积小，淡水资源匮乏，不利于驻军。

（2）有利于缓解对陆地环境的压力；有利于增加渔业、油气资源的保有量；有利于巩固国家安全；有利于强化海洋意识，树立海洋国土观念。

4．略

◎ 教学反思

【第 1 课时】

优点：引入并升华应用了相似的情境，在相似情境中，我国对其的处理方式不同，说明了我国的海洋强国发展战略。板书与板图结合，帮助学生理解与辨别；以真实情境进行学习，激发学生的学习兴趣，引导学生正确认识海洋权益。

不足：小组活动时间不足，学生探究内容复杂，没有达到效果。

再教设计：引导学生多人合作完成小组活动，帮助学生从多个维度进行思考与分析。

【第 2 课时】

优点：学生通过收集、处理、分析资料，组织语言进行表述，有利于培养综合思维能力；以模拟记者会作为课堂情境，形式新颖，有利于激发学生的学习兴趣；以小组合作探究的形式解决问题，可以培养学生的团队合作能力；引导学生关注了我国海洋权益。

不足：问题预设时间短，且学生经过资料查阅，思路受限；小组选取“专家评审”的环节，占用时间较多。

再教设计：提前由小组内推选“专家评审”，课前收集预设问题，由教师及各小组“专家评审”初筛后在课堂上进行问题抽选。

【第 3 课时】

优点：通过视频导入情境，有利于激发学生的学习兴趣；通过横竖版地图的直观对比，有助于让学生产生对海洋的直接关注；通过对具体问题的讨论、分享、展示，让学生在思辨中深入认识了海洋发展问题。

不足：内容的广度和深度需要进一步提高，探讨的问题需要进一步聚焦，还需要进一步引导学生的思辨性思维。

再教设计：聚焦热点问题，针对具体问题进行探究，启发学生进行深度思考，同时不拘泥于一般形式的小组讨论。

点评

本节内容是教材新增内容，对教师和学生来说，学习内容比较陌生，教学资源比较有限，也没有现成的教学设计可参考，对于教师进行教学设计有很大的挑战性。两位老师在进行教学设计时都充分收集了有关资料、视频和图片，对教材内容进行了较大的补充，并对教材内容进行了整合，使教学设计更为合理。

第 1 课时介绍海洋权益，从“81192 事件”引入，激发学生的学习兴趣，进而介绍海洋权益的内涵，并设计学生活动来让学生进一步理解海洋权益，最后又以“81192 事件”结束课程，首尾呼应，课程结构完整，设计合理。学生活动多样，注重对学生的评价，思政的亲和度高，有利于培养学生的家国情怀。教师基本功扎实，教态亲切，语言流畅干净，多媒体使用娴熟。不足之处是对新概念的讲解不够，学生理解还不透彻。

第 2 课时对应的课标为“运用资料，说明南海诸岛是中国领土的组成部分，钓鱼岛及其附属岛屿是中国固有领土，中国对其拥有无可争辩的主权”。教师设计了记者招待会的形式来开展教学，使得枯燥的内容变得鲜活起来，课程内容新颖，学生参与度较高，教学效果较好。但板书设计较为单调，建议再进行有效设计。

第 3 课时我国海洋发展战略，通过视频及横版和竖版的世界地图的对比，吸引学生的注意力，引导学生关注海洋发展。通过案例分析、学生活动等设计，使学生了解我国建设海洋强国的措施。学生分组活动组织有序，人人有分工，学生参与面较广；教师对学生评价及时，且评价语言多样幽默，教学结构合理，语言流畅，教学把控能力强。可结合学业水平的要求，适当增加一些地理实践力素养的培养。

点评：王利亚（贵阳市第一中学）

第五章 “人地关系和可持续发展”教学研究与案例设计

内容研读：游慧明　秦　江

人地关系是人文系统与自然环境系统动态关系的简称。人与自然是相互依存、相互制约的生命共同体。自然环境为人类的发展提供了各种物质和能量，随着人口的增长和社会生产力的发展，人类向自然索取资源的强度日益增大，同时向自然排放的废弃物剧增，使环境遭到了严重的毁损，危及了我们及子孙后代的生存与发展。因此，人们开始深刻反思并探寻人与自然和谐共生的可持续发展道路。

可持续发展是既满足当代人的需求，又不对后代人满足其需求的能力构成危害的发展。党的二十大报告提出，我们坚持可持续发展，坚持节约优先、保护优先、自然恢复为主的方针，像保护眼睛一样保护自然和生态环境，坚定不移走生产发展、生活富裕、生态良好的文明发展道路，实现中华民族永续发展。由此可见，可持续发展关系到我们生产生活的方方面面，关系到一个民族乃至整个人类的生存和发展，可见本章的重要地位。

通过本章节的学习，加深学生对高中地理必修一中的自然地理环境要素的认识，并增强其对必修二中人类活动与自然环境关系的理解，有利于学生了解人地关系思想的演变，探究可持续发展的途径，谋划更加理性、更加绿色、更加和谐、更加美丽的未来。在学业要求中，本章要达到的目标如下：

1. 人地协调观：结合具体区域，了解可持续发展的内涵，理解可持续发展的基本原则。能够认识到人类活动要遵循自然规律，学会与自然和谐相处。

2. 综合思维：运用身边成功或失败的环境治理案例，通过合作探讨学习的方式，引导学生学会运用综合思维分析其成功或失败的原因，并能对这些案例提出自己的新的想法。

3. 区域认知：结合图文资料和区域图，分析区域地理特征与环境问题产生的原因。结合不同区域的地理特征，分析不同区域环境问题的表现。

4. 地理实践力：结合生活和生产实际，依据可持续发展的方式，提出或参与工农业生产和生活中符合可持续发展理念的行动，从身边做起，从现在做起，为可持续发展建言献策。

根据本章的教学目标和学生的实际情况，建议采用 3 个课时完成教学，其中第一节“人类面临的主要环境问题”1 个课时，第二节“协调人地关系，实现可持续发展”2 个课时，使学生能达到学业质量“水平 2”的要求。

第一节　人类面临的主要环境问题

教学设计：陈　相　蒲秋霞

环境是指影响人类生产和生活的各种要素的总称。环境为人类的生存和发展提供所需的物质和能量，同时人类向环境排放大量废弃物，从而引起了生态破坏和环境污染等环境问题。

一、内容研读

◎ 内容要求

【2.10】运用资料，归纳人类面临的主要环境问题，说明协调人地关系和可持续发展的主要途径及其缘由。

◎ 认知内容

本节课标的认知内容是：归纳人类面临的主要环境问题，说明协调人地关系和可持续发展的主要途径及其缘由。课标要求“运用资料”，即需要通过材料阅读、案例分析及社会调查等手段，辨析环境问题的概念和类型，并对环境问题的产生和危害进行分析，深刻认识人类面临的主要环境问题，并提出解决问题的途径和方法；对于给定的贵州省的实际情况和现象，能够辨识人类活动影响地理环境的主要方式，以及出现的人地关系问题，说明人地关系协调发展和走可持续发展之路的重要性，能够自主辨识给定区域内存在的主要环境问题和特点，并能针对问题提出可持续发展的主要途径。教师可以重点讲授所在地区常见的环境问题，以便学生联系生活，加深理解。本节学生应学习资源短缺、生态破坏和环境污染三类主要环境问题，学习后能够简述这些环境问题的成因、分类及危害。

本节课的核心概念是"环境问题"和"可持续发展"，根据课程内容要求，各版本教材的特点并结合贵州实际，学生通过本节课的学习应掌握以下内容：

1. 从全球的角度，就资源短缺、生态破坏、环境污染等方面，归纳世界面临的主要环境问题，并对这些问题的大致地理分布及表现进行描述。

2. 以掌握环境问题的表现为重点，从问题出发，最后提升到可持续发展的高度。

3. 从全球角度了解主要环境问题的源头和区域分布。

在地理核心素养方面，本节要达到的目标如下：

1. 人地协调观：对于给定的地理现象，能够辨识人类活动影响地理环境的主要方式，以及出现的人地关系问题，说明人地协调发展和走可持续发展之路的重要性。

2. 区域认知：能够自主辨识给定区域内存在的主要环境问题和特点，并能针对问题提出可持续发展的主要途径。

3. 综合思维：通过材料阅读和案例分析，辨析环境问题的概念和类型，并能对环境问题的产生和危害进行分析。

4. 地理实践力：通过分析阅读材料或社会调查，让学生深刻认识人类面临的主要环境问题，并提出解决问题的途径和方法。

◎ 教材对比

由于贵州省高中地理教学所用教材主要为人教版教材和湘教版教材，因此以下主要针对这两个版本的教材进行对比分析。两个版本教材"人类面临的主要环境问题"内容结构对比详见表 5–1。

表 5–1 人教版、湘教版教材"人类面临的主要环境问题"内容结构对比

教材版本	人教版	湘教版
内容页数	5 页	9 页
所属章节	第五章第一节 （人类面临的主要环境问题）	第五章第一节 （人类面临的主要环境问题）
内容模块	一、环境问题及其产生的原因 二、环境问题的表现	一、环境问题的概念与类型 二、主要环境问题
图表数量	图片 6 幅 表格 0 张	图片 10 幅 表格 2 张
活动与材料数量	思考：2 个 案例：1 个 活动：2 个	探究：1 个 阅读：4 个 活动：5 个

与人教版教材相比，湘教版教材采用了更多的阅读、图表等进行展示，通过大量的活动来加强学生对本节知识的掌握的同时，也拓宽了学生的视野，激发了学生的兴趣，更加贴合贵州学生的实际。

图表是地理知识内容的主要载体。从插图来看，人教版教材插图较少，主要呈现 1972 年联合国人类环境会议、人类社会与环境相关模式、污染的形成、过度垦荒引起的恶性循环、主要环境问题及其表现、当今世界环境问题举例等内容；湘教版教材插图相对较多，有主要环境问题的类型、环境问题分类方法示意、复杂的世界环境问题、2001—2006 年世界主要地区 PM 平均值分布、土壤污染及其危害示意等内容，同时增加了较多的实例图片。详见表 5−2。

表 5−2　人教版、湘教版教材“人类面临的主要环境问题”主要插图对比

教材版本	人教版	湘教版
主要插图	图 5.1　1972 年联合国人类环境会议 图 5.2　人类社会与环境相关模式 图 5.3　污染的形成 图 5.4　过度垦荒引起的恶性循环 图 5.5　主要环境问题及其表现 图 5.6　当今世界环境问题举例	图 5-1　环境问题的类型 图 5-2　环境问题分类方法示意 图 5-3　复杂的世界环境问题 图 5-4　千疮百孔的矿区 图 5-5　矿区溃坝造成的生态灾害 图 5-6　渡渡鸟复原图 图 5-7　工厂排放废气造成大气污染 图 5-8　2001—2006 年世界主要地区 PM 平均值分布 图 5-9　海洋石油污染 图 5-10　土壤污染及其危害示意

◎ 教学建议

本节知识内容较为细碎，有着典型的“宽而浅”的特点，所以在教学中，要以“环境问题”这一大概念为统领设计教学内容，通过学习，做好总结归纳。针对能力层次较高的学生，还可以增加一些对身边环境问题探究的内容，开展相关的实践调查活动。

建议在教学中以环境问题实例图片展示为主，辅以简单的原因讲解，重点使用讲授法、合作探究等教学方法，引导学生多参与到课堂活动中，充分发挥教师的主导作用和学生的主体作用。如果条件允许，可以组织学生到校外进行各种环境问题的考察，并撰写相关的微课题研究报告。

教学过程方面，建议从身边的环境问题或者大家熟知的典型的环境问题入手，如水污染、大气污染、噪声污染等，有助于激发学生学习的兴趣，让学生学习生活中有用的地理，更加深入认识家乡，了解乡土地理，培养学生的区域认知素养。

根据贵阳本地学情和教情，建议本节内容的教学使用 1 课时。

二、教学设计

◎ 学情分析

认知基础：学生通过前面的学习，已经具有了自然地理环境整体性思想，了解了人口的合理容量、环境承载力，掌握了城市化过程中的主要问题等知识，储备了一定的地理相关知识，也具备了一定的分析地理事物特征、解决地理问题的能力。对于人类面临的主要环境问题，他们通过各种渠道已经有所认识，具备了相关的环境知识。本节内容贴近生活实际，学生对生活中的环境问题也非常感兴趣。

不足条件：前一阶段学生对环境问题的学习不够系统，比较零散，没有形成完整的、系统的人地协调的理念。

◎ 教学目标

1. 通过对人地关系相互作用的分析，理解环境问题的概念、类型及其产生的原因。

2. 通过案例，了解不同地区的主要环境问题，提高区域认知能力。

3. 通过分析材料或社会调查，了解人类面临的主要环境问题，树立正确的人地协调观。

◎ 重点难点

1. 教学重点：环境问题的正确理解与归类，发现身边存在的环境问题并对其进行归类，树立正确的人地协调观。

2. 教学难点：分析环境问题的成因及影响。

◎ 教学方法

案例式教学，通过设置案例，让学生从不同情境中认识环境问题及其成因，培养学生的综合思维能力和区域认知能力，使其树立正确的人地协调观。

◎ 教学资源

湘教版教材，多媒体课件，视频，图片，探究记录单等。

◎ 教学过程

“人地关系可持续发展”教学过程设计详见表 5–3。

表 5–3 《人地关系可持续发展》教学过程设计

教学环节	教师导学	学生活动	设计意图
新课引入	【播放】播放脱贫前贵州省关岭县板贵乡石漠化导致贫困的视频。请学生思考：石漠化是否属于环境问题？导致石漠化的原因是什么？	【观看】通过观看视频并思考，加深对环境问题的认识。转变固有观念和认识。（学生一般认为的环境问题是环境污染，特别是城市学生）	应用问题式教学，创设问题，引入新课，并为第二节教学做铺垫。通过学习，解决问题。
承接	【讲解】展示 1972 年 6 月联合国人类环境会议在瑞典斯德哥尔摩召开的材料。大会通过了《人类环境宣言》，并决定成立联合国环境规划署。这次会议标志着人类对环境问题的觉醒，也是人类第一次在全球范围内携手面对环境问题的挑战。我们学校地理社团准备开展环境问题探究活动，主题是“认识环境问题，争做环保达人”。以此引出探究活动。	【观察并思考】观察图片，思考《人类环境宣言》通过的原因及意义，了解什么是环境问题，环境问题对人类的影响，我们应该如何面对环境问题。听讲解，了解活动的主要流程。	让学生对环境问题有一个全面的认识，便于后续知识的学习以及问题的解决。增强情境真实性，激发学生的学习兴趣。
活动准备	【讲解】本次活动主题是“认识环境问题，争做环保达人”，因此首先需要学习人类面临的主要环境问题的相关知识。 【提问】教材上是怎么定义环境问题的？ 【展示】展示大气污染、水污染、水土流失、森林砍伐、草原破坏的图片。 【提问】根据环境问题的性质，主要的环境问题可以分为哪三类？ 【展示】展示环境问题的类型图。 【提问】环境问题按其他方法可以分为哪些类别？ 【展示】展示图片“环境问题分类方法示意”。	【阅读】阅读环境问题的概念与类型。自主阅读教材 110~115 页的内容，说出主要环境问题的概念和类型。 【阅读并发言】环境问题是由自然界或人类活动作用于人们周围的环境，引起的环境质量下降或生态失调。环境质量下降或生态失调反过来又会对人类的生产生活产生不利影响。 【阅读并发言】环境问题按性质不同可以分为环境污染、生态破坏和资源短缺三类。 【学生连线】按环境要素、生产类型、地理空间划分。	通过此环节让学生了解主要环境问题的概念，为下一环节做铺垫。通过观察图片，让学生直观了解主要环境问题的类型。 按不同标准可以把环境问题分为不同类别，以此培养学生的综合思维。

（续表）

教学环节	教师导学	学生活动	设计意图
探究准备	【讲解】环境问题是随着社会生产力的发展而产生和发展的。不同时期的环境问题不同，不同区域所面临的环境问题也有所不同。 【展示】展示“复杂的世界环境问题”示意图。 【提问】发达国家和发展中国家的环境问题各有什么特点？举例说明。 【追问】中国的城市与乡村的环境问题有何差异？	【讨论并发言】发达国家目前的环境问题较轻，以臭氧层破坏、全球气候变化、海洋污染、酸雨等环境污染问题为主。 发展中国家目前的环境问题较重，以森林退化、荒漠化等生态破坏问题为主。 中国城市的环境问题以大气、水、生活垃圾等环境污染为主，乡村以森林破坏、水土流失、植被破坏为主。	承接上部分内容，形成连贯性。通过一系列问题的提出和解决，让学生理解不同区域环境问题的特点及区域差异，培养学生的区域认知和综合思维。
探究活动一	【讲解】我们将通过不同的案例研读，小组合作，探究主要环境问题的具体表现及其产生的原因。 【任务】全班分成三个小组，根据探究任务单完成任务： 第一小组探究以矿产、土地、森林、水资源等为代表的资源短缺问题产生的原因。 第二小组探究以生物多样性减少、水土流失、土地荒漠化、生态失衡等为代表的生态破坏问题产生的原因。 第三组探究以大气、水、土壤、固体废弃物、噪声污染等为代表的环境污染问题产生的原因。 各组集中汇报探究成果。 【提问】在小组汇报时，针对性地追问一些问题，加深学生对该环境问题的形成原因及保护措施的理解，如：1. 人类对土地资源和森林资源的破坏主要有哪些表现形式？ 2. 生物多样性包括哪些类别？ 【评价】对学生的探究过程和汇报过程进行教师点评和学生互评。 【小结】对学生的探究活动进行阶段性归纳和总结。	【探究及展示】小组合作完成探究任务单，从资源短缺、生态破坏、环境污染的具体表现及产生的原因着手，并派代表进行汇报。 【发言】第一小组：资源短缺主要表现为矿产资源、森林资源、土地资源、水资源等资源的数量锐减、质量下降，人均拥有数量大幅减少。主要原因是不合理的开发利用、污染严重、人口增长等。对土地资源的破坏：肆意开采矿产资源、不合理灌溉、不合理的建设用地、滥垦草地等。对森林资源的破坏：毁林开荒、乱砍滥伐等。 【发言】第二小组：生态破坏主要表现为生物多样性减少、水土流失、土地荒漠化、生态失衡。生物多样性包括遗传多样性、物种多样性、生态系统多样性。生态破坏的原因有：人类大规模的社会生产活动加快了地球上物种灭绝的速度，长期砍伐森林和开垦草原、湿地，使得生态系统遭到破坏。 【发言】第三小组：环境污染主要表现为大气、水、土壤、固体废弃物、噪声、放射性污染和海洋污染等。环境污染的原因是人类生产生活中产生和排放的有害物质超出了环境的自净速度和能力，引起环境质量下降。	通过小组合作探究的形式让学生学会从哪些方面归纳环境问题。形成“具体体现→产生原因→对人类的危害→防治措施”这样的逻辑思维。逐步学会并掌握地理环境问题的现象、成因及危害、对策措施的学习方法。培养学生的综合思维能力。 通过分组探究、集中汇报的形式，完成主要内容的学习。培养学生探究→分享→倾听→交流的协作能力。

（续表）

教学环节	教师导学	学生活动	设计意图
探究活动二	【任务】根据上一环节活动的内容和成果，绘制主要环境问题的危害及其防治措施的流程图。 第一小组绘制资源短缺的危害及其防治措施流程图。 第二小组绘制生态破坏的危害及其防治措施流程图。 第三小组绘制环境污染的危害及其防治措施流程图（可根据自己的理解加入新的内容）。 【评价】对小组所绘的流程图进行点评，组织学生互评。	【讨论并展示】小组讨论，绘制流程图，并上台展示所绘制的流程图，着重向其他小组介绍本组提出的防治措施。 【发言】第一组防治措施：控制人口过快增长；提高资源利用效率；发展新能源；节约、集约利用土地；等等。 第二组防治措施：退耕还林、还草、还湖；植树造林；设置禁渔禁猎期；根据区域特征合理设置国家野生动物保护名录；等等。 第三组防治措施：提高资源循环利用率，减少废弃物排放；增设污水处理厂、垃圾发电厂；等等。	通过流程图的绘制，明确各种环境问题的表现、危害及防治措施，有助于建构知识框架，树立人地协调发展的价值观念。
调查采访	【调查】我们的身边存在哪些环境问题，生活中我们如何争做环保达人？	【发言】根据生活体验及日常观察，反馈身边存在的环境污染、资源短缺、生态破坏等环境问题，并结合生活实际，提出做环保达人的办法。	通过梳理身边的环境问题和保护措施，树立人地协调观。
小结	【情感升华】播放视频“关岭县板贵乡石漠化治理”，以关岭县板贵乡为例向学生讲解贵州省石漠化治理的措施，以及治理后取得的环境效益和社会效益。然后向学生推荐环保主题纪录片《灭绝真相》。结束课堂教学。		首尾呼应，让学生体会保护环境从我做起的使命。
板书设计	**5.1 人类面临的主要环境问题** 一、主要环境问题的概念与类型 环境问题：环境污染；生态破坏；资源短缺 二、环境问题的危害		

◎ 作业设计

读图 1，完成第 1~2 题。

图 1

1. 图示反映的环境问题是（　　）。

A. 资源短缺　　B. 水体污染　　C. 生态破坏　　D. 大气污染

2. 缓解该环境问题最应采取的措施是（　　）。

A. 控制机动车辆数量　　B. 建设防护林体系

C. 改善能源消费结构　　D. 关停高耗能企业

图 2 为“长江主要污染物入海通量的变化图”。读图，回答第 3~4 题。

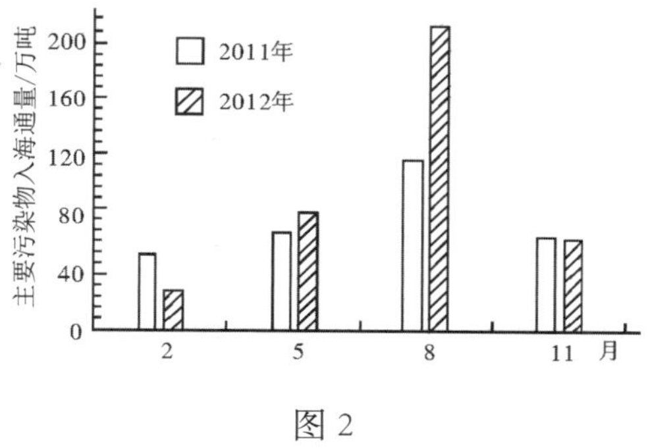

图 2

3. 关于长江主要污染物入海通量的变化特征，下列叙述正确的是（　　）。

A.2011 年的季节变化比 2012 年大　　B. 季节变化和年际变化都较大

C.2012 年的年际变化比 2011 年大　　D.11 月的季节变化最小

4. 影响长江主要污染物入海通量变化的直接因素是（　　）。

A. 气温　　B. 降水　　C. 径流量　　D. 污染物来源

【参考答案】

1.D　　2.C　　3.B　　4.C

◎ 教学反思

优点：1. 教学目标设计符合课标要求，根据学生认知实际和学业质量要求拟定教学目标，符合课标提出的环境问题的分布、成因、危害及治理措施的要求。2. 教学素材选取贴合教学实际，素材一选取关岭县板贵乡石漠化治理，是学生较熟悉的素材，容易激发学生的学习兴趣；素材二选取《人类环境宣言》，从大尺度升华情感，能够帮助学生树立正确的人地协调观，有效落实地理核心素养要求。3. 探究部分设置了两个探究活动和一个调查活动，教育意义强，将课堂还给学生的同时使学生深刻认识到环境问题的由来及其解决办法，锻炼学生的地理实践力。4. 结尾部分播放了贵州关岭县板贵乡石漠化经过治理的现状视频，与课堂导入相呼应并升华了情感。

不足：1. 教学过程中，没有引起学生真正的讨论和思考，对学生的引导不够充分，学生没有真正深入课堂；也没有完全激发学生认真思考问题，束缚了学生的高阶思维的发展。2. 课堂生成性的知识少，使得教学的深度和广度不够。3. 在教学过程中，没有真正把教学的舞台让给学生，使得学生的学习总是被老师牵着走，学生独立思考、充分表达的机会较少。

再教设计：1. 导入部分在“贵州关岭县板贵乡石漠化”的基础上再加一些贵州的生态环境问题案例。2. 在新课讲授部分添加全球性的环境问题案例，引发学生对环境的重视。3. 课堂探究活动需要再优化，探究活动要有深度和广度，让不同层次的学生在探究活动中都有突破和收获。4. 分组讨论的内容再细化，让学生从小切口深入思考和理解环境问题的成因及影响。

点评

本节课主要教学内容为人类面临的主要环境问题，安排1个课时。教学设计用学生身边的环境案例引入，让学生对环境问题有一个全面、直观的认识。再通过学校的“认识环境问题，争做环保达人”的社团活动，调动学生学习的积极性和主动性，通过分组合作探究学习、总结汇报的教学方式，充分发挥了学生的主观能动性，使学生的综合思维能力得到了训练，并加深了学生对区域概念的认知。本节课结尾与开头相互呼应，开头提出问题，课中学习相关的理论知识，并让学生将理论联系实践，最后分析各类环境问题产生的原因，并提出解决措施。该节课的教学设计体现了以学生为主体的教育理念，符合新课程改革的要求，能较好地完成预定的教学目标，并使学生的地理核心素养得到培养。

点评：游慧明（贵阳市第二中学）

三、乡土地理教学资源

◎ 贵阳市高雁垃圾填埋场

贵阳市高雁城市生活垃圾填埋场是1998年经国家、省、市计划委员会批准建设的国债项目，设计使用年限为31年。高雁生活垃圾填埋场于1998年启动建设，2001年投入使用，坐落在贵阳市乌当区高雁村境内，占地面积1189亩。2015年以前，主要采取粗放式管理模式，处理贵阳市每日产生的数百万吨生活垃圾。随着城市扩张、经济发展、人口增长，高雁生活垃圾填埋场的生活垃圾量日益增多。现采取系统化管理，采用卫生填埋、垃圾整形、全密闭覆盖等工艺技术对生活垃圾进行处理。高雁生活垃圾填埋场污水处理车间里，上百吨污水经过生化处理，变得清澈，可用来清洗填埋场内道路，实现废物利用。通过在垃圾堆体上钻井的方式深入吸收填埋气，倒排进管道，再用提纯仪器加工，将填埋场里的沼气变成干净的民用天然气。目前，高雁生活垃圾填埋场日处理填埋气约2.6万立方米，提炼可利用的成品气约1万立方米，成品气经加工处理后直接进入贵州燃气管网，每年输入的可再生清洁燃气高达数百万立方米。如今，乌当区50%的居民生活用气及公交车、出租车使用的天然气全部由高雁生活垃圾填埋场提供，此项目每年可减少温室气体和有毒气体排放量上百万吨，为环境改善和新能源利用创造良好的社会效应。

◎ 贵阳市水环境科普馆

贵阳市水环境科普馆位于贵阳市南明区南明河五眼桥旁的贵阳市首个地面活水景观公园内，地下是青山污水处理厂。展馆为公众提供一个亲自了解污水处理的教育平台，让市民了解水的起源、污染、净化及循环过程，全面展示贵阳市母亲河的治理历程及成就，通过对水“美”的表达，带动市民对水与生命、水与生态、水与城市的感悟。

第二节 协调人地关系，实现可持续发展

教学设计：马孟尚 黎晗颖

对生态环境的利用，对自然资源的开发，贯穿人类社会发展的全过程。随着人口的增长和社会生产力的发展，人类对资源环境利用的强度日益增大，由此也引发了诸多问题。资源的大量消耗，环境的严重损毁，已经危及我们和子孙后代。因此，亟须

我们回顾历史的脚印，反思失误的窘迫，甚至追溯人地关系思想的演变，探究可持续发展的途径，谋划更理性、更绿色、更和谐、更美丽的未来。

一、内容研读

◎ 内容要求

【2.10】运用资料，归纳人类面临的主要环境问题，说明协调人地关系和可持续发展的主要途径及其缘由。

◎ 认知内容

课标要求学生运用因果逻辑关系图，认识人类面临的重要生态环境问题，明确环境问题中的利害关系主体及其大致的地理分布范围，理解生态环境问题多为“外部性”问题，进而学会将其放在区域空间的框架中思考，强化区域认知能力和综合思维素养。根据课程标准的要求，参考多版本教材特点并结合贵州省的实际情况，学生通过本节的学习应主要知道以下两个方面的知识：

1. 人地关系思想的演变；
2. 走可持续发展之路的途径。

◎ 教材对比

人教版、湘教版教材“协调人地关系，实现可持续发展”内容结构和主要插图情况对比详见表 5–4 和表 5–5。

表 5–4　人教版、湘教版教材“协调人地关系，实现可持续发展”内容结构对比

教材版本	人教版	湘教版
内容页数	7 页	13 页
所属章节	第五章第二节 （走向人地协调——可持续发展）	第五章第二节 （协调人地关系，实现可持续发展）
内容模块	一、可持续发展的内涵 二、走可持续发展道路	一、人地关系思想的演变 二、走可持续发展之路
图表数量	图片 9 幅 表格 0 张	图片 6 幅 表格 3 张
活动与材料数量	活动（探究）2 个 阅读（案例）1 个	活动（探究）6 个 阅读（案例）6 个

表 5–5 人教版、湘教版教材“协调人地关系，实现可持续发展”主要插图对比

教材版本	人教版	湘教版
主要插图	图 5.7 被采访者对 20 年后的期望 图 5.8 环境与发展国际大事件 图 5.9 可持续发展系统示意 图 5.10 2030 年可持续发展目标 图 5.11 政府—企业—公众可持续发展实施中的关系示意 图 5.12 我国农村脱贫途径举例 图 5.13 我国发展绿色经济的主要内容 图 5.14 做一个可持续的消费者 图 5.15 闲置物品交换示意	图 5-11 秦岭地区大熊猫栖息地范围的变化示意 图 5-12 大坝拆除后的艾尔瓦河河口 图 5-13 可持续发展概念示意 图 5-14 污水处理流程示意 图 5-15 滇池风光 图 5-16 建材行业资源循环利用产业模式示意

◎ 教学建议

本节内容作为地理必修二的最后一个部分，担负着帮助学生树立正确的自然观、发展观与环境观的重任。基于此，在教学过程中，教师要以时间为轴，带领学生追溯人地关系思想的演变历程，探索未来人类实施可持续发展的关键途径。同时，教师还要帮助学生构建可持续发展的认知雏形，引导他们将理论认知内化为自身行动，充分意识到人地协调统一的重要性和可持续发展的必要性。

在情景筛选上，建议教师从身边的乡土案例入手，重点使用讲授法、演示法等教学方法，要求学生多参与到课堂活动中，充分发挥教师的主导作用和学生的主体作用。条件允许的情况下，教师还可以带领学生进行实地考察，让学生在感受地理学科实用性的同时，能更加深入地认识家乡、了解家乡、热爱家乡，培养区域认知素养，增进乡土地理情怀。

在课时安排上，建议本节内容使用 2 课时。第 1 课时学习人地关系思想的演变，第 2 课时学习可持续发展的实施途径与措施。

二、教学设计

◎ 学情分析

认知基础：通过必修一和必修二的学习，高一的学生已基本掌握关于人口、城市、工业、农业及交通等人文地理的知识，初步具备区域分析的能力，能够对目前存在的一些环境问题形成较为客观、全面的认知。并且，生活中也随处可见一些典型的环境

污染问题，如：排放废气造成大气污染，排放污水造成水污染，乱丢垃圾造成固体废弃物污染等，这些环境问题在潜移默化间促使学生产生对可持续发展的认知雏形，为本节课的学习打下基础。

不足条件：学生虽然看见或感受过环境问题，但受限于没有系统地掌握相关理论知识，所以在理解环境问题的成因上还存在一定误区。若教师处理不当，则会对学生将理论知识内化为切身体会、将切身体会升华为实际行动的过程产生消极影响。因此，如何带领学生完整地经历认识、了解、掌握，最终实现人与环境的和谐统一，是教师需要着重思考的问题。

◎ 教学目标

1. 通过梳理各时期的人地关系，了解人地关系思想的历史演变进程，能够描述不同时期人地关系思想的特征，理解走可持续发展之路的必然性。

2. 通过观察身边的环境问题，认识可持续发展的基本概念，能够说出可持续发展的概念、内涵、原则，绘制出可持续发展的系统示意图。

3. 通过分析课堂案例，熟悉可持续的发展模式，能够列举出可持续发展的基本实施途径，并从自身角度解释“公众参与，从我做起”的含义。

◎ 重点难点

1. 教学重点：结合实例，说出传统发展模式和可持续发展模式的差异。

2. 教学难点：结合具体区域的生态环境现状，分析传统发展模式的弊端，提出合理的、具有可操作性的发展措施。

◎ 教学方法

案例分析法：人地关系思想的演变采用案例分析的形式进行教授，教师引导学生对不同时期的环境问题进行梳理，理解人地关系思想的历史演变进程。

合作探究法：走可持续发展之路的具体途径采用合作探究的形式进行教授，教师引导学生对不同地区采取的具体措施进行分析，在培养小组合作能力和语言表达能力的同时，也进一步掌握了可持续发展的实施途径，有利于学生将理论知识与实践相结合。

◎ 教学资源

湘教版教材，多媒体课件。

◎ 核心问题

第1课时“人地关系思想的演变”和第2课时“协调人地关系”问题清单详见表5-6和表5-7。

表5-6　第1课时“人地关系思想的演变”问题清单

核心问题	子问题	素养指向	素养内涵
1. 采集—狩猎社会人地关系思想	①“谈虎色变”及虎图腾文化反映了怎样的人虎关系?	人地协调	地对人的影响
	②“谈虎色变”及虎图腾文化说明了怎样的人地关系思想?		地对人的影响
	③这样的人地关系思想产生的原因是什么?		地对人的影响
2. 农业社会人地关系思想	①“武松打虎”反映了怎样的人虎关系?	人地协调 综合思维	人对地的影响
	②“武松打虎”说明了怎样的人地关系思想?		人对地的影响
	③推测老虎的数量及栖息地分布将发生的变化。		时空综合
3. 工业社会人地关系思想	①华南虎濒临灭绝的原因是什么?	人地协调	人对地的影响
	②华南虎濒临灭绝说明了怎样的人地关系思想?		人对地的影响
	③分析耐旱经果林如何实现经济发展和生态保护。		人对地的影响
4. 信息社会人地关系思想	①《中华人民共和国野生动物保护法》出台的背景是什么?说明其对老虎保护的积极作用。	人地协调 综合思维	人地协调
	②这部法律的出台反映了怎么样选择人地关系思想?		人地协调
	③动物园的老虎应不应该关在笼子里?		要素综合

表5-7　第2课时“协调人地关系”问题清单

核心问题	子问题	素养指向	素养内涵
1. 可持续发展的内涵	① 20世纪70年代末，南明河水质恶化的原因。	人地协调	地对人的影响
	② 20世纪初，贵阳政府采用的水环境治理措施。		人对地的影响
	③南明河治理过程中体现出的人地协调观念。		人地协调发展
2. 可持续发展的观念	①促使贵钢搬出贵阳市中心城区的原因。	区域认知	必备的区域知识
	②扎佐新特材料工业园建造钢铁厂的优势条件。		认识区域的观点
	③贵钢原有厂址利用的合理化建议。		研究区域的能力
3. 可持续发展的模式	①喀斯特地貌形成的自然地理背景。	综合思维	要素综合观
	②花江大峡谷的村民曾需要国家粮食救济的原因。		时空综合观
	③分析耐旱经果林如何实现经济发展和生态保护。		地方综合观

◎ 教学过程

第1课时“人地关系思想的演变”、第2课时“走可持续发展之路”教学过程设计详见表5-8和表5-9。

表 5–8　第 1 课时“人地关系思想的演变”教学过程设计

教学环节	教师导学	学生活动	设计意图
情境导入	【案例展示】大熊猫生活在高山有竹丛的树林中，喜食竹类，为我国特有的珍贵动物，被列为国家一级保护动物。秦岭山区是大熊猫分布的重点区域。该地区曾经是重要的林木采伐区，有许多林场在该区域进行采伐作业。1998 年以后，国家明令禁止对天然林的采伐。108 国道于 20 世纪 70 年代初建成通车，2000 年秦岭隧道开通后，原翻越秦岭主脊的干线公路被废弃。 【提出问题】 1. 大规模采伐森林和修建道路后，该地区大熊猫栖息地发生了怎样的变化？ 2. 为什么人们的行为会从之前的采伐作业转变到现在的拆除围栏和铁丝网以及营造箭竹林呢？	【观察】观察大熊猫栖息地的变化。 【发言】人们前建后拆的行为，说明对于人地关系的认识是随着社会的发展不断发生变化的。	利用真实情境，让学生思考人地关系，激发学生的学习兴趣。通过人类前后行为差异的对比，引导学生思考背后人地关系观念的变化。
自主阅读探究	【提出问题】阅读课本 126 ～ 128 页正文部分内容，思考下列问题： 1. 什么是人地关系？ 2. 人地关系思想的演变大致经历了哪几个阶段？ 3. 每个阶段人地关系的核心思想分别是什么？	【阅读】阅读课本 126 ～ 128 页正文部分内容。 【回答】人地关系思想演变的阶段。	通过学生自主阅读，引导学生初步认识人地关系演变的阶段性特征。
承转过渡	接下来，我们以人类文明发展不同历史时期看待“老虎”的态度，来分析人地关系思想的演变。		以人虎关系案例来引导课堂走向。
探究活动	【案例展示】“谈虎色变”及虎图腾文化 【提出问题】 1.“谈虎色变”的含义是什么？ 2.“谈虎色变”及虎图腾文化反映了怎样的人虎关系？ 3.“谈虎色变”及虎图腾文化说明了怎样的人地关系思想？ 4. 这样的人地关系思想产生的原因是什么？	【思考】思考“谈虎色变”的含义和这样的人地关系思想产生的原因。 【回答】回答该阶段的人地关系思想的特点及产生的原因。	通过对成语的分析和拓展，引导学生分析该时期人地关系思想的特点。
合作探究	农业文明时期，人与虎的关系有怎样的变化呢？ 【案例展示】武松打虎 【提出问题】 1.“武松打虎”反映了怎样的人虎关系？ 2.“武松打虎”说明了怎样的人地关系思想？ 3. 推测老虎的数量及栖息地分布将发生的变化。	【思考】思考“武松打虎”所反映的人地关系思想。 【探究】探究老虎的数量及栖息地发生的变化。	通过案例分析，引导学生推测老虎的数量变化，培养学生的综合思维和人地协调观。

（续表）

教学环节	教师导学	学生活动	设计意图
教师引导	【提出问题】中国作为拥有五千年悠久文明历史的世界古国，它的人地关系发生了怎么样的改变呢？请同学们自主学习课本阅读内容，归纳整理我国古代朴素的人地关系思想。	【聆听】聆听教师讲解我国朴素的人地关系思想。 【分析】分析我国古代先贤语句体现的朴素的人地关系。	引导学生分析我国古代朴素的人地关系思想，弘扬民族文化。
案例探究	【案例展示】华南虎——中国沉痛的悲剧 【提出问题】 1. 华南虎濒临灭绝的原因是什么？ 2. 华南虎濒临灭绝反映了怎样的人虎关系？ 3. 华南虎濒临灭绝说明了怎样的人地关系思想？	【思考】思考华南虎灭绝的原因。 【回答】回答华南虎濒临灭绝体现的人虎关系和人地关系思想。	通过具体的案例分析，将知识在应用中进一步加深对人地关系思想演变的理解。
提出问题	【提出问题】面对逐渐失衡的人地关系，我们怎么去改变现状呢？	【思考】思考老师提出的问题。	通过提问，引导学生关注人地协调发展。
探究活动	【案例展示】《中华人民共和国野生动物保护法》 【提出问题】 1. 这部法律出台的背景是什么？说明其对老虎保护的积极作用。 2. 这部法律的出台反映了怎样的人地关系思想？	【探究】探究《中华人民共和国野生动物保护法》出台的背景及其对老虎保护的积极作用。	通过动物保护法的案例分析，一方面引导学生树立正确的人地关系；另一方面，树立学生的法律意识。
拓展延伸	【案例展示】北京八达岭老虎伤人事件 【提出问题】 1. 现代社会，人地关系真正的和谐吗？ 2. 动物园的老虎应不应该关在笼子里？		通过分析老虎伤人的案例，引导学生对协调人地关系进行深层次思考。
合作探究	【提出问题】阅读教材第121页的“活动”材料，完成下列任务： 1. 议一议，美国为什么要拆除艾尔瓦河的大坝？ 2. 艾尔瓦河的大坝由修建到拆除，体现了人地关系思想怎样的转变？	【讨论】讨论美国为什么要拆除艾尔瓦河的大坝。 【探究】探究艾尔瓦河的大坝由修建到拆除，人地关系思想发生了怎样的转变。	通过典型环境事件，了解人地关系思想的演变历程，培养学生对理论知识的时空感知，增强综合思维。

（续表）

教学环节	教师导学	学生活动	设计意图
总结	【提出问题】请同学们自主回答以下问题： 1. 描述人地关系思想演变的历程，并简述其阶段性特征。 2. 举例说明不同阶段的人地关系思想。	【发言】举例说明不同阶段的人地关系思想。	学生通过自我梳理和检测，检验自己的学习效果。
板书设计	人地关系思想的演变 人地关系思想的演变： 采集—狩猎社会：以采集、渔猎为主；崇拜、敬畏自然 农业社会：以农业为主；崇拜、改造自然 工业社会：以工业为主；改造、征服自然 信息社会：以信息产业、服务经济为主；调节、适应自然		

表 5–9　第 2 课时“走可持续发展之路”教学过程设计

教学环节	教师导学	学生活动	设计意图
新课导入	【导入】2018 年 7 月 7 日，生态文明贵阳国际论坛在贵州省贵阳市开幕，国家主席习近平向论坛年会致贺信。信中，习近平强调，中国高度重视生态环境保护，秉持绿水青山就是金山银山的理念，倡导人与自然和谐共生，坚持走绿色发展和可持续发展之路。 【展示】展示贵州近几年取得的绿色发展经济成就。 【设问】什么是可持续发展之路？通过了解贵州绿色发展取得的经济成就，用自己的语言进行解释。	【聆听】了解生态文明贵阳国际论坛的大致内容，感受贵阳市对生态文明建设的重视程度。 【观察】了解贵州的绿色发展经济成就。 【发言】结合教材内容、观察到的图片信息与日常生活经验，用自己的语言对可持续发展的概念进行解释。	以生态文明贵阳国际论坛为引入，介绍贵州绿色发展取得的经济成就，激发学生学习兴趣的同时，也培养了他们的乡土情怀，引导他们形成关于可持续发展的基础认知雏形。

（续表）

教学环节	教师导学	学生活动	设计意图
新课教学	【过渡】国家主席习近平的贺信，在贵州多地引发了热烈的反响。自从可持续发展的理念被提出后，贵州人将绿水青山视为金山银山，在生态文明建设上取得了非凡的成就。接下来，请同学们通过几个真实的案例，了解贵州近几年在可持续发展上采取的具体措施以及收获的成效。 【板书】南明河变形记 【呈现】南明河是贵阳的“母亲河”，属长江水系乌江支流，全长219千米，其中有185千米都在贵阳境内。20世纪70年代末，人口激增、城市扩张、经济发展带来的污染让南明河难以承载，大量鱼虾死亡，河水散发着阵阵恶臭。21世纪初，政府开展了“南明河水环境综合治理工程”，专家团队首创性地提出了“适度集中、就地处理、就近回用”的系统规划治理理念，形成了污水处理及资源化利用的分布式下沉再生水生态系统创新技术体系，在南明河沿岸新建分布式下沉再生水厂16座，改、扩建水厂5座，实现水质全年稳定达到地表水IV类标准，每年生态补水2亿吨，服务人口超500万，还对河道进行了生态修复、景观绿化。 如今，南明河干流城区段水生动植物种群类型逐渐丰富，生物多样性指数、水生植物盖度、生态系统完整性显著提高。当年的“黑臭河”已经不见踪影，南明河变成了一条水清岸绿的生态廊道。 【设问】教师构建问题链，层层递进： ①分析20世纪70年代末南明河水质恶化的原因。 ②简述21世纪初贵阳市政府采用的水环境治理措施。	【聆听】紧跟教师思路，从教学引入过渡至新课教学，感受贵州政府在生态文明建设上做出的努力。 【听讲】认真聆听老师介绍，了解贵阳市的母亲河——南明河的综合治理发展过程。重点关注南明河从20世纪70年代末的“黑臭河”到现在水清岸绿的生态廊道的蜕变过程。结合自己日常生活中的观察与体验，感受可持续发展带来的重要影响。 【思考】分析20世纪70年代末南明河水质恶化的原因，体会环境污染的危害。阅读材料，理解贵阳市政府采用的水环境治理措施，进而从可持续发展的角度，体会南明河水环境综合治理工程中体现出来的人地协调理念。 【回答】通过思考，回答教师提问： ① 20世纪70年代末，随着人口的快速增长、经济的高速腾飞、社会的迅猛发展，大量生产废弃物被排放到了河流中，使得南明河水质恶化，生态环境遭到严重破坏。 ② 21世纪初，贵阳市政府主要采用了“适度集中、就地处理、就近回用”的综合治理方案，建造十几座分布式下沉再生水生态体系，改建扩建水厂，每年进行生态补水，以及对两侧河道进行了生态修复和景观绿化。	过渡仍然以国家主席习近平的贺信为情境，保证教学环节的连贯性，吸引学生的注意力。 以南明河的综合治理工程为例，帮助学生了解有关可持续发展理念的身边事例，增强学生对身边乡土资源的了解，培养爱国主义情怀。

（续表）

教学环节	教师导学	学生活动	设计意图
新课教学	③从可持续发展的角度，说出“南明河变形记”中体现出的人地协调理念。 【总结】传统的发展观念，单纯地把自然界看作人类生存和发展的索取对象，忽视自然界首先是人类赖以生存和发展的基础。而可持续发展既满足当代人的需求，又不危及后代人的需求，是一个由生态持续发展、经济持续发展、社会持续发展相互联系、相互制约的动态系统。	③“南明河变形记”的故事，教会了我们一个道理：只追求经济的发展无法达到可持续的目的。人类必须加大环境污染综合治理力度，加快构建绿色产业体系，大力发展低碳循环经济，形成能耗低、污染小、科技含量高的产业结构，建设环境友好型社会，才能最终实现可持续发展。	通过问题链的形式，帮助学生搭建思维梯架，层层递进感受可持续发展的现实意义。必要时还可以采用小组合作的方式，锻炼学生的语言表达能力、小组合作能力、归纳总结能力，进而提升地理实践力。
新课教学	【板书】贵钢搬迁史 【呈现】首钢贵阳特殊钢有限责任公司的前身系贵阳钢厂，是国家钎钢钎具生产、科研和出口基地。55年来，贵钢累计生产优质特殊钢620万吨，资产总额增至46.5亿元，安置了3万人就业，为贵阳乃至贵州的经济社会发展做出了突出贡献。与此同时，由于贵钢处在中心城区，大量烟尘燃料对周边区域环境造成了严重污染，居民们如此描述：“90年代，站在贵阳的高山上看城市全景，有时黄烟腾空，有时红烟弥漫，最雾最灰的那片就是贵钢。”2013年起，随着贵阳市生态文明城市建设的深入推进，贵钢启动实施城市钢厂环保搬迁工程——新建扎佐新特材料循环经济工业园，积极谋求“跳出城市中心，实施二次创业”。而贵钢老厂区用地也可能规划建设成为集商业、旅游、文化于一体的贵阳城市新地标。 【设问】教师构建问题链，层层递进： ①说出促使贵钢搬出贵阳市中心城区的原因。 ②与贵钢原址相比，说明在扎佐新特材料循环经济工业园建造钢铁厂的优势条件。	【听讲】认真聆听老师介绍，了解贵州之光——首钢贵钢的搬迁历程。重点关注首钢为贵阳市带来的积极与消极影响，学会从综合思维的角度客观、辩证地看待某一地理事物。结合自己日常生活中的观察与体验，感受可持续发展带来的重要影响。 【思考】分析促使贵钢搬出贵阳市中心城区的原因，体会环境治理在城市发展中的重要程度。并思考与贵钢原址相比，新钢铁厂建址的区位优势，掌握区位分析的基础流程。最后，对原有厂址的利用提出合理化建议，进行知识迁移，学以致用，感受地理学科对生活的指导意义。 【回答】通过思考，回答教师提问：①为了突出贵阳市中心城区的商务职能，配合产业结构优化升级的要求。此外，钢铁冶炼会产生大量烟尘，搬至郊区可以减轻贵阳市的空气污染，提高环境质量，为打造宜居城市提供土地等资源。	以贵钢的搬迁过程为例，帮助学生了解有关可持续发展理念的身边事例，增强学生对身边乡土资源的了解，培养爱国主义情怀。

（续表）

教学环节	教师导学	学生活动	设计意图
新课教学	③贵钢搬迁后，对于原有厂址的利用提出合理化建议。 【总结】可持续发展模式强调环境承载力和自然资源的可持续利用，改变传统的以“高投入、高消耗、高污染”为特征的发展模式，通过引入市场机制，平衡需求供给的矛盾，实现清洁生产和文明消费，减少经济活动造成的环境压力和资源消耗。	②扎佐新特材料循环经济工业园作为工业园区，交通条件好，具有工业集聚产生的协作优势。并且，该地地价较低，对贵阳市的空气污染小，能得到国家政策的支持。 ③贵钢原址可以发展成为集商业、旅游、文化于一体的贵阳城市新地标，还可以建造工业博物馆，发展相关主题的旅游项目等。	通过问题链的形式，帮助学生搭建思维框架，层层递进感受可持续发展的现实意义。必要时还可以采用小组合作的方式，锻炼学生的语言表达能力、小组合作能力、归纳总结能力，进而提升地理实践力。
新课教学	【板书】石山换新颜 【呈现】石漠化是发生在喀斯特地区的一种独特生态灾害现象，被学术界称为“生态癌症”。在贵州省关岭县以南、贞丰县以北的北盘江花江大峡谷两岸，近九成国土面积都是喀斯特地貌，过去只见石头，不见片土，甚至寸草不生。多数村民栽种的玉米仅够吃半年，其余时间需要国家发放粮食救济。当时，该地区石漠化面积占土地总面积的89.79%，贫困人口占总人口的47.17%。经过二十多年的科研攻关及应用示范积累，科研人员决定以小流域为单元，实行山、水、林、田、路统筹规划及综合治理，同时立足本地气候优势，培育花椒、火龙果等，建设特色耐旱经果林产业区。曾经，患上“生态癌症”的区域如今变得满目苍翠，石漠化面积占土地总面积降至10%，村民们也纷纷脱贫。 【设问】教师构建问题链，层层递进： ①简述喀斯特地貌形成的自然地理背景。	【听讲】认真聆听老师介绍，了解花江大峡谷的石漠化的治理过程。重点关注喀斯特地貌对于人类生产生活的利与弊，从土地资源、旅游资源等角度，感受其“双刃剑”的特征。结合自己日常生活中的观察与体验，感受生态环境保护带来的重要影响，体会可持续发展的价值。 【思考】调用必修一的知识，回忆喀斯特地貌形成的自然地理背景，从动态的过程中体会其对人类生产生活的影响。并以此为基础，分析花江大峡谷的村民需要国家粮食救济的原因，以及耐旱经果林实现经济发展和生态保护的现实意义。 【回答】通过思考，回答教师提问： ①花江大峡谷位于西南地区，该地石灰岩广布，地表水易渗漏。并且位于亚热带季风气候区，降水集中，易冲刷可溶性岩石形成喀斯特地貌。	以花江大峡谷的石漠化治理工程为例，帮助学生了解有关可持续发展理念的身边事例，增强学生对身边乡土资源的了解，培养爱国主义情怀。

（续表）

教学环节	教师导学	学生活动	设计意图
新课教学	②说明花江大峡谷的村民曾需要国家粮食救济的原因。 ③分析耐旱经果林如何实现经济发展和生态保护。 【总结】加大生态系统保护力度，提升生态系统质量和稳定性。防治荒漠化，制止和扭转土地退化，保护生物多样性。扩大轮作休耕试点，推进退耕还林还草，健全耕地、草原、森林、河流、湖泊、海洋休养生息制度，建立市场化、多元化生态补偿机制。	②喀斯特地貌区，地形起伏大，平地少，土层浅薄，土壤贫瘠，地表水缺乏，村民难以获得可观的粮食收成，只能依靠国家救济。 ③种植花椒、火龙果等特色耐旱作物的经果林，一方面能够提高植被覆盖率，涵养水源，保持水土，减轻当地石漠化危害，恢复生态环境，另一方面又可以减少因为种植玉米而进行的毁林开荒，减少对植被的破坏。此外，特色水果的价值比较高，有利于提高农民的收入，带动当地经济发展。	通过问题链的形式，帮助学生搭建思维框架，层层递进感受可持续发展的现实意义。必要时还可以采用小组合作的方式，锻炼学生的语言表达能力、小组合作能力、归纳总结能力，进而提升地理实践力。
小结	一个可持续发展的社会，有赖于资源的持续供给，环境的自我调节，生产生活与生态环境之间的相互协调，法律的有效约束。习近平主席指出，生态文明建设关乎人类未来，建设绿色家园是各国人民的共同梦想。国际社会需要加强合作、共同努力，构建尊崇自然、绿色发展的生态体系，推动实现全球可持续发展。作为地球大家庭的一员，我们也要同国际社会一道，全面落实《2030 年可持续发展议程》，共同建设一个清洁美丽的世界。		增强学生保护环境的意识，培养人地协调观。
板书设计	**第二课时　走可持续发展之路** 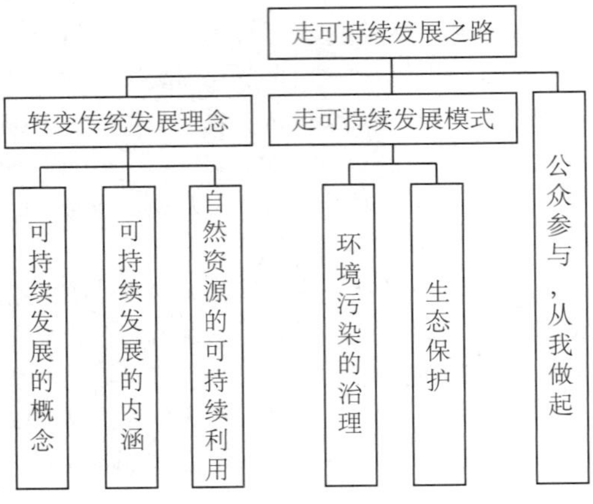 走可持续发展之路 ├ 转变传统发展理念：可持续发展的概念；可持续发展的内涵；自然资源的可持续利用 ├ 走可持续发展模式：环境污染的治理；生态保护 └ 公众参与，从我做起		

◎ **作业设计**

1. 不同时期人地关系的状况是（　　）。

A. 采猎文明时期，人类不受地理环境制约

B. 农业文明时期，人地关系全面恶化

C. 工业文明时期，人地关系初现矛盾

D. 后工业文明时期，人地关系走向协调

2. “竭泽而渔”违背了可持续发展的（　　）。

A. 持续性原则　　B. 公平性原则　　C. 共同性原则　　D. 差异性原则

3. 图 1 为某区域某历史时期景观图，该图反映的历史时期为（　　）。

图 1

A. 采猎文明时期　　B. 农业文明时期

C. 工业文明时期　　D. 现代文明时期

4. 循环经济是 21 世纪发展的新亮点。图 2 为某地生态园的生产体系示意图，该生态园的生产方式是循环经济模式的重要实践。按照可持续发展观的要求，发展循环经济，走可持续发展道路，建设资源节约型社会，可以解决的两大难题是（　　）。

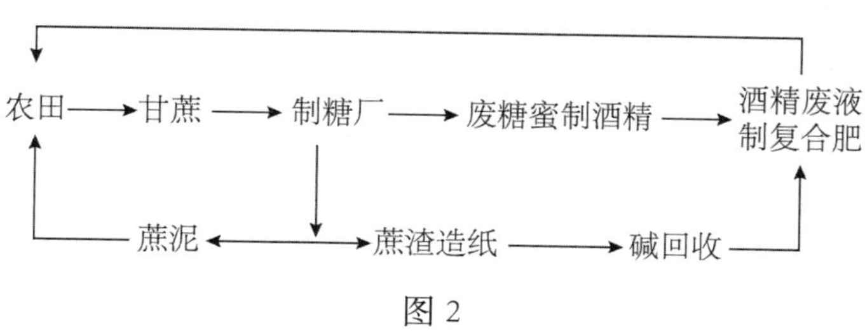

图 2

①庞大的人口数量　②生态恶化　③资源超常规利用　④经济超常规增长

A. ①②　　B. ②③　　C. ③④　　D. ②④

【参考答案】

1.D　2.A　3.C　4.B

◎ 教学反思

优点：第1课时以学生身边的真实情境——“大熊猫栖息地的变化”让学生思考人地关系，激发学生的学习兴趣，并选取“不同时期人类看待老虎的态度”的典型案例分析人地关系思想的演变，时间线索明确有条理，采用问题式教学，激励学生不断思考，培养了学生的动脑能力。第2课时以贵阳的乡土案例为引入，激发学生学习的兴趣与探索欲望。教师通过对身边的典型环境事件进行分析，引导学生关注身边的地理，学习有用的知识，培养了学生的区域认知。与此同时，本节课通过层层设问，为学生搭建了思维梯架，帮助其将所学知识转化为内在素养，同时对环境问题的特点和形成过程有了更深一步的认识，意识到可持续发展的必然性。

不足：由于课堂时间有限，本课时案例太过冗杂，教学主线不够明晰，可适当进行精简，且本节课多采用问题式教学，案例较多，学生思考较多，但是小组合作讨论较为缺乏。

再教设计：精简提炼典型案例，设置有效问题链，层层递进感受可持续发展的现实意义，培养学生形成正确的人地协调观，从而实现可持续发展，并设置适当的小组合作任务，高效提升课堂效率，达成教学目标。

点评

本节内容安排2个课时进行教学，能让学生对人地关系和可持续发展有较深刻的认识。采用问题式教学法进行教学，设计了人地关系思想的演变和协调人地关系的核心问题和子问题，形成问题驱动式教学，按照三环六步法展开课堂教学。第1课时以大熊猫栖息地的变化引入新课，让学生主动思考人地关系，激发学习兴趣，课中结合教材内容，以人们不同时期对待老虎的不同态度，将人地关系生动形象地展现在学生面前，让学生对人地关系有一个深刻的认识，为可持续发展的学习进行了铺垫。

第2课时结合“绿水青山就是金山银山”的理念，用贵州真实的案例，把可持续发展的实施方式展现在学生眼前，加深学生对可持续发展的认同，符合学生的认知规律，教学中充分考虑学生学情，通过案例分析、探究思考、回答总结等教学形式，培养了学生的综合思维能力和地理实践力，激发学生探索新知的欲望，并帮助学生树立正确的自然观、发展观与环境观，帮助学生构建可持续发展的认知雏形，引导学生将理论认知内化为自身行动，充分意识到人地协调统一的重要性和可持续发展的必要性。让学生能更加深入地认识家乡、了解家乡、热爱家乡，培养区域认知素养，增进乡土地理情怀。

点评：游慧明（贵阳市第二中学）

三、乡土地理教学资源

◎ 花茂村的乡村旅游发展

曾几何时，花茂村被称为“荒茂田”，贫困荒芜的阴影将其笼罩，大部分村民都会选择外出务工。而如今，花茂村开展以烟、稻、鱼、鸭为基础的循环农业，绿色有机蔬菜供不应求，利润年年攀升。同时，合作社在林下种植中草药，养乌骨鸡和珍珠鸡，让荒坡成了宝地。此外，花茂村坚持把绿色发展理念融入乡村旅游之中，发挥红军长征途经之地的位置优势，凸显独特的陶艺制作技术，带动村民将田园风光、红色文化、陶艺文化与乡村旅游相结合，推动了村落自然资源的可持续发展，更是在 2015 年得到了习近平总书记的高度评价：“怪不得大家都来，在这里找到乡愁了。”截至目前，花茂村全面小康总体实现程度达 99.18%，实现了从省级贫困村到全省同步小康创建最佳示范村的蜕变。

◎ 海雀村的万亩林海

20 世纪 80 年代初，海雀村森林覆盖率不到 5%，土地广种薄收，风沙漫天，村民穷得衣不蔽体、饥不择食。海雀村的贫困引起中央领导的高度重视，以“开发扶贫、生态建设”为主题的毕节试验区应运而生。老支书文朝荣带领村民将山坡种成了万亩林海。如今，全村林地面积达 1.37 万亩，森林覆盖率从 5% 提升到 77.2%，林木经济价值在 8000 万元以上，村民人均约 10 万元。除此之外，在国家政策的扶持下，海雀村大力发展特色种植、养殖，收入年年增加。村民们终于摘掉了贫困帽，过上了好日子。

◎ 大屯村的茶园经济

贵州省石阡县龙塘镇大屯村，拥有平缓的山坡和肥沃的土地，被外地专家认为是种茶的宝地，但大屯村的多数贫困户均喜粮不喜茶。周绍军上任后的第一件事情，就是将村干部分成几个工作组，一家一户地动员村民种茶。支书带头，党员带动，人才注入，能人返乡。周绍军带领大屯村探索14年兴茶路，终于让大屯村旧貌换了新颜。截至2017年8月，大屯村种植茶园1530亩，贫困户通过茶园入股专业合作社，每年可享受分红1796元，务工创收4000元。

附录 A 社会调查

社会调查一：南明河（城区河段）环境考察

教学设计：李　珊　聂　银

地理野外考察实践活动有利于提高学生运用地理知识的能力，扩大地理视野。地理必修二从人口分布、城乡景观、产业布局、交通发展、环境问题等角度简要概述了地理人文环境的发展和动态变化。为了培养学生的地理实践力，我们开展了一次地理社会调查。结合乡土地理资源，以贵阳南明河为例，分析南明河以前、现在及将来的水质变化情况，再结合当地产业的布局及其他因素的影响对南明河水质变化进行分析，充分将所学地理知识运用到社会生活中，让学生学习对生活有用的地理、对终身发展有用的地理。

南明河是贵阳市的母亲河，在乌江右岸有一条一级支流叫作清水河，南明河就是其上游，自西南流向东北。但是她曾经被绵绵不断的污水染黑身躯，被两岸低矮的棚户区遮住容颜。贵阳市委、市人民政府把南明河环境整治作为“环境立市”战略的重要内容之一，全市共同努力，政府大力治理，修建河堤、截污渠，完善下水系统，污染源逐渐减少。截污渠系统工程逐渐完工，各污水处理厂慢慢修建，南明河治理进入了新的阶段。再加上棚户区的规划改造，现在，我们看到的南明河已经旧貌换新颜。“水变清、岸变绿、景变美”也终于变成了美好现实，失去生命的河流，再度恢复生机。昔日植被稀疏的沿河两岸如今处处花红柳绿，景色宜人；当年发臭发黑的河水，如今清流悠悠，鱼虾重现；过去两岸低矮破旧的棚户区变成整洁美观的居民社区；滨河步道、沿河景观交相辉映，市民重新回到河边休闲漫步，锻炼健身，泛舟垂钓。从最初的清澈河流到人类对它产生影响再到今天南明河又重新流进了贵阳市民的生活里。

一、内容研读

◎ 内容要求

【2.4】运用资料，说明不同地区城镇化的过程和特点，以及城镇化的利弊。

【2.5】结合实例，说明工业、农业和服务业的区位因素。

【2.10】运用资料，归纳人类面临的主要环境问题，说明协调人地关系和可持续发展的主要途径及其缘由。

【2.11】通过探究有关人文地理问题，了解地理信息技术的应用。

◎ 认知内容

通过社会实践调查，进行数据收集，了解南明河周边区域的城镇化的过程和特点，分析城镇化过程对南明河水质带来的影响；了解南明河周边区域的工业布局变化；说明人们对产业活动进行区位选择的依据；归纳南明河面临的主要环境问题，说明协调人地关系和可持续发展的主要途径及其缘由。

◎ 教学建议

建立考察组：城镇化进程分析组，水质考察组，周边产业布局调查组，访谈、问卷组。利用休息日一天时间分组开展南明河周边考察实践活动。

二、教学设计①

◎ 学情分析

认知基础：本次社会调查类课程的教学对象为贵阳市学生，学生都很熟悉南明河，大致清楚南明河的水质变化以及周围的环境情况，可以为此次社会调查奠定基础。完成了地理必修一、必修二的学习后，学生对水文、地形、植被等自然地理要素有一定的认知基础，对人口分布、城乡景观、产业布局、交通发展、环境问题等地理人文环境的发展和动态变化也有了很多认识和理解；在自然和人文的学习基础上，学生外出考察时可以辅助其从地理视角看待生活问题。通过考察前学习，熟悉地图，确定具体考察点，找到污水排放口、污水处理厂位置，了解截污渠系统工程，找到南明河附近相关产业的分布位置，了解这些产业的转移情况及其他资料等。

不足条件：要更深入地进行南明河环境监测与考察，目前学生的能力还有待提高，只能简单通过数据分析、肉眼观察水质情况，或者采用调查问卷、查找资料的方式来完成，因此不能在一天的实践调查中直接得出，缺乏直接的感官体验。进行分组分点

①该社会调查为贵阳市高中地理学科带头人工作站展示案例，同时，系市级规划课题“基于地理实践力培育的高中地理社会调查设计与实施实践研究”的阶段成果。执教教师：李珊（贵州省实验中学），聂银（贵阳市第二十五中学）。

考察，通过各小组合作探究后总结得出考察成果，学生的组织能力还有待提高，将各个考察点之间的内容联系起来难度比较大。访谈附近居民对南明河的印象具有随机性，不一定能得到典型的、真实的南明河变化情况。

◎ 教学目标

1. 通过查找数据资料，了解南明河城区河段的人口变化，分析人口城镇化对该区域环境的影响。

2. 通过社会调查，了解南明河城区河段产业布局变化，分析产业布局对该区域环境的影响。

3. 根据南明河周边城市化进程的调查结果，归纳南明河周边面临的主要环境问题，说明协调人地关系和可持续发展的主要途径及其缘由。

4. 撰写社会调查报告，分享考察成果。

结合学业质量标准的要求，本次社会调查预设了两级达标水平，见表A-1。

表A-1 南明河（城区河段）环境调查预设层级水平

水平一	水平二
通过查找数据资料，了解南明河城区河段附近二十年来的总人口变化，能简单列举人口城镇化对该区域的影响。（区域认知） 通过社会调查，了解南明河城区河段附近产业布局变化，简单描述产业布局对该区域的影响。（区域认知、综合思维）	通过查找数据资料，了解南明河城区河段附近二十年来的总人口变化，能分析人口城镇化对该区域环境的影响；通过社会调查，了解南明河城区河段附近产业布局变化，分析产业布局变化对该区域环境的影响，并能大致阐述关于环境保护的对策和措施。（区域认知、人地协调）
根据南明河周边城市化进程的调查情况，进行问卷及访谈，归纳南明河周边面临的主要环境问题，简单列举协调人地关系和可持续发展的主要途径。（人地协调、地理实践力）	根据南明河周边城市化进程的调查情况，进行问卷及访谈，归纳南明河周边面临的主要环境问题，说明协调人地关系和可持续发展的主要途径及其缘由。（人地协调、地理实践力）

◎ 重点难点

1. 教学重点：通过数据收集并分析，能规范、科学地开展人口城镇化对环境影响的社会调查。

2. 教学难点：通过社会调查，了解南明河城区河段产业布局变化，分析产业布局对该区域环境的影响。

◎ 教学方法

1. 教法

教法以问题式教法和案例分析法为主。将要考察的大内容进行问题分解，落实到每一小组，能让学生更清晰地认识到此次社会调查的目的。案例分析法主要以一定区域范围为例培养学生的区域认知能力，以南明河周边环境变化为例，培养学生解决实际问题的能力。

2. 学法

(1) 自主学习：自主查找南明河相关资料，了解南明河近些年来的环境变化情况，利于调查时任务的推进。

(2) 合作探究：主要用于小组合作进行数据分析，分小组进行社会调查，分析人口、产业变化带来的影响。

(3) 对比分析：主要用于南明河时间上和空间上的对比，分析不同时空南明河周围环境的变化及原因。

(4) 实践法：考察小组依次开展相应的考察任务，对周围的居民进行问卷调查及实际访谈，为单方面的数据分析做进一步的证实。

◎ 教学资源

1. 南明河城区河段；
2. 南明河城区河段地图；
3. 国家统计局、贵阳统计局相关统计年鉴。

◎ 教学过程

南明河（城区河段）环境考察教学过程设计见表 A-2。

表 A–2　南明河（城区河段）环境考察教学过程设计

教学环节	教师导学	学生活动	设计意图
调查前准备	【准备】 介绍南明河的大致情况：南明河是贵阳人民的母亲河，属长江流域乌江水系，全长 219 千米。在许多老贵阳人的记忆里，南明河清澈见底。然而，随着经济社会发展，城市人口增多，工业的发展，污水排放量大幅度增长，南明河一度“告急”，变成一条“黑臭河”。近年来，贵阳市坚持以问题为导向，加强统筹协调，强力推动南明河污染整治，南明河水质得到明显改善，实现了从“失去生命”到“鱼翔浅底”的华丽转变。因此，蜿蜒流淌的南明河，生动见证着贵阳的生态变迁。	【分组】6 人一组，明确本组考察内容，明确成员任务。 【查找资料】 1. 根据附件表格 A-3 查找贵阳市 1998—2020 年的人口数据，完成表格 A-3 的填写。 2. 根据附件表格 A-5 查找贵阳市 1998—2022 年的产业类型及分布情况，完成表格 A-5 的填写。 3. 尽量收集贵阳南明河城区河段周边的老照片。 4. 下载安装地图软件，并准备拍摄工具，拍摄对应地点的现状图片。	以学生熟悉的南明河进行案例分析，激发学生的探究兴趣。 培养学生查找、收集相关数据的能力，能科学地看待问题。
调查内容	活动一：贵阳市人口增长特点 【任务】 1. 指导各小组绘制人口出生率、死亡率和人口自然增长率的曲线图。 2. 完成表格 A-4 的数据查找和填写，根据数据绘制人口年龄构成的饼状图。 【设问】 1. 描述 1998—2020 年贵阳市人口数量的变化特点，并说明理由。 2. 预测未来贵阳市人口的发展趋势。	完成数据整理和统计图绘制。 【绘图】 1. 根据表格 A-3 的数据进行曲线图的绘制，并观察其变化特点。 2. 根据表格 A-4 中贵阳 2021 年人口年龄构成数据绘制饼状图。 【思考】 1. 观察曲线图与饼状图，描述其变化特点，并说明理由。 2. 小组讨论，预测未来贵阳人口的发展趋势。	学生实际动手绘制统计图，提高整理信息、处理信息的能力，培养地理实践力。

（续表）

教学环节	教师导学	学生活动	设计意图
调查内容	活动二：贵阳人口城镇化进程及其对南明河的影响 【任务】指导学生计算贵阳的城镇化率，并绘制城镇化率曲线图。 【设问】 1. 描述贵阳城镇化的特点。 2. 人口的增长给南明河带来了什么影响？ 【讲授】城镇化带来的影响。 材料一：贵阳市 1995—2010 年城市废水排放变化图（见附件图 1）。 分析材料一：由于城镇化的不断推进，贵阳市的人口数量不断上升，使得生活污水排放量一直伴随着贵阳的城镇化而增长。 材料二：南明河污染指数与城镇化率变化图（见附件图 2）。 分析材料二：2006 年以前贵阳市的人口城镇化处于发展期，人口城镇化率逐年提高，此时经济主要依靠牺牲环境来发展，使得南明河污染指数不断增加。	【绘制】在教师指导下绘制贵阳市城镇化率曲线图。 【分享】 1. 小组展示贵阳以前和现在的照片对比，感受贵阳的城镇化进程，结合照片和曲线图描述贵阳城镇化的特点。 2. 小组讨论后从两方面进行分析，说明人口城镇化带来的利弊。 【讨论】 得出结论：生活污水排放量逐年增加，成为污染南明河水质的主要因素；生活污水一直占据着贵阳市城市污水排放的主体。 发现：2002 年以后，生活污水排放总量趋于稳定。 得出结论：2006 年以后贵阳市的人口城镇化率开始趋于稳定，产业结构开始转型，人口素质不断提高，贵阳市在不断推进城市化建设的同时，也在加强生态文明建设，积极治理南明河的水污染，加大对污水处理厂建设的资金投入，有效地控制了工业污水的排放量，使得污水的排放总量趋于稳定，工业污水的排放量逐年下降，南明河污染得到改善。 得出结论：贵阳的城镇化对南明河水环境的影响存在先恶化后改善的发展规律，体现了城镇化的利弊。	绘制城镇化率曲线图，培养学生对人文地理数据的统计分析能力。 对贵阳以前与现在的照片进行对比，感受贵阳的变化，培养对家乡的热爱。 通过分析数据，体会城镇化给南明河带来的影响，辩证地看待城镇化带来的利弊。

（续表）

教学环节	教师导学	学生活动	设计意图
调查内容	活动三：南明河城区河段的产业布局、棚户区改造情况调查 【任务】 1. 指导各小组查找1998—2022年南明河城区河段相关产业的布局及变化情况，进行整理，完成表格A-5。 2. 指导各小组查找1998—2022年南明河城区河段棚户区改造数量。	进行数据整理并完成表格。 【讨论】 1. 由于工业化的不断推进，工业化促进城镇化，城镇化又推进工业化。但工厂增加的同时带来了工业污水的不断排放，增加了南明河的污水来源，而工业污水又一直占据着贵阳市城市污水排放的主体。 得出结论：工业污水排放量逐年增加，成为污染南明河水质的主要因素。 2. 查找相关数据，统计南明河城区河段周边棚户区改造情况，并思考改造后给河水环境带来的影响。	在分析人口城镇化的基础上，进行产业调查，多方面探索影响南明河城区河段水质污染的影响因素。 小组探究得出结论，从时空的角度分析产业布局和变化对环境带来的影响。
	活动四：南明河周边产业转移对南明河的影响 【任务】 1. 进行数据分析，观察工业污水排放情况变化图（见附件图1），并思考原因。 2. 查找地图，找到南明区城区河段所建污水处理厂的位置并统计总数。	从最初的工业布局到工业产业转移，观察其变化对地理环境的影响。 1. 通过数据材料分析，2002年工业污水排放达到较大值，2002年后开始下降。 2. 找到已建污水厂（如：河滨污水处理厂、青山污水处理厂）与拟建污水厂（如：三桥污水处理厂、小河污水处理厂等）所在的位置，并思考污水处理厂建成后带来的影响。	进行数据和材料分析，为南明河城区污染情况提供事实依据。 了解相关污水处理厂的布局，与环境影响结合起来进行分析。
问卷与访谈	【任务】基于以上数据分析，采取问卷及访谈的方式进一步进行实地考察。 1. 根据附件表A-6问卷内容，在南明河周边河段进行问卷调查（调查对象为南明河周边常住居民）。 2. 根据附件表A-7访谈问题，在南明河周边河段进行访谈调查（访谈对象为南明河周边常住居民）。	【实践】准备调查问卷和访谈内容，为以上数据的分析进一步提供事实依据。 1. 以小组为单位，根据分工情况开展问卷调查，调查后做好数据分析，撰写调查报告。 2. 以小组为单位，根据分工情况进行访谈，调查后做好数据分析，撰写访谈总结报告。	通过问卷调查及访谈，增加学生的体验感和参与感。进行实践调查，培养学生的地理实践力。

（续表）

教学环节	教师导学	学生活动	设计意图
调查总结	【总结】南明河经历了从“清水河”到“黑臭河”再到“清水河”的变化，背后实际上是贵阳市人口、工业的变化与城镇化。时代呼唤新的城市风貌，都市要承载宏大的使命前行。南明河的起死回生来之不易。	【整理】课后，上网查阅资料，整理南明河治理过程中采取的措施，同学们进行分组展示。	通过小组合作进行结论分享，综合多方面资料，最后体会人类活动与环境问题的关系，培养人地协调观。
后期指导	【实践】 1. 指导学生查找资料并整理南明河治理过程中采取的措施。 2. 指导学生分析采取这些措施的必要性，并思考是否可以运用到其他河段的治理中。 3. 指导学生撰写社会调查报告。	【分享】分享小组考察成果。 1. 小组总结南明河城区河段治理所采取的措施，并分析原因。 2. 这些措施有普遍性，但是也有针对性，不同的工业污染类型不同，污染程度不同，要进行区域分析。 3. 小组合作完成调查报告。	社会调查的最终目的是将调查结果运用于生活，能通过此次调查明白治理城市污染的必要性，以及环境保护的重要性，树立正确的人地协调观。

附件：

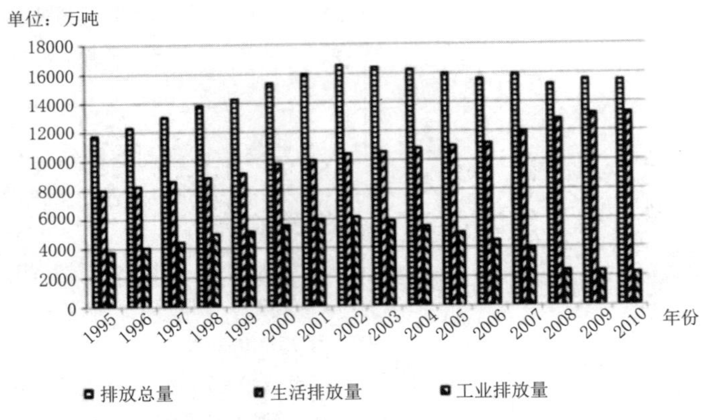

图 1　贵阳市 1995—2010 城市废水排放变化

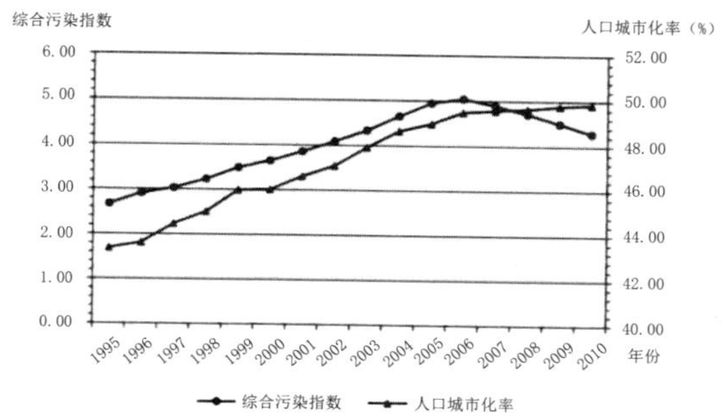

图2 南明河污染指数与城市化率变化

表A-3 贵阳市1998—2020年人口数据表

年份	人口总量(万人)	人口出生率(%)	人口死亡率(%)	人口自然增长率（%）	城镇人口（万人）
1998					
2000					
2002					
2004					
2006					
2008					
2010					
2012					
2014					
2016					
2018					
2020					

表A-4 2021年贵阳市人口年龄构成表

年龄段	0~14岁	15~64岁	65岁及以上
所占比例（%）			

表A-5 南明河（城区河段）1998—2022年产业布局情况

年份	产业布局总数（个）	产业类型	污染类型 （水、大气、固体）
1998~2003			
2003~2008			
2008~2022			

表 A–6 南明河（城区河段）环境情况问卷调查

亲爱的居民：

您好！为了进一步了解大家的生活环境，在此通过问卷的方式向您了解周边的环境情况，以研究调查我们周边的环境变化，这也是我们作为市民应尽的责任和义务。这份调查问卷涉及南明河水质情况、南明河周边环境变化情况等。请您根据自己的真实情况填写，填写时请不要与别人讨论，谢谢您的合作！

1. 您的居住年限（　　）。

A.5~10 年　　B.10~15 年　　C.15~20 年　　D.20 年以上

2. 居住期间，南明河水质变化情况（　　）。

A. 一直较好　　B. 一直较差　　C. 以前差，现在好

D. 以前好，现在差　　E. 没关注，不清楚　　F. 其他

3.（多选）您觉得南明河水源污染来源有哪些（　　）。

A. 生活污水排放　　B. 工业污水排放　　C. 周边人群乱丢乱扔　　D. 其他

4. 您居住地所流经的南明河河段现在的污染情况（您认为的南明河污染情况）为（　　）。

A. 重度污染　　B. 中度污染　　C. 轻度污染　　D. 无污染

5. 您有向有关部门反映过水污染的问题吗？这些问题是否得到了解决？（　　）

A. 没反映过　　B. 反映过，没有解决　　C. 反映过，已经解决

6.（多选）您认为目前南明河河道治理工作完成了以下哪些方面？（　　）

A. 使污染得到了控制　　B. 环境得到了修复

C. 各部门组织协调工作很到位　　D. 目前尚未有成效

7.（多选）您期望南明河河道整治之后达到什么样的效果？（　　）

A. 河道水质改善　　B. 河岸植被得到恢复　　C. 整体环境美化

8. 您认为目前南明河河道整治工程的初步实施对您的生活有改善吗？（　　）

A. 大大地改善了生活环境　　B. 有一点改善　　C. 没有改善

9. 请在下面选择您支持的观点（　　）

A. 治理河流是政府的事，和个体户无关

B. 我觉得居民对河流的影响不大，主要是工业废水排放污染河流

C. 保护河流只需要让从事河流相关行业的人参与

D. 保护河流是每个公民的责任，保护河流能保障生活的质量

10.（多选）您希望参与河道治理工作的哪些环节？（　　）

A. 参与决策　　B. 参与治理　　C. 参与管护

D. 参与监督　　E. 参与宣传　　F. 其他

表 A–7　南明河（城区河段）环境情况访谈调查

1. 作为老贵阳居民，您对南明河有怎样的印象？
2.2000—2022 年，您觉得南明河的水质有什么变化？
3. 附近有哪些工厂曾经布局在此，哪一年又进行了搬迁？
4. 附近产业搬迁后，给周围居民的生活和环境带来了哪些影响呢？
5. 作为本地居民，您觉得我们应该保护我们的母亲河吗？

◎ 教学反思

优点：依托贵阳市南明河现状研究资源，分析南明河以前、现在及将来的水质变化情况，再结合当地产业的布局及其他因素的影响对南明河水质变化进行分析，逻辑严谨，思路清晰，充分培养了学生的综合分析能力。让学生参与到社会实践调查中去，并利用现代信息工具和软件对地理信息进行采集、处理和分析，培养了学生的地理实践力。让学生了解南明河从当年发臭发黑的河水，到如今清流悠悠，鱼虾重现，增强了学生热爱家乡、建设家乡的情感和社会责任感。

不足：所需资料较多，对学生来说查找难度较大，且对小组合作要求较高，学生的知识和能力有限，可以将调查内容进行简化。

再教设计：鼓励学生在调查中独立思考，发现问题。在地理实践活动中，相互配合，不断提高自身的地理野外调查设计和指导能力。

社会调查二：探红枫湖上桥梁的变迁史

教学设计：郭晓敏　田海玉

地理野外调查是地理课程重要的学习方法，是培养学生地理实践力的重要形式之一，也是培养学生认识家乡、建设家乡的情感的有效途径。地理必修二前面部分已从人口、城镇、产业活动等人文地理角度，通过数据描述了人文地理事物的空间现象及其变化，并采用案例学习的方法，具体分析体现人类活动与自然环境关系的典型实例。我们针对湘教版教材第四章“区域发展战略”中的第一节“交通运输与区域发展”内容，依托于清镇市区域内交通现状研究资源，开展了一次地理社会调查，实现了实践与理论知识的有机结合，同时树立了绿色发展、共同发展、人地协调发展的观念。

一、内容研读

◎ 内容要求

【2.6】结合实例，说明运输方式和交通布局与区域发展的关系。

【2.11】通过探究有关人文地理问题，了解地理信息技术的应用。

◎ 认知内容

通过社会调查和野外考察，了解贵州省交通文明史；观察红枫湖风景区的地形地貌、水文、聚落、农田、工厂等景观要素，分析周边山水格局、地形地貌特点与交通区位的关系；观察桥梁的建筑特点；分析区域发展与交通运输的关系以及影响桥梁变迁的因素。

◎ 教学建议

利用休息日的半天时间开展地理社会调查实践活动。

二、教学设计

◎ 学情分析

认知基础：学生在学校地理课程中已经学习了自然地理和人文地理的相关基础知识，对清镇市红枫湖上的桥梁都具有感性认识。通过初高中地理课程的学习，能初步运用地图和遥感照片等地理工具获取地理信息，也具有一定的认识和分析地理问题的意识和能力。

不足条件：学生对学习内容仍停留在理论层面，认识相对浅显，需要实践的支撑学习和行前相关知识与技能培训。

◎ 教学目标

1. 通过对贵州交通职业技术学院交通博物馆进行参观体验与访谈等活动，了解贵州省交通文明史。

2. 通过实地考察红枫湖风景区的地形地貌、水文、聚落、农田、工厂等景观要素，分析周边山水格局、地形地貌特点与交通区位的关系。

3. 通过观察，了解桥梁的建筑特点。

4. 通过桥梁变迁，分析区域发展与交通运输的关系以及影响桥梁变迁的因素。

5. 撰写调查报告，分享调查成果。

结合学业质量标准的要求，预设两级达标水平，见表 A–8。

表 A–8　红枫湖桥梁变迁史社会调查预设层级水平

水平一	水平二
在红枫湖真实情境中，能够辨识喀斯特地貌、猫跳河流域、聚落、耕地、工厂等人文地理要素。（区域认知） 简单了解红枫湖桥梁建设的历史；简单分析区域发展与交通运输的关系。（人地协调观、综合思维）	在红枫湖真实情境中，能够辨识喀斯特地貌、猫跳河流域、聚落、农田、工厂等地理要素；能够区别土地利用方式（区域认知）；能够解释桥梁的时空变化过程，简单分析区域发展与交通的关系及交通方式变迁的影响因素。（人地协调观、综合思维）
借助他人的帮助，能够使用《奥维互动地图》、罗盘和遥感照片等地理工具获取地理信息，使用《两步路》手机 APP 记录调查线路。（地理实践力）	能够根据测量数据在局部区域图中绘制交通干线示意图及主要桥梁分布图；能够制作两种以上的桥梁模型。（地理实践力）

◎ 重点难点

1. 教学重点：能用观察、调查等方法开展地理实践活动；能够正确使用地理工具；能够分析区域发展与交通运输的关系及桥梁变迁的影响因素。

2. 教学难点：绘制清镇市交通干线示意图和主要桥梁分布图。

◎ 教学方法

讲授法、演示法、分组合作学习法等。

◎ 教学资源

1. 视频：《超级大桥如何改变贵州》《看十年——从两万座桥梁看贵州交通发展新路》等。

2. 贵州交通职业技术学院交通博物馆。

3. 软件：《两步路》App、《奥维地图》App。

◎ 教学过程

探红枫湖上桥梁的变迁史教学过程设计见表 A−9。

表 A−9　“探红枫湖上桥梁的变迁史”教学过程设计

教学环节	教师导学	学生活动	设计意图
调查前准备	【准备】 1. 调查前踩点，拟定考察线路：贵州交通职业技术学院—红枫湖。 2. 调查内容：贵州交通职业技术学院交通博物馆（贵州交通发展的历史与现状）。红枫湖上的桥梁：老花鱼洞大桥、新花鱼洞大桥和红枫湖大桥（考察红枫湖景区景观要素，采集桥梁的景观照片）。 3. 设计和发放调查手册（包括调查目标、调查地点记录表、调查活动评价表等）。 4. 进行观察、记录、数据分析、调查报告的填写培训。 5. 视频观看、交流会及地理工具使用培训等。	【分组】按 5—6 人分组，根据研究课题做好行前信息收集整理，制定小组研究计划，明确组员的分工。 【自主完成】 1. 通过各种形式收集、查阅相关背景资料、地图、景观和遥感照片等。 2. 下载安装并熟悉相关手机软件。 3. 开展“从万桥飞架看中国奋斗——在贵州高高的山岗上”“‘桥’见红枫湖”交流会，对贵州桥梁和红枫湖上桥梁的历史沿革形成初步认知。	明确调查目标，开展行前学习和交流，培养学生调查的兴趣。明确任务，铺垫部分背景知识，熟悉相关的工具，为社会调查的顺利开展提供保障，提高教学效率。

（续表）

教学环节	教师导学	学生活动	设计意图
调查过程	考察点1：贵州交通职业技术学院 贵州交通职业技术学院是一所以交通为特色的高职院校，该校交通博物馆是一座以展示贵州交通发展、交通精神为主的，面向省内及全国开放的专题性教育展馆。 【调查任务】贵州省交通文明史。 1. 了解贵州省交通发展的历史和现状。 2. 贵州交通建设面临的困难。 3. 贵州被称为“桥梁博物馆”的原因。 【讲解】由专业讲解员进行讲解。 【交流】简单谈一谈参观交通博物馆过程中留下的最深刻的印象，并说说为什么。 【评价】聆听学生的分享，进行必要的评价与修正。	【倾听】倾听讲解员的讲解。 【记录】依据调查任务，记录有效的信息。 【采集】在参观过程中，采集图片并录制短视频。 【讨论】以小组为单位，推选代表分享。 【分享】小组代表分享观后感，其他小组认真聆听、评价，提出疑问或补充，并针对疑问共同交流，形成成果。	组织学生参观贵州交通职业技术学院的交通博物馆，让学生从宏观上了解影响贵州省交通的主要区位因素，同时体会到贵州省交通运输的发展加速我省的综合发展和交通建设中彰显的新时代贵州精神，以培养学生的区域认知、综合思维和人地协调观。
	考察点2：红枫湖上的桥梁 在红枫湖上，在花鱼洞地界，在相距不到一千米距离的地方，分别建着三座大桥，即老花鱼洞大桥、新花鱼洞大桥和红枫湖大桥，人称红枫湖上“三兄弟”。 【调查任务】探讨红枫湖上桥梁的变迁史。 1. 红枫湖上的三座桥梁的区位选择。 2. 桥梁变迁与交通发展的关系。 3. 分析区域发展与交通运输的关系。 【讲解】带队老师讲述红枫湖上桥梁的历史沿革。 【设问】 1. 简要说出红枫湖风景区的地形地貌、水文、周边的聚落、农田、工厂等地理要素。 2. 简单分析周边山水格局、地形地貌特点与交通区位的关系。 【评价】聆听学生的分享，进行必要的评价与修正。 【体验互动】组织学生对桥梁进行拍照并动手制作桥梁模型——纸桥。	【倾听】倾听讲解员的讲解。 【记录】依据调查任务，记录有效的信息。 【实践】以小组为单位，利用遥感地图查找红枫湖风景区的地形地貌、水文、周边的聚落、农田和工厂等地理要素。 【观察】观察考察点周边的山水格局、地形地貌特点与桥梁区位的关系。 【讨论】以小组为单位，讨论并推选代表分享。 【分享】小组代表分享观后感，其他小组认真聆听、评价，提出疑问或补充，并针对疑问共同交流，形成成果。 【实践】各小组进行桥梁景观拍摄并自行评比。 【模型制作】制作桥梁模型——纸桥，并自行评比。	组织学生实地考察红枫湖上的三座桥梁，让学生从微观上了解交通运输的方式选择和影响交通运输布局的区位因素，以培养学生的区域认知、综合思维和人地协调观。 运用现代信息技术为学习服务；组织学生观察地理要素，培养学生的综合思维、区域认知。 通过自行评选激发学生的兴趣。感受自然景观和人文景观的和谐之美。

（续表）

教学环节	教师导学	学生活动	设计意图
调查总结	【指导】检查并指导学生调查手册的记录、照片的采集、视频的录制等情况，提醒学生检查携带物品，指导学生将废弃物放置在垃圾池中。	【整理】完善和整理调查手册记录表，检查整理调查中记录有效信息、照片、模型、地理考察工具以及收集的资料等。	培养学生初步的资料整理、对物品的清理等良好习惯和环境保护意识。
成果分享	组织学生开展调查总结分享会，完成整理调查记录，布置和指导学生绘制贵阳市不同阶段交通线示意图及主要桥梁分布图并完成调查报告的填写和成果展示。	【分享】小组交流分享调查过程中遇到的困难及问题解决方式，交流调查体会。 【实践】围绕调查主题制作相应的作品，如海报、调查报告、调查游记、摄影作品等，用多种形式展示调查成果。 【实践】绘制贵阳市不同阶段交通线示意图及主要桥梁分布图。	联系生活实际，解决现实问题，帮助学生形成人文地理空间思维，强化人文地理信息的运用。 培养学生获取和处理信息的能力，提高探索问题的兴趣。

◎ 教学反思

优点：依托清镇市区域内交通现状研究资源，开展地理社会调查，能将实践与理论知识有机结合起来，不仅有利于培养学生观察与综合分析能力，自我学习、自我管理与组织协作能力，也有利于培养学生利用现代信息工具和软件对地理信息进行采集、处理和分析的地理实践能力，同时还可以增强学生热爱家乡、建设家乡的情感，以及团结互助的团队精神、严谨的科学精神和社会责任感。

不足：考虑调查人员是高一的学生，储备的地理知识和解决地理问题的能力有限，所以需要对区位分析的内容、交通运输与区域发展的调查内容进行简化。由于时间关系，没有对周边区域进行访谈活动设计。

再教设计：发挥学生的积极性，主动去发现问题、探索问题，使学生不断在地理实践活动中，提高自身的地理野外调查设计和指导能力。

三、乡土地理教学资源

◎ 贵阳交通发展的历史缩影

贵州地处云贵高原东麓，境内山高谷深，沟壑纵横，自古以来就是连通西南与中原的交通“盲点”。新中国成立后，特别是改革开放以来，中共贵阳市委、市人民政府高度重视关乎国计民生的交通基础设施建设，确立了交通优先发展战略，在国家和省里的大力支持下，经过 70 年的发展，贵阳公路、铁路、航空建设从少到多、从量变到质变，先后进入高速时代、高铁时代和地铁时代，在黔中大地上一张纵横南北、横跨东西、腾空入海的现代化立体综合交通网基本形成，贵阳的大西南重要交通枢纽地位更加凸显，创造出了从“云山阻隔行路难，望断天涯空嗟叹”到实现“通江达海”的时代奇迹，用事实证明“险峻的山川不是阻碍，而是贵阳走得更高更远的基石”。

附录 B　地理 2 课程内容涉及的主要行为动词及行为条件解读

表 B–1　地理 2 课程内容涉及行为动词统计及解读

行为动词	出现次数（次）	解读	具体任务
描述	1	描写叙述，对事物进行形象地阐述。作为最基本的地理素养，要求学生运用地理学科语言形象地叙述地理事物或地理现象。	人口分布、迁移的特点及其影响因素。
说明	9	解释明白，要求高于描述。要求学生运用地理基本知识、基本原理、基本规律解释清楚地理事物和地理现象。	合理利用城乡空间的意义；地域文化在城乡景观上的体现；不同地区城镇化的过程和特点，以及城镇化的利弊；工业、农业和服务业的区位因素；运输方式和交通布局与区域发展的关系；国家重大发展战略地理背景；国家海洋权益、海洋发展战略及其重要意义；南海诸岛是中国领土的组成部分，钓鱼岛及其附属岛屿是中国固有领土，中国对其拥有无可争辩的主权；协调人地关系和可持续发展的主要途径及其缘由。
解释	2	分析阐明，类似于说明。	区域资源环境承载力、人口合理容量；城镇和乡村内部的空间结构。
归纳	1	由一系列具体的事实概括出一般原理、概念或结论。	人类面临的主要环境问题。
了解	1	知道得清楚。	地理信息技术的应用。

表 B–2　地理 2 课程内容涉及行为条件统计及解读

行为条件	出现次数（次）	解读
运用资料	4	学生能够借助教材或教师给定的图、文、音、像、标本等资料，获取解读必要的地理信息，作为达成目标的重要手段或途径。
结合实例	7	学生能运用具体的实例来说明地理事物或地理现象。

参考文献

[1] 韦志熔，朱翔．普通高中地理课程标准（2017 年版 2020 年修订）解读 [M]．北京：高等教育出版社，2020．

[2] 袁孝亭．地理教学的视角 [J]．中学地理教学参考，2020（11）：1+14．

[3] 王向东．中学区域地理的主题选择、目标构建和教学策略研究 [D]．长春：东北师范大学，2008．

[4] 葛燕琳．关注大概念 立足单元设计 发展核心能力 [J]．地理教学，2019（15）：29-32．

[5] 刘玥．新课标下高中人口地理教学研究 [D]．济宁：曲阜师范大学，2021．DOI:10.27267/d.cnki.gqfsu.2021.000516.

[6] 贵州省统计局，国家统计局贵州调查总队．贵州统计年鉴．2021[M]．北京：中国统计出版社．

[7] 谢红梅．贵州人口分布合理性研究 [J]．贵州师范学院学报，2011，27（09）：43-47．DOI:10.13391/j.cnki.issn.1674-7798.2011.09.013.

[8] 韩青梅.主题式情境教学在高中地理复习课中的实践与思考:以“交通运输”为例 [J]．地理教学，2020（18）：43-45+42．

[9] 中华人民共和国教育部．普通高中地理课程标准：2017 年版 2020 年修订 [S]．北京：人民教育出版社，2020．

[10] 韩昭庆．清中叶至民国玉米种植与贵州石漠化变迁的关系 [J]．复旦学报（社会科学版），2015，57（04）：91-99．

[11] 刘金．地理：必修．第二册，教师教学手册 [M]．长沙：湖南教育出版社，2019．

[12] 任佳婧．2019 版人教版和湘教版高中地理必修教材对比研究 [D]．包头：内蒙古科技大学包头师范学院，2021．DOI:10.43807/d.cnki.gbtsf.2021.000025.

[13] 刘成江．贵州铝厂的建设和发展历程 [J]．贵阳文史，2019（02）：15-21．

[14] 姚冬琴．全球近 60 个国家存岛屿争端 [J]．共产党员，2012（18）：43．

[15] 边淑敏．问题式教学模式探究：以“海洋权益与我国海洋发展战略”为例 [J]．中学地理教学参考，2020（20）：57-59．

[16] 刘佳佳，潘化兵，刘云．基于项目式学习的单元主题教学设计：以“发展战略与国家权益”为例 [J]．地理教育，2021（06）：16-24.
[17] 肖泽章．贵阳交通发展的历史缩影 [J]．贵阳文史，2020（06）：1.